安全保卫工作系列·职业能力培训教材

BAOWEI GONGZUO GAILUN

保卫工作概论

主　　编	肖周录			
副主编	张军旗	雷卫龙		
编　　者	肖周录	张军旗	雷卫龙	杨云霞
	李红良	杜海峰	张　敏	韩文蕾
	李亚娟	许光县	李　娜	倪　敏
	韦志军	朱喆琳	何旺旺	李　懿
	陆　宇			

西北工业大学出版社

西安

图书在版编目(CIP)数据

保卫工作概论/肖周录主编 . —西安:西北工业大学
出版社,2018.4(2025.8重印)
ISBN 978 - 7 - 5612 - 5925 - 2

Ⅰ.①保… Ⅱ.①肖… Ⅲ.①保卫工作—中国—
职业培训—教材 Ⅳ.①D631.3

中国版本图书馆 CIP 数据核字(2018)第 064826 号

策划编辑: 付高明
责任编辑: 朱晓娟

出版发行:	西北工业大学出版社
通信地址:	西安市友谊西路 127 号 邮编:710072
电 话:	(029)88493844 88491757
网 址:	www.nwpup.com
印 刷 者:	西安市久盛印务有限责任公司
开 本:	727 mm×960 mm 1/16
印 张:	14.875
字 数:	253 千字
版 次:	2018 年 4 月第 1 版 2025 年 8 月第 5 次印刷
定 价:	60.00 元

安全保卫工作系列·职业能力培训教材
编 委 会

蒋建予　西安市公安局经济保卫支队原支队长、高级保
　　　　卫师
肖周录　西北工业大学人文与经法学院教授、博士生导师
任清杰　陕西省公安消防总队原副总工程师、高级工程师
李天銮　中国兵器工业集团第 212 研究所研究员
申军民　武警工程大学副教授

组织编写

陕西省公安厅经济文化保卫总队
陕西省企业事业单位保卫协会

序

借"安全保卫工作系列·职业能力培训教材"付梓之际,我谨代表陕西省公安厅党委,向多年来在全省内部治安保卫(以下简称"内保")战线付出辛勤汗水的广大公安民警和企事业单位内保人员致以亲切的慰问!

企事业单位内部治安保卫工作是维护国家安全稳定的重要组成部分。加强内保工作,是保持企事业单位正常生产经营、公务活动和教学科研秩序,预防和减少单位内部各类案件,保护公民人身财产安全和社会公共安全的重要屏障。近年来,随着全国企事业单位内保工作向好的趋势,我省的内保队伍建设得到不断加强,装备水平明显提升,工作实际效能显著增强。进入新时代,面对新形势、新情况、新问题,内保工作同样面临着新挑战、新机遇,我们必须与时俱进,锐意创新,以习近平新时代中国特色社会主义思想为指导,全面提升内保工作水平。

加强内保人员职业能力教育,是提升内保工作的谋事之基、成事之道。《中共中央关于制定国民经济和社会发展第十三个五年规划的建议》明确提出要把"推行劳动者终身职业技能培训制度"纳入国民经济和社会发展的五年规划,为加强内保人员职业能力建设和思想业务素质培养指明了方向。2013年8月,陕西省公安厅、陕西省人力资源和社会保障厅联合颁发《在全省开展保卫人员职业能力培训的实施意见》,全面启动了陕西省内保人员职业能力培训工作。为了使企事业单位内保人员职业能力培训工作走上制度化、正规化、系统化的轨道,由陕西省企业事业单位保卫协会组织有关专家学者编写了"安全保卫工作系列·职业能力培训教材"。其内容涉及了企事业单位内保工作的各个方面,它既是安全保卫工作理论研究成果的汇集,也是全省内保工作实践经验的总结。本套书的出版,为开展内保人员职业能力培训提供了系统化、规范化的依据。

在编写过程中,编委会得到了公安部、人力资源和社会保障部的大力支持,中国人民公安大学还专门组织人员对内容进行了审核把关。值此,谨向提供帮助的单位和个人致以衷心的感谢!

全省各企事业单位一定要用足、用好这套教材,进一步提升思维层次,提高业务能力素质,加强内保队伍建设水平,努力推动陕西省企事业单位内保工作迈上新台阶、实现新跨越。

陕西省副省长、公安厅厅长　胡明朗

2018 年 3 月

前　言

经过四年多的不懈努力,在陕西省保卫协会领导的支持和本书编写人员的共同合作之下,《保卫工作概论》终于编写完成了。在本书编写过程中,编写小组人员在收集、整理相关文献资料的基础上,通过对本书大纲的反复讨论、基本内容的安排和研究写作,对保卫工作有了一些新的认识,在本书即将付梓之际,写出来与大家共同分享。

单位内部的治安保卫工作,又称"内保工作"或"保卫工作",是指在公安机关的指导和监督之下,机关、团体、企业及事业单位的保卫组织,为保护公民人身、财产安全和公共财产安全,维护单位的工作、生产、经营、教学和科研秩序所进行的治安保卫活动。从保卫工作的概念或定义来看,保卫工作是单位保卫组织及其保卫工作人员从事的专门活动,似乎与普通社会成员之间没有多大关系,但实际上保卫工作与每个社会成员之间都有直接或间接的关系。原因在于,我们每个社会成员不论从事什么工作,不论是什么职业,都会落脚在一个微型的社会之中,这个微型社会就是保卫工作中所指的"单位"。单位治安状况的优劣和秩序的好坏,与每一个工作和生活在其中的成员的人身安全、财产安全以及公共财产安全都有着密切的联系。因此,在现实社会生活中,关心保卫工作,支持保卫工作,共同营造良好的单位内部治安环境,是我们每个公民都需要出力出智的共同义务。

提高保卫工作人员的文化水平和整体素质,是在新形势下做好单位治安保卫工作的关键举措。保卫工作从其工作属性与特点分析,是机构与人员、机制与职责、人员与技术、物质基础与效能等诸多要素的有机结合,但本质上是"人"的问题。"人"是保卫工作的主体之一,是保卫工作中最核心的要素,其他要素都要围绕这一核心要素展开。保卫工作中的"人"就是指从事该项活动的工作人员。在保卫工作中,提高保卫工作人员的文化水平和整体素质,使其对保卫工作有归属感、荣誉感、有积极性,能够做到爱岗敬业、忠于职守,是做好保卫工作的重中之重。要提高保卫工作人员的文化水平和整体素质,就要加强对保卫工作人员的基本素养和技能的培训,就要有相应的教材作为辅助。这类教材要突出以下几个特点:①知识的新颖性。培训教材要向学员介绍最新的保卫工作理念和知识构成。②教材的实用性。培训教材要紧密结合保卫工作的实践,特别是保卫工作中遇到的新问题及挑战等进行系统的理论阐释。③教材的整体性。保卫工作是社会系统工程,任务繁重,环节复杂,程序严密,培训教材要结合这些特点,从保卫工作的整体性出发进行整体性的知识介绍。④教材的正确导向功能。培训教材面对的是"人",即各个层次的保卫工作者,正确的价值导向是培训教材重要的内容和纲领。以上几点,既是本书的编写的初衷,也是本书的基本特点。

在编写本书的过程中参考了一些专家学者的研究成果,在此一并表示衷心的感谢!

由于水平有限,书中难免有疏漏和欠妥之处,恳请各位专家和广大读者批评指正。

编 者

2018 年 1 月

目　录

第一章

保卫工作概述

———————— ★ ————————

保卫工作具有悠久的历史,是国家管理社会的重要职能和手段,是保障社会平安、有序建设的基础性工作。保卫工作对于及时预防和制止违法犯罪活动,维护正常的社会秩序,保障国家、单位、公民的合法权益,有着不可替代的作用。

第一节　保卫工作释义

保卫工作中的"保卫"一词从字面上理解,是保护、防卫,不受侵犯的意思。其中的"保"有保护、保卫的含义,如加强社会治安保卫工作;"卫"即守卫,不被侵犯之意,如《公羊传·定公四年》曰:"朋友相卫。"保卫工作作为一项重要的社会分工,是社会发展的必然产物,是维护社会公共秩序的有效方式和手段。据史书记载,中国奴隶制时代已经有了保卫工作的雏形,秦始皇建立了封建制的中央集权国家以后,设立了国家保卫机构,有专门官员负责安全保卫工作。以后历朝历代皆以秦朝为先例,高度重视国家安全保卫工作,制定专门的法律法规,形成了所谓的"定制"。与官方的保卫工作一样,古代社会的民间保卫工作也颇为发达,各种各样的民间保卫机构(如"镖局"等)十分活跃。这些民间保卫机构组织严格,分工明确,以有偿服务、收取佣金的方式为乡绅富豪、钱庄票号等看家护院,押运财产,负责专门的安全保卫工作。

1949年以后,尤其是改革开放以来,我国的保卫工作发展很快。随着保卫工作实践的发展,一门以保卫工作为研究对象的学科——保卫学,也在20世纪80年代中期应运而生。保卫学创立以后,学术界对保卫工作的一些基础性理论进行了广泛讨论,有不少重要收获。其中关于保卫工作概念的探讨不断深入,出现了各种各样的观点。根据现有的资料分析,学术界对保卫工作概念的探讨,总体上可分为两个阶段。这两个阶段彼此相连,不断递进,但又有所区别。因此,有学者认为保卫工作是指公安工作的一部分,单位保卫部门在公安机关的领导下从事对机关团体事业单位的内部保卫工作;有的学者认为,单位内部的治安保卫工作是公安工作的重要业务之一,即公安机关对企业事业单位的安全保卫工作。

第一阶段,从 1985 年保卫学创立至 1996 年。在这一阶段是 1976 年 10 月后保卫工作的恢复与发展阶段,单位内部的治安保卫工作隶属于公安部门,并形成了自己独特的特点和发展脉络。一方面,在保卫工作的恢复与发展阶段,单位内部的治安保卫工作面临着一些新的要求和问题,改革开放快速发展对单位内部的治安保卫工作提出了新的任务和挑战,要求单位内部治安保卫工作的机构及其工作人员要更新观念,运用新的机制和体制来实现单位内部治安保卫工作的发展与创新。另一方面,保卫工作开始逐步走上了法治化的轨道,一些新的法律法规的陆续制定和出台,为保卫工作提供了基本的法律依据,要求单位内部治安工作逐渐实现有法可依,有规可循,以更好地发挥保卫工作应有的作用。总之,这一阶段保卫工作从性质上来说是公安工作的一个组成部分,隶属于公安机关,是在公安机关的统一协调和领导下,实现对机关、团体、企业、事业单位的有利保卫,满足新形势下党和国家对单位内部治安保卫工作的基本要求,有利于促进机关、团体、企业、事业单位各项事业的顺利发展。

如果从静态的、历史的角度来看,把保卫工作解读为公安工作或公安工作的一项重要业务,是有一定道理的。其一,这些观点反映了这一阶段保卫工作的实际情况。在 1997 年以前,保卫工作就是指公安工作的一部分,是公安工作的一项重要业务。在当时的管理体制和管理模式下,单位内部的治安保卫工作就是保卫部门及其工作人员依法在其职权范围内从事的与治安保卫相关的业务活动,并且取得了积极的成果。其二,单位内部保卫治安工作的基本宗旨就是从单位保卫工作的实际情况出发,积极预防和制止违法犯罪活动,维护内部治安秩序,保卫经济文化安全的活动。其三,这些观点说明了保卫工作的基本特点。在中文的语境里,与"内"相对应的词汇是"外",即所谓的内外有别。依此推理,与"内部保卫工作"相对应的是"外部保卫工作"。外部保卫工作是指整个国家和社会的安全保卫工作,而内部保卫工作是特指对企业事业单位进行内部安全保卫工作,所以称之为"内保工作"。二者有联系,亦有区别,即各自的职能、定位、分工等不同。从学理上讲,保卫工作有广义与狭义之分。本书所说的安全保卫工作,是狭义的概念,专指经济文化领域的保卫工作。

第二阶段是 1997 年以来,学术界对保卫工作概念的探讨。这一阶段重要的社会背景就是国家一系列行政法规的出台。1997 年,本着深化改革、政企分开、建立现代企业制度、规范国有企业保卫工作的基本宗旨,公安部和国家经贸委联合制定了《国有企业治安保卫工作暂行规定》;2004 年国务院公布了《企事业单位内部治安保卫条例》;2007 年,按照国务院的要求,公安部专门制定了《公安机关监督检查企事业单位内部治安保卫工作规定》,对公安机关监督检查单位内部安全保卫工作的相关事项作了明确规定;等等。这些行政法规的公布和施行,标志着我国安全保卫工作的管理体制和管理模式发生了重大变化。

一是明确了公安机关在安全保卫工作中监督和指导的职能。《国有企业治安保卫工作暂行规定》强调指出,公安机关只对企业的保卫工作进行监督和指导。这就意味着,在今后企业保卫工作中,公安部门由以前的直接参与变为间接参与。在保卫工作中,公安机关只有监督、指导以及案件查处的职能,而没有其他的职能。

二是明确了企业保卫机构的性质。关于对企业保卫机构性质的认定有一个逐渐变化过程。1985 年,公安部发布了《机关、团体、企业、事业单位保卫组织工作细则(试行)》。在这个细则中,对于机关、团体、企业、事业单位保卫机构性质和管理体制的定位是双重性的,即保卫组织是各该单位的职能部门,也是公安机关的基层组织,在本单位和公安机关的领导下开展工作。1997 年,《国有企业治安保卫工作暂行规定》对细则的规定作了重要修改,改变了保卫组织的性质和管理体制的双重性。该规定明确提出,"国有企业保卫机构是企业职能部门",不再是公安机关的基层组织。在企业保卫工作中,如何设置保卫机构,以及采取什么样的保卫工作方式,企业可以自主选择,而公安机关只对保卫工作进行监督和指导。

三是明确了企业保卫机构的职能定位。《国有企业治安保卫工作暂行规定》第 3 条规定:"国有企业治安保卫工作是企业管理的重要组成部分,由国有企业依照国家有关法律法规自主实施";第 18 条指出:"国家机关、社会团体、事业单位、集体所有制企业……的治安保卫工作,参照本规定执行"。该规定施行后,保卫工作就主要成了单位内部管理的组成部分,不再仅仅是原来的公安工作。换言之,保卫机构成了企业管理的职能部门和重要组成部分。这就等于给了企业保卫机构和保卫工作一个合法的"名分"。中国人是讲"名分"的,没有名分就没有地位,没有名分就难以发挥应有的社会作用,人们常说的"名不正则言不顺",就是这个道理。自此以后,保卫机构、保卫工作在企业就有了法定的"名分"和职责,名正言顺地参与企业管理的相关活动,而在保卫工作中,公安机关只起监督和指导的作用。

保卫工作出现的这些深刻变化,引起了学术界新一轮的探讨和争论,并对前一阶段的一些代表性学术观点展开了讨论。在充分肯定前一阶段理论成果的同时,有些专家指出,前一阶段对于保卫概念的界定,虽然有语言上的表述不同,但都把保卫工作定性为公安工作,并把工作主体限定为公安机关或公安机关和保卫组织,这是有局限性的,应该结合保卫工作的新情况,大胆探索,重新予以概括和总结。实事求是地讲,前一阶段学术界专家学者们的探讨是有贡献的,客观地反映了人们对保卫工作的认识和看法。但是,随着保卫工作实践的发展,从动态的、发展的角度来看,有些观点明显滞后了,需要在理论上重新进行概括提升。

鉴于以上种种原因,我们可以从广义和狭义两个层面,对保卫工作的概念予以界定。广义的保卫工作应该界定为:保卫工作是指公安机关、武警部队、单位保卫组织和群众力量,围绕国家重要单位、国家秘密和机关、团体、企业、事业单位、经济组织、街道社区安全以及重要活动安全,为保护公民人身、财产安全和公共财产安全,维护内部治安秩序而从事的预防、保护等工作的总称。[①] 狭义的保卫工作是指在公安机关的监督和指导下,机关、团体、企业、事业单位的保卫机构,为维护单位内部的秩序稳定和生产安全,以及单位职工的人身、财产安全所从事的治安保卫活动。

第二节　保卫工作的性质与特征

从语义学的角度讲,事物的性质是指一种事物区别于另一种事物的不同之处。关于保卫工作的性质,从总体上来说,保卫工作体现了公安工作的性质,具有公安工作的基本属性,它是打击违法犯罪活动,保护人民生命财产安全,保护国家财产安全,维护社会治安的重要手段。但是,单位保卫工作与其他公安工作相比,又有自身的特殊性。这种特殊性是指在机关、团体、企业、事业单位的保卫工作中,其保卫组织与机构不再是公安机关的基层组织,同时也不再具有公安机关的任何执法权。根据相关法律法规的规定,可以把单位保卫工作的性质和特征概括为下述几个方面。

一、保卫工作的性质

1.保卫工作是国家赋权的法定性工作

从 1949 年以后保卫工作的历史沿革可以清楚地看到,国家以政策法律的形式,设置并赋予保卫组织或机构行使安全保卫工作的权力。1950 年 3 月,中央人

---

① 李自云.保卫学教程[M].北京:中国民主法制出版社 2007 年版,第 5 页。

民政府政务院颁发的《关于在国家财政经济部门中建立保卫工作的决定》中规定：财经委员会所属的各部门以及所有的国有工厂、矿山、银行、公司、铁路、航运、电讯、仓库、森林等单位，应一律建立保卫组织，成为该单位组成部分之一。这是建国初期国家设置并赋权保卫组织或机构行使保卫工作权力的重要开端。

1980年，国务院批准了公安部《全国经济文化保卫工作会议纪要》，再次明确了单位内部保卫处、科的性质；1985年，公安部发布的《机关、团体、企业、事业单位保卫组织工作细则（试行）》，对保卫组织性质、职责、任务做出了新的规定；1997年，为了适应现代企业发展的要求，改进和加强国有企业的治安保卫工作，公安部和国家经贸委联合发布的《国有企业治安保卫工作暂行规定》，再次对单位治安保卫工作改革做出了规定和要求；2004年，为了规范企业事业单位治安保卫工作，国务院专门制定了《企业事业单位内部治安保卫条例》；等等。

虽然以上这些法律法规颁行的社会背景、时间、内容以及对保卫工作的要求不同，但有一个共同点，就是国家法律成为保卫工作组织或机构设立以及行使保卫工作权力的直接法律依据，即国家通过法律的颁行，确认并赋予保卫组织或机构地位、性质以及从事保卫工作的权力。

其一，确立了保卫组织或机构地位的合法性。企事业单位内部的保卫组织是单位有机的组成部门之一，而不是单位内部可有可无的机构，保卫组织或机构设置、人员编制、工作管理范围等，都有明确的规定和要求。当然，单位治安保卫组织或机构采取何种工作形式，单位可以自主选择，但前提是必须遵守法律的相关规定。

其二，明确了保卫组织或机构的性质。1985年，公安部发布的《机关、团体、企业、事业单位保卫组织工作细则（试行）》，对保卫组织或机构性质规定是：保卫组织或机构是各该单位的职能部门，也是公安机关的基层组织，在本单位和公安机关的领导下开展工作。这一阶段，保卫组织或机构的性质是双重的，管理体制也是双重的，不利于保卫组织或机构积极、主动地开展工作。1997年，随着企业改革的深化，按照"政企分开"，建立现代企业的要求，公安部和国家经贸委联合发布的《国有企业治安保卫工作暂行规定》对企业保卫组织或机构性质的规定是，企业保卫组织或机构不再是公安部门的基层组织，而只是企业的职能部门，公安机关与企业保卫组织或机构的关系是监督和指导的关系。企业保卫组织或机构性质改变的法律规定，对建立适应新形势要求的保卫工作体制、机制，创新保卫工作的管理格局和模式有着深远的影响。

其三，规定了保卫组织或机构权力行使的范围、职责、程序等基本要求。比如，2004年国务院颁行的《企业事业单位内部治安保卫条例》规定，单位内部治安保卫工作的主要任务是,保护公民人身、财产安全和公共财产安全,维护单位的工作、生产、经营、教学和科研秩序。

2.保卫工作是国家治安管理的基础性工作

治安管理是指国家通过制定各种法律、法规、规章、制度并为确保这些法律、法规、规章、制度得到遵守而以国家治安力量为主的有关专职机构和人员来维护公共秩序的各种活动。治安管理是国家行政管理的重要组成部分,是国家公安机关、保卫组织或机构的基本职责之一,其目标是建立和维护安宁的社会秩序,保障国家政治、经济、文化、社会的正常发展。国家治安管理的内容及形式包括社会治安治理、治安防范、治安保卫等。

认真梳理新中国成立以后制定的治安管理方面的法律、法规、规章、制度等,可以发现一些名称中带有"保卫工作""治安保卫"字样的条文,都是与保卫工作有直接关系的重要法律规定。比如,1985年3月,公安部颁布的《机关、团体、企业、事业单位保卫组织工作细则(试行)》;1997年公安部和国家经贸委联合发布的《国有企业治安保卫工作暂行规定》;2004年9月,国务院发布的《企业事业单位内部治安保卫条例》;2007年5月,公安部发布的《公安机关监督检查企业事业单位内部治安保卫工作规定》等。根据这些法律法规的规定,机关、团体、企业、事业单位的保卫工作,是公安机关保卫的基础性工作。这些单位的保卫工作的主要任务是在本单位党政负责人的领导下,在公安机关的指导和监督下,负责实施本单位内部的治安保卫工作,维护本单位的治安秩序,做好本单位的安全防范工作。在实施和完成其工作的过程中,需要进行大量的基础工作,如制定和实施本单位重要部位的保卫工作计划,负责落实本单位的防火、防盗、防欺诈、防治安灾害事故的措施等。这些由国家赋予的工作职责绝大部分属于公安工作的基础性工作,由公安机关在业务上给予指导并监督,由单位保卫组织或机构去完成。

3.保卫工作是本单位行政管理的组成部分

1997年,公安部和国家经贸委联合发布的《国有企业治安保卫工作暂行规定》中规定,"国有企业治安保卫工作是企业管理的重要组成部分,由国有企业依照国家有关法律、法规自主实施""国家机关、社会团体、事业单位、集体所有制企业……的治安保卫工作,参照本规定执行"。按照这些规定的要求,企事业单位内部治安保卫工作的属性有了变化,单位内部的治安保卫工作不再是属于公安机关的一部分,而是单位内部管理的组成部分,并开始承担单位内部行政管理的相关职能。按照"谁主管,谁负责"的原则,单位的法人代表负责本单位的治安保卫工作,在建立相关机制体制的前提下,法人代表负责落实单位的安全保卫工作,并把它贯彻到各项管理工作之中。单位保卫机构在法人代表的统筹规划下,依据相应的权限,在公安机关的监督与领导下,组织、协调、落实保卫工作的各项任务,保证单位生产、科研、教学等任务的完成,保护本单位职工人身与财产安全。

二、保卫工作的特征

保卫工作的特征是由保卫工作的性质决定的,也是由保卫工作的宗旨及任务决定的。概括总结保卫工作的特征,对深入理解保卫工作的性质、职责、任务等有重要的意义。

1. 保卫工作的预防性

"预防"就是指事先防备,未雨绸缪,防患于未然。在安全保卫工作中,任何案件和事故的发生,都会带来一定的危害,即使是事后的补救非常及时有效,也无法挽回已经造成的损失。保卫工作的"预防为主",就是要突出保卫工作事先预防的作用,及时发现和制止违法犯罪活动及安全事故。同时,如果违法犯罪活动已经发生,也要及时、有效的予以制止和处置,把对公民人身财产和公共财产、公共秩序的危害降到最低限度。

"预防为主"是我国保卫工作长期坚持的工作方针。1991年通过《全国人民代表大会常务委员会关于加强社会治安综合治理的决定》中就明确提出:"社会治安综合治理必须坚持打击和防范并举,标本兼治,重在治本的方针。"1997年公安部和国家经贸委联合发布的《国有企业治安保卫工作暂行规定》中就确立了"因地制宜、自主管理、积极防范、保障安全"的原则,明确了国有企业治安保卫工作的任务是建立健全治安保卫工作制度,落实治安防范措施,预防和减少违法犯罪,消除治安灾害隐患。2004年,国务院发布的《企业事业单位内部治安保卫条例》不但将"预防为主"放在了保卫工作四大方针的首位,而且在许多规定中都体现了预防为主的精神。

贯彻落实预防为主的方针,就要在保卫工作中,坚持惩治与防范并举,治标与治本结合,重在防范,重在治本。要把严管、严防有机结合起来,切实把思想观念、工作重点、经费投入、考核奖惩机制等真正落实到"预防为主"上来;要切实加强治安保卫工作中的群防群治,建立和完善防控体系,下大力气做好预防工作;同时要落实各项安全防范措施,加大对重要地区、重要部位、枪支弹药、爆炸物品、有毒有害物品、特殊群体的管理力度;严格落实安全保卫责任制,严防危险物品和枪支弹药丢失、被盗流入社会;要强化安全生产工作,落实安全生产责任制,检查各部门认真执行安全生产的法律法规和规章制度,有效防止各类事故,尤其是重大事故的发生。

2.保卫工作的准行政管理性

1997年,公安部和国家经贸委联合制定的《国有企业治安保卫工作暂行规定》施行后,单位内部的保卫工作不再是公安工作的一部分,而是单位内部行政管理的行为,由单位自行组织实施;单位保卫组织已不再是公安机关的基层组织,而成为企业的职能部门,承担着单位内部保卫行政管理职能。但需要说明的是,这种单位内部的行政管理职能,不是严格意义上的行政管理职能,而只是一种准行政管理的职能。其原因是:企业、事业单位不是行政机关,这些单位内部的保卫组织亦不是行政机关,其准行政管理职能,只能是经国家法律、法规授权后,行使单位内某一方面行政管理的职权。按照我国法律的规定,严格意义上的行政机关,是指国务院、地方各级政府、派出机关、各部委、直属机构、地方政府的工作部门,以及上述行政机关的内设机构、派出机构等。行政机关以自己的名义活动并自己承担后果,从而成为行政法体系中标准的行政主体。而企业、事业单位等,是法律、法规授权的组织。这类组织包括被授权的企业组织、被授权的事业组织、被授权的社会团体、被授权的基层群众性自治组织等。这类组织可以在法律法规授权的范围内,以自己的名义活动并独立承担后果,即在法律法规授权的情况下,可以承担某些方面的行政管理职能,比如企业、事业单位人事管理权、职称评定等,成为行政主体,但不是行政机关。因此,企业、事业单位内部职能部门承担的一些行政管理职能,只能是准行政管理职能。

3.保卫工作的广泛性

保卫工作的广泛性是指保卫工作的内容包括国家的科技、经济、文化等各个领域,种类繁多,任务艰巨。这些领域保卫工作面临的基本情况是:①重要单位和重要部位多。在保卫工作涉及的领域内,有相当数量的重要单位和重要部位。这些重要单位和重要部位对国家、地区、部门以及单位的安全与利益有非常重要的作用。②人才密集。在企业、事业单位中,有大批的科学家、教授、学者以及各类其他知识分子,有各行各业技术拔尖的人才。这些人才对国家科技、经济、文化事业的发展有着不可估量的作用,必然成为保卫工作关注的对象。③物资财富集中。企业及事业单位内部,是国家和集体财富集中的地方,是国家经济建设和社会发展的物质基础。④国家核心秘密多,保卫工作涉及国家的科技、经济、文化发展的核心利益。⑤危险物品多。具有易燃、易爆、剧毒、放射性等危害公共安全的危险物品多数集中在企事业单位内部,如果保护不好,会给公共安全造成极大的危害,等等。① 这就会给保卫工作提出严峻的考验和挑战,所以务必认真做好保卫工作,保

---

① 郭太生.保卫学[M].北京:中国人民公安大学出版社2006年版,第64页。

证这些领域的安全和万无一失,让社会和人民放心。

4.保卫工作的服务性

保卫工作的服务性主要表现在两个方面:①保卫工作要服务于单位生产、经营、科研、教学等中心工作的开展。这就要求保卫机构及其工作人员要有强烈的责任意识和使命感,忠于职守,热爱本职工作,不断提高自身的业务水平,以优质的服务工作,为单位的发展做出应有的贡献。②保卫工作要服务于单位全体员工。企业、事业单位人数众多,构成一个个微型社会,在这些相对独立的空间里,食堂、医院、学校、商店、银行、邮局等一应俱全。保卫工作首先面临的任务就是对这些员工的人身、财产安全负责,要采取切实有力的措施,预防和制止抢劫、偷盗、伤害等治安案件的发生,以良好的治安环境,让单位的员工安全放心地从事生产、经营、科研、教学活动,并在日常的保卫工作中,紧紧依靠广大干部群众,充分发挥大家的聪明才智,共同促进保卫工作的顺利开展。

第三节　保卫工作的任务与作用

保卫工作的任务是指保卫组织或机构应承担和完成的工作。保卫工作的任务是围绕不同时期党和国家的中心工作,按照政策法律的要求,忠实地履行保卫工作的职责,保卫国家安全,维护社会治安秩序,保卫经济和文化建设事业,保卫国家、集体财产和公民的人身财产的安全。具体而言,保卫工作的任务可以分为公安机关保卫工作的任务和单位保卫工作的任务。关于公安机关保卫工作的任务,大致可以概括为以下三个方面:①维护社会治安秩序,保持社会稳定;②制定落实保卫工作各项制度,预防、打击各种违法和犯罪活动;③依法监督和指导单位的保卫工作。本章所讨论的重点是单位保卫工作的任务及作用。

一、单位保卫工作的任务

1.认真贯彻执行单位内部治安保卫工作的原则和方针

1988年,国务院批准的"三部一委"文件中,提出了在保卫工作中实行"谁主管,谁负责"的原则,实行治安保卫责任制。2004年,国务院颁布的《企业事业单位内部治安保卫条例》明确规定:单位内部治安保卫工作贯彻"预防为主,单位负责,突出重点,保障安全"的方针。工作原则和方针是指引事业前进的方向和目标,该条例提出的单位保卫工作的方针,是对单位内部治安保卫工作多年经验的总结,也为新的历史条件下保卫工作的发展指明了方向和目标。

贯彻执行"谁主管,谁负责"的原则,就是要在单位内部的治安保卫工作中,认真建立和落实治安保卫工作的责任制,单位的主要领导及相关部门的负责人,谁主管哪项工作,谁就对那项工作的安全负责,层层落实,责任到人,防止保卫工作中的推诿、扯皮、遇事没人管的现象。

贯彻执行预防为主的方针,就是要把预防工作放在单位内部治安保卫工作的首位,突出预防工作的地位和作用,防患于未然,把对员工人身财产安全和国家财产安全的各种侵害因素控制和消灭在初始阶段,预防不法分子的破坏活动,预防各种刑事案件、治安案件、治安灾害事故的发生,最大限度地避免损失,保障安全。

贯彻执行单位负责的方针,就要突出保卫工作责任制的建立与发展。改革开放初期,由于企事业单位内部治安保卫工作体制是双重领导,保卫工作既是公安机关的重要组成部分,也是单位职能的重要组成部分,从实践的效果来看,这种双重领导不利于保卫工作责任制的落实。自1997年以后,国家实行了"政企分开"的政策,在这种背景之下,公安机关对单位治安保卫工作以直接领导转向依法监督和指导,不可能再像以前那样管得过细过多。由此造成了不少单位治安工作的滑坡、失控,社会治安防范基础工作削弱,治安防患漏洞大量增多。鉴于以上情况,该条例明确规定了单位负责是单位内部治安保卫工作的基本方针之一。

贯彻执行突出重点的方针,就要将有限的保卫工作力量进行合理的配置,防止平均使用力量或产生不分主次、轻重倒置的现象。要把握重点和关键,克服治安保卫工作被动应付的局面,使保卫工作始终处于主动地位。为此,该条例本着轻重不同、区别对待的精神,确定了治安保卫的重点单位和重要部位,并要求治安保卫重点应当遵守对单位保卫工作的一般规定和对治安保卫重点单位的特别规定。

贯彻执行保障安全的方针,就是要明确这一方针是单位内部治安保卫工作的重中之重。在保卫工作中不论是预防、单位负责,还是突出重点,目的都是为保护单位内部员工人身、财产安全和公共财产安全。否则,单位内部治安保卫工作就失去了存在的价值和意义。

2.保卫组织或机构及其工作人员要忠实地履行自己的职责

根据《企业事业单位内部治安保卫条例》和相关法规的规定:单位内部治安保卫组织或机构、治安保卫人员应当履行下列职责:①开展治安防范教育,并落实本单位内部治安保卫制度和治安防范措施;②根据需要,检查进入本单位人员的证件,登记出入的物品和车辆;③在单位范围内进行治安防范巡逻,检查治安隐患整改记录;④维护单位内部的治安秩序,制止发生在本单位的违法行为,对难以制止的违法行为以及发生的治安案件、涉嫌刑事犯罪案件应当立即报警,并采取措施维护现场,配合公安机关的侦查、处置工作;⑤督促、落实单位内部治安防范设施的建设和维护。同时,单位保卫人员在履行职责的时候,应当依法、文明履行职责,不得侵犯他人合法权益,应注意严禁下列行为:①非法剥夺、限制公民人身自由;②非法搜查他人的身体、随身携带的物品或者扣押他人合法证件、财物等;③辱骂、殴打他人或者教唆殴打他人;④阻碍国家机关工作人员依法执行职务;⑤其他违反法律、法规和规章的行为。

3.单位要制定内部治安的保卫制度

根据《企业事业单位内部治安保卫条例》,在内部治安保卫工作中建立健全治安保卫制度是做好单位内部治安保卫工作的基础。严密的治安保卫制度,是保障生产、经营、科研、教学活动,开展保卫业务活动必须遵守的行为准则,也是防止不法分子进行破坏活动,防止治安灾害事故发生的重要措施。所以说,每项严密的治安保卫制度都是保障安全的必备条件。单位制定的治安保卫制度,应包括以下主要内容:①门卫管理、值班、巡查制度。门卫管理、值班、巡查是单位内部治安保卫工作的最基本的形式。②工作、生产、经营、科研、教学等场所的安全管理制度。③现金、票据、印鉴、有价证券等重要物品使用、保管、储存、运输的安全管理制度,预防被盗、被抢,不留治安保卫的隐患。④单位内部的消防、交通安全管理制度,并通过制度的实行,把各种形式的责任制落到实处。⑤治安防范教育培训制度,主要内容有培训教育计划、范围、内容、方式以及考核标准等。⑥单位内部发生治安、涉嫌刑事案件的报告制度,以便公安机关及时掌握情况,查处和打击违法犯罪活动。⑦治安保卫工作检查、考核及奖惩制度。⑧存放有爆炸性、易燃性、放射性、传染性、腐蚀性等危险物品和传染菌种、毒种以及武器弹药的单位,还必须建立相应的安全管理制度。建立健全并落实相应的各项制度,是做好保卫工作的基础,也是单位内部治安保卫工作必须完成的任务。

4.加强治安保卫重点单位与重要部位的安全保护

治安保卫重点单位是指关系到全国或所在地区国计民生、国家安全和公共安全的单位。治安保卫重点单位有:①广播电台、电视台、通讯社等重要新闻单位;②机场、港口、大型车站等重要交通枢纽;③国防科技工业重要产品的研制、生产单位;④电信、邮政、金融单位;⑤大型能源动力设施,水利设施和城市水、电、燃气、热力供应设施;⑥大型物资储备单位和大型商贸中心;⑦教育、科研、医疗单位和大型文化、体育场所;⑧博物馆、档案馆和重点文物保护单位;⑨研制、生产、销售、储存危险物品或者实验,存放传染性菌种和毒种的单位;⑩国家重点建设工程单位;⑪其他需要列为治安保卫重点的单位。治安保卫的重点单位和单位的一些重要部位,是单位保卫工作的重中之重。这些重点单位和重要部位关系到国家或所在地区的国计民生、国家安全和公共安全,一旦保卫工作出现差错,出现了重大的治安灾难和事故,后果不堪设想。因此,要制定出严格的安全保卫制度和措施,预防为主,防患于未然,确保其安全。

5.预防各种违法犯罪与治安灾害事故的发生

预防为主是做好单位内部治安保卫工作的基本指导方针,要求单位内部的保卫工作必须把事先防范作为主要工作。保卫的一切工作都要围绕防范,服务于防范,确立防患于未然的基本思路。在保卫工作实际中采取各种有效的预防手段,尽量把违法犯罪行为遏制在预谋阶段,把各种灾害事故消灭在萌芽之中,确保单位内部的安全。为此,要努力做到在预防违法犯罪活动方面,充分发挥单位内部保卫机构和工作人员的作用,制定严格的工作制度,落实各种有效的措施,督促保卫机构及其工作人员各尽其责,工作高效,保障有力。同时,要紧紧依靠广大干部群众,使单位内部的员工树立防范意识,积极参与单位内部的治安保卫工作,形成一道单位治安保卫机构和单位员工共同参与构建的安全保卫屏障,有效地防止违法犯罪事件的发生。同时,在预防各类治安灾害事故方面,要做到重点突出、心中有数、措施到位、责任到人,将安全保卫的各项制度落到实处。

二、单位保卫工作的作用

我们常说的"作用",可以表述为对事物产生的影响。单位保卫工作的作用,就是指对单位管理、生产、经营、科研、教学等工作产生的影响。实践证明,单位保卫工作的各项责任得到落实对维护单位各项工作的发展会产生积极而重要的影响。

1.保护国家经济、文化发展

在我国现代化建设的事业中,党和国家的工作重点是进行经济建设,并促进文化事业的繁荣和发展。保卫工作处在经济、文化建设的第一线,担负着保卫国家经济、文化事业安全的重要使命。坚强有力的保卫工作,能为企业、事业单位的生产、科研、管理活动创造一个良好的社会环境,能有效地保护单位内部人、财、物的安全,从而为国家经济文化的发展奠定良好的基础。可以说,保卫工作能否做得到位,在一定意义上关乎国家经济、文化建设战略目标能否实现的大问题。在保卫工作中,有一些重点单位和重要部位,如国防科技工业重要产品的研制、生产单位;大型物资储备中心、商贸中心;国家重点建设工程单位等,直接关系全国或所在地区国计民生、国家安全和公共安全,其保卫的任务十分艰巨,不容有丝毫的失误,否则,会造成无法估量的损失。因此,保卫工作的根本任务是保卫国家经济、文化的建设,如果保卫工作做好了,会起到促进国家经济、文化建设事业顺利发展的重要作用。

2.维护单位内部的治安秩序

"秩序"一词的意思是指"有条理,不混乱"的意思。单位内部的治安秩序,是指单位内部秩序有条理而不混乱的情况。从保卫工作的实践来看,单位内部治安秩序的建立与维护,与单位行政管理有着密切的关系。单位保卫工作机构,是单位行政管理的职能部门和组成部分,承担着单位内部治安秩序的维护工作,会对单位内部的方方面面产生很大的作用。企业、事业是单位员工安身立命的场所。大家都希望平安、和谐、治安秩序良好,从而安安全全地生活、学习工作和交往。为此,保卫工作组织或机构及其工作人员,通过自己辛勤工作,使不法分子无机可乘,偷盗、抢劫等治安案件,安全生产责任事故鲜有发生,自然而然地会给员工创造一个良好工作和生活环境,使员工没有后顾之忧,全身心地投入到事业的发展中去。相反,单位内部的治安保卫工作没有做好,打架、斗殴、抢劫等治安事件不断发生;火灾、泄密等安全事故频繁出现,就会使单位员工人心惶惶、忧心忡忡,很难全身心地投入到工作中去。

3.降低单位生产经营和管理的风险

"风险"是指影响既定目标实现的不确定性因素或原因,其主要的考量指标有两个方面:一是事物发展过程中由于不利因素的影响存在着不确定性;二是指事物发展的最终结果由于其他因素的干扰存在不确定性,达不到人们原来预期和希望出现的结果。随着社会的发展,企业、事业单位在工作、生产、经营等活动中的风险逐渐加大。这种风险一是来自传统的安全领域,一是来自非传统的安全领域。来自传统安全领域中的治安案件、刑事案件和安全事故的数量不断增多,如盗窃、抢劫、破坏生产经营、火灾等给单位的国家财产和员工的人身财产安全造成了很大损失。同时,非传统安全领域的危险因素也在不断增加,如邪教组织、恐怖活动、信息不安全等。传统与非传统安全领域危险因素的叠加,给企业、事业单位的各项工作带来了很大的风险。因此,加大保卫工作的力度,强化安全保卫措施的落实,及时而有效地制定预案,防患于未然,会大大降低单位事业发展过程中的风险,对单位事业的发展起到保驾护航的作用。

4.增强单位事业发展的软实力

在我国改革开放不断加快的过程中,企业、事业单位在工作、生产、经营等活动中面临着愈来愈激烈的竞争。竞争是综合实力的比拼和博弈,综合实力是硬实力和软实力之和。软实力包括的内容很多,有规章制度、治安状况、单位员工素质等。我们注意到,在单位保卫工作实践中,有许多规章制度是由保卫组织或机构制定并负责贯彻、落实的,如安全防灾制度、门卫制度、保密制度、公共场合的治安管理制度等。这些看似平常、普普通通的工作,却有着重要的意义,是单位软实力重要的表现和组成部分。其一,单位内部治安秩序维持好了,有了一个良好的治安环境,员工会有一种安全感,会增加对单位的认同感、归属感,愿为单位的发展尽心尽力。这就是人们常说的"安居乐业"。其二,经过长期不间断的安全保卫教育,员工的危机意识、风险意识会逐渐增强,会自觉地重视安全防范工作。其三,通过制定、落实安全保卫措施和安全保卫责任制,会增强员工的责任心,从而认真对待自己所从事的每项工作。其四,通过与保卫工作相关的法律法规教育,使员工树立明确的规则意识,养成遵纪守法的良好习惯,知道自己应当做什么,不应当做什么,自觉地抵制违法行为等。以上这些因素综合起来,就增强了单位事业发展的软实力,使单位在日益激烈的市场竞争中占据主动和有利的地位。

第四节　保卫工作的沿革与发展

1949年以来,保卫工作经历了漫长的发展过程,有过重大的成就,也有过曲折的经历。重温保卫工作发展的历史,可以清楚地看到一个基本脉络,这就是奠基、恢复整顿与改革发展三个阶段。这三个阶段各自有着不同的历史使命,但又相互关联,相互继承,共同维护着共和国政治、经济、文化、社会的不断发展。

一、保卫工作的奠基阶段

1949年以来,新生的人民政权面临着百废待兴、百业待举的严峻现实,国内外敌对势力破坏捣乱,千方百计阻碍新中国的经济社会发展,保卫工作的任务非常艰巨,奠基阶段举步维艰。在这种社会背景下,中共中央、政务院高度重视安全保卫工作,制定了一系列行之有效的措施,为保卫工作后续发展打好基础。

1. 制定保卫工作的政策法规

1950年3月,中央人民政府政务院发布了《关于在国家财政经济部门中建立保卫工作的决定》(以下简称《决定》)。《决定》指出:"为了有效防止敌人反革命的破坏活动,保卫国家财产和国家的经济建设,决定立即建立与加强经济部门中的保卫工作。""政务院财经委员会所领导的各部、厅、局、处以及所有的国营工厂、矿山、银行、公司、铁道、航运、电讯、仓库、森林等部门,应一律建立保卫工作机关或保卫工作组织,列入各该部门的编制系统内,成为各该部门的组织部分之一,统一领导,统一供给。""中央人民政府公安部的经济保卫局同时亦为政务院财经委员会的保卫工作机关,受双重领导。""各该部门的保卫工作机关,同时亦为中央人民政府的公安部经济保卫局各级公安部门派出的代表机关,执行国家公安机关的权力。""各地方公安机关对其所辖地区的国营工厂、矿山等经济部门的安全,应负保卫责任。"同年7月,中共中央对执行这个《决定》又作出指示,要求"各级党委应根据这一决定,通过行政指导,有计划、有步骤地把政府财经部门的保卫组织与工作建立起来,动员与号召参加各级政府财经部门工作中的全体党员,深刻认识这一决定的重要意义,并坚决执行"。这一决定的发布和施行,成为建国初期保卫工作奠基性的政策与法律文件。

1953年1月,中共中央发布了《关于加强基本建设保卫工作的指示》,明确提出"基本建设是国家经济建设的头等任务",必须"立即调配干部,建立组织,展开工作"。同年4月,公安部召开的全国基本建设保卫工作会议,明确提出要把基本建设保卫工作列在经济保卫工作首位。同年8月,公安部向各地公安机关发出了《关于文化保卫工作的指示》,要求各大区、各大城市的公安机关建立相关的文化保卫机构,切实加强文化保卫工作。

1962年12月,为了加强和规范保卫工作,公安部公布了《保卫处、科工作细则》(试行草案),这个细则共有10章40条,对保卫工作组织的性质、任务、职责、领导体制、设置原则等都作了明确的规定。这个工作细则的制定和公布,对加强基层保卫工作有着重要的规范和指导意义。

2. 建立保卫工作的组织机构

1949年11月,中央人民政府公安部建立时就设置了经济保卫局,各大行政区公安部和各地公安机关设立了经济保卫局。1950年3月,中央人民政府政务院发布的《关于在国家财政经济部门中建立保卫工作的决定》中明确指出:财经委员会所属的各部门以及所有的国营工厂、矿山、银行、公司、铁路、航运、电讯、仓库、森林等单位,应一律建立保卫组织,成为各该部门组成部分之一。同年5月,公安部召开了第一次全国性的经济文化保卫会议,在此前后,企事业单位相继成立了工人纠察队,大型企事业单位配备了具有武装守护性质的经济民警,城乡地区建立了治安保卫委员会。据统计,在1949年后不长的时间里,全国已有近4万名专业的保卫干部队伍,企事业单位的保卫组织基本建立。

1952年6月,政务院批准颁布了《治安保卫委员会暂行组织条例》。该条例规定:"治安保卫委员会是群众性的治安保卫组织,在基层政府和公安保卫机关领导下负责进行工作。"1962年11月,公安部通知《治安保卫委员会工作细则》(试行草案),规定"治安保卫委员会是不脱离生产的群众性的治安保卫组织,是公安机关联系群众的桥梁"。各地各级不同层次的治安保卫委员会成立后,积极开展工作,对维护本单位和社会的良好秩序,预防和制止各类违法犯罪案件的发生,起到了良好的作用。

3.积极开展经济文化保卫工作

经济是国家的命脉。百业不兴,经济不振,整个国家发展难以为继,良好的社会秩序无法建立。1949年以后,发展经济必然成为党和国家大政方针的中心。但是经济、文化的发展离不开良好的社会环境,离不开保卫工作的保驾护航。1950年3月,为了防止国内外敌对势力的破坏活动,保卫国家财产和经济建设工作,国家做出了建立与加强财政经济部门的保卫工作的决定,要求政务院财经委员会所属的各部、厅、局以及所有经济实体,都要建立保卫工作机关或保卫工作组织,担负起应担负的保卫工作职责,保证国家经济建设的顺利进行。

为了落实这一决定提出的任务,全面、迅速地开展保卫工作,公安部于1950年5月、1951年5月、1952年8月连续召开了三次经济保卫工作会议,提出了"有计划、有步骤、有重点"地组织与加强这方面的工作,实行公开与秘密结合、专门与群众结合、内部与外部结合、此部与彼部结合的原则……以保护经济发展的安全。

1953年,我国开始实施第一个五年计划,开展大规模的经济建设活动。为此,中共中央发出了《关于加强基本建设保卫工作的指示》,明确提出"基本建设是国家经济建设的头等任务",务必高度重视安全保卫工作。同年4月,公安部召开了全国基本建设保卫工作会议,提出要把基本建设保卫工作列在经济保卫工作的首位。之后,公安部又召开了全国财贸工作会议,研究、部署了加强财贸系统的安全保卫工作。

关于文化方面的保卫工作,是这一时期保卫工作的重点内容之一。1952年初,公安部设立了文化保卫局,同年8月,经中共中央批准,公安部向各地公安机关发出了《关于文化保卫工作的指示》,要求各大区、各大城市的公安机关建立相应的文化保卫机构。同时,该指示还明确提出了文化保卫工作的任务和范围等方面的要求。1954年11月,公安部召开了第一次全国文化保卫工作会议,明确了文化保卫工作的任务和方针。1964年,公安部再次召开全国文化保卫工作会议,对文化安全保卫工作提出了新的要求。

二、保卫工作的恢复整顿阶段

1978年党的十一届三中全会以后,全党工作的重点转移到现代化建设上来,我国进入了改革开放的历史时期,保卫工作也迎来了新的发展机遇。

1980年1月,公安部召开了一次全国经济文化保卫工作会议。会议分析了保卫工作面临的形势,研究制定了新的历史时期保卫工作的路线、方针和任务,确立了"预防为主、确保重点、打击敌人、保障安全"的保卫工作方针。同时,国务院批转了公安部《全国经济文化保卫工作纪要》，明确了单位内部保卫处的性质，即保卫处是"各该部门的组成部分之一"，又是"公安部门派出的代表机关，执行国家公安机关权力"，受本单位党委和公安机关的领导。同年12月，国务院批转了公安部等六个部门《关于建立经济民警的实施方案》，决定从1981年起，在重要的大型厂矿企业、物资仓库、重要科研等重点单位设立经济民警，负责武装守卫工作。

1983年12月，公安部再次召开全国保卫工作会议，讨论如何进一步加强保卫工作，适应改革开放的问题。会议的重要成果有：一是与会的代表们一致认为，要适应改革开放的新形势，保卫工作必须解放思想，更新观念，乘势而上，深入整顿单位内部治安秩序，严厉打击刑事犯罪活动，进一步加强保卫工作和保卫组织建设，调整保卫工作受理范围和管理体制，明确保卫工作的职责和任务。二是这次会议明确提出，今后单位内部发生的刑事案件、治安案件应坚持以块为主、条块结合、内外结合的处理原则，由公安机关刑侦、治安部门统一负责侦破和处理，单位保卫组织积极配合。三是这次会议决定，在一些重点厂矿再建一批企事业公安机构。

为了进一步规范和加强保卫工作和单位保卫组织的建设，1985年3月，公安部发布了《机关、团体、企业、事业单位保卫组织工作细则（试行）》。这个细则是在1962年12月发布的《保卫处、科工作细则》的基础上，结合改革开放后新情况的变化修订而成的。该细则对保卫组织的性质、职权、任务等作了更为明确的规定，标志着在新的形势下，保卫工作的组织制度、工作职责、业务范围、队伍建设等都得到了恢复与整顿。与以前文件的规定相比，该细则对于保卫组织在治安行政管理和刑事司法等方面的规定有了一些重要变化。该细则规定，保卫组织可以查处治安案件，有罚款的权限；重要部门是保卫工作的重点，保卫组织在保卫重要部门所采取的保卫措施中，负责建立健全安全保卫责任制，发现有不适宜在重要部门工作的人员，应建议有关部门予以调离。

1988年，国务院批准了"三部一委"的文件，决定在高校建立公安机构，在保卫工作中实行"谁主管，谁负责"的原则，推行治安保卫责任制；1994年，国务院批准了公安部关于《企业事业单位公安机构体制改革的意见》；1995年颁布了《中华人民共和国警察法》；等等。这些重要文件的制定公布，成为保卫工作基本的法律依据和指导性文件。

三、保卫工作的深化改革与发展阶段

1992年春天，邓小平同志南行讲话发表以后，我国的经济体制改革进入了新的阶段。国有企业作为经济体制深化改革的突破口之一，党和国家对其制定了明确的方针政策，即增强企业活力，坚持政企分开，扩大企业经营自主权，建立现代企

业制度。在这种新的形势下,企业保卫组织、保卫机构在机构设置、人员配备、职责权限以及与公安机关的关系等方面必然要做出相应的改革,以突破过去计划经济时期以及改革开放初期形成的传统和过渡性的管理体制和管理模式,适应时代对保卫工作提出的新要求。

为此,1997年公安部和国家经贸委联合发布了《国有企业治安保卫工作工作暂行规定》。这个规定是新形势下保卫工作深化改革的一个重要法律文件,是对传统的保卫工作管理体制和管理模式的重大突破:第一,该规定明确提出,企业保卫组织不再是公安机关的基层组织,企业保卫工作机构只是企业的职能部门,如何设置保卫工作机构以及采用何种形式的保卫工作,企业可以自主选择;第二,企业保卫组织不能查破任何刑事案件和治安案件,不得行使《治安管理处罚法》规定的警告、罚款等的裁决;第三,企业保卫组织协助公安机关监督、考察、教育本企业被判处管制、剥夺政治权利、宣告缓刑、假释、监外执行和依法保外就医的犯罪分子,以及被监视居住、取保候审的犯罪嫌疑人和进行社区矫正的人员;第四,公安机关与企业保卫组织的关系是监督和指导的关系。[①] 简言之,与以前的保卫工作相比,国有企业保卫工作出现了新的变化:一是保卫工作的主体发生了变化;二是保卫工作原有的属性发生了变化。在保卫工作中,公安机关只对其进行监督和指导。

《国有企业治安保卫工作暂行规定》施行以后,我国的保卫工作发展很快,按照该规定的要求,国有独资企业,包括国家控股的股份有限公司、有限责任公司都建立了新的保卫工作组织;按照该规定的要求,国家机关、社会团体、事业单位、集体所有制企业、私营企业、股份制企业、"三资"企业等也都参照执行该规定,建立了不同层次、不同规格的保卫机构。当然,在该规定施行的过程中,又出现了一些新的问题,比如,企事业单位保卫组织或机构的执法主体如何确定;公安机关对单位的保卫工作如何行使监督与指导的职责;企业、事业单位不履行保卫工作的职责如何处理;等等。针对新出现的这些问题,国务院于2004年9月公布了《企业事业单位内部治安保卫条例》,并在立法宗旨中明确指出,"为了规范企业、事业单位内部治安保卫工作,保护公民人身、财产安全和公共财产安全……制定本条例"。2007年6月,为了规范公安机关监督检查企事业单位内部治安保卫工作,依据国务院的条例,制定公布了《公安机关监督检查企业事业单位内部治安保卫工作的规定》,其宗旨是在保卫工作新的格局下,更好地发挥公安机关对保卫工作的监督与指导作用。

---

① 徐志林.治安防范论[M].上海:上海人民出版社2011年6月版,第73页。

第五节　保卫工作的理念创新

保卫工作是企事业单位安全工作的生命线,是企事业单位实现其职能的根本保证。在新形势下企事业单位内部治安保卫工作面临着一些矛盾与问题:其一,保卫机构不健全,人员参差不齐。没有单独设立保卫处、科,没有形成自上而下的统一领导,在一定程度上脱离政府和公安机关的业务监管和指导,形成不了合力。其二,随着社会的发展和科学技术的进步,保卫工作面临着新的挑战,出现了一些新的值得注意的问题,原来相对封闭的单位内部治安保卫工作出现了开放、社会化的趋势,影响单位内部治安保卫工作的因素呈现出立体交叉的复杂局面,在物流、人流、信息流等方面呈现出许多新的特点,这就要求保卫工作这个部门及其工作人员,尤其是对单位内部治安保卫工作负有直接责任的党政领导,要审时度势,重新考量和评估保卫工作中出现的一些新的风险因素,集中精力,投入力量解决对单位内部治安保卫工作影响很大的那些风险因素,有重点、有步骤地落实保卫工作的相关制度和责任,扎扎实实地做好保卫工作,立足于防范,立足于疑难问题的解决,充分发挥保卫工作前置性的功能,未雨绸缪,把影响安全保卫工作的不利因素和矛盾化解在萌芽状态,为单位生产、科研、教学等活动提供良好的安全环境。其三,要加强对保卫工作重要性的认识。从一定意义上来讲,保卫工作虽然平凡而头绪繁杂,但是它是企事业单位安全保障的生命线,一个经营再好的企事业单位,如果放松了安全保卫工作,就会出现社会秩序不良,单位的员工缺乏安全感和归属感,有时疏忽大意造成一场火灾就会对单位的财产和员工的人身财产安全造成无法挽回的损失。因此,从这个角度来讲,安全保卫工作是维护单位生产、科研、教学等活动的重要保障。从保卫工作的实践中,我们注意到,一部分企事业单位以生产、科研、教学忙为借口,或多或少的存在着对安全保卫工作不够重视的问题,甚至少数单位把安全保卫工作并在其他工作部门的职能当中,疏于管理和制度的建设,以致使保卫工作出现了边缘化的倾向,这些都是和保卫工作的基本宗旨与要求格格不入的,必须予以纠正和改变。其四,在新的历史背景下,除去了传统保卫工作面临的压力加大以外,在非传统的安全领域,也出现了一些值得我们高度重视的问题,比如,单位的信息安全工作、产品安全工作、人身和财产安全工作都遇到了一些新的挑战,面临着严峻的形势,尤其是出现了一些重大突发事件、安全事件等处置的难度在加大。这就要求我们要以创新的理念来对待安全保卫工作,在安全保卫工作当中,要及时地采用一些新的机制和体制,努力做好安全保卫工作,防患于未然,不至于出现严重的后果。

为了更好地解决上述问题,首先,要在创新保卫工作理念的基础上牢固树立单位的安全保卫工作就是生产力的思想,强化单位安全保卫工作的制度创新与科学管理,下大功夫把单位安全保卫工作落到实处,是企事业单位实现安全生产和事业发展的大前提。其次,在社会管理创新的前提下,加强和完善相关制度建设,以制度建设保障企事业单位的治安保卫工作适应新形势发展的要求,使其发挥应有的作用和功能。再次,树立治安防范实现科技化的指导方针,企事业单位内部治安保卫工作要在领导重视、制度建立、责任落实的前提下,充分利用现代科学技术所提供的方法和手段,在安全保卫形势的研判、人防、物防等基础上最大限度的加入现代科技的因素,为保卫工作在新的形势下发展和创新提供科学的支撑。

思 考 题

1.单位保卫的基本概念是什么?

2.单位保卫工作的性质与特征是什么?

3.保卫工作的任务与作用是什么?

4.简述单位保卫工作发展的历史。

第二章

保卫工作的基本原则和方针

———————————— ★ ————————————

1988 年,国务院批准的"三部一委"文件,确立了在保卫工作中实行"谁主管,谁负责"的原则,推行治安保卫责任制。2004 年公布的《企业事业单位内部治安保卫条例》规定:"单位内部治安保卫工作贯彻预防为主、单位负责、突出重点、保障安全的方针。"以上规定既是单位治安保卫工作应当贯彻的基本原则和方针,也是单位治安保卫工作多年来经验与教训的总结。

第一节 "谁主管,谁负责"的原则

一、"谁主管,谁负责"原则的含义

单位内部治安保卫"谁主管,谁负责"的原则,是指各级地方党政领导要对本辖区的企事业单位内部治安保卫工作和治安综合治理工作负责;同时,企事业单位的党政领导要对本单位的治安保卫工作负责,切实搞好单位的安全保卫和治安防范工作。

二、"谁主管,谁负责"原则的贯彻与落实

"谁主管,谁负责"的原则要求在单位内部治安保卫工作和社会治安综合治理问题上,谁是这个部门、这个单位的主要领导,谁就对这个单位、这个部门的治安问题负有责任,在治安问题上实行权责利的统一。这就要求包括企业的行政首长在

内,谁主管那项工作,谁就对那项工作的安全负责。一个地区、一个系统、一个单位的安全保卫工作要由本地区、本系统、本单位的领导负责,各部门、科室、车间、班组的保卫工作,由所属范围内的行政领导负责,形成严密的内部治安管理主干线[①]。因此,各单位、各部门要各司其职、分工负责、有分有合的形成保卫工作的合力,使单位内部的治安保卫工作出现新的局面,跃上新的台阶。

为了真正把治理治安问题与企事业单位的管理结合起来,使得"谁主管,谁负责"原则落到实处,1991年相继发布了中共中央、国务院《关于加强社会治安综合治理的决定》和全国人民代表大会常务委员会《关于加强社会治安综合治理的决定》,以此为依据,中央社会治安综合治理委员会于1991年发布了《关于实行社会治安综合治理一票否决权制的规定(试行)》,提出了"对没有达到当地或上级主管部门规定的社会治安综合治理目标或有下列情形之一的予以否决:①因领导不重视、社会治安综合治理机构不健全,造成本地区或本单位治安秩序严重混乱的;②对不安定因素或内部矛盾不及时化解,处置不力,以致发生集体上访、非法游行、聚众闹事、停工、停产、停课等问题或造成严重后果,危害社会稳定的;③因主管领导、治安责任人工作不负责任,发生特大案件或恶性事故,造成严重损失或恶劣影响的;④因管理不善、防范措施不落实,发生刑事案件或治安灾害事故,使国家、集体财产遭受损失,又不认真查处、改进工作的;⑤存在发生治安问题的重大隐患,经上级主管部门、有关部门或社会治安综合治理机构提出警告、司法建议、检察建议、整改建议,限期改进,而无有效改进措施和明显效果的;⑥因教育管理工作不力,本单位职工中违法犯罪情况比较严重的;⑦发生刑事案件或重大治安问题有意隐瞒不报或作虚假报告的;⑧省、自治区、直辖市社会治安综合治理领导机构认为其他需要予以否决的"。社会治安综合治理一票否决权制的"否决内容包括:县(市、区)、乡镇、街道以及机关、团体、学校、企业、事业单位评选综合性的荣誉称号;上述单位的主要领导、主管领导和治安责任人评先授奖、晋职晋级的资格。否决单位的主要领导、主管领导或治安责任人的晋职晋级资格,要按照管理权限,与有关党委组织部门或政府人事部门协商决定。一票否决权制应与评先晋级等工作同步进行"。

此外,在2004年的《企业事业单位内部治安保卫条例》中,进一步将"单位负责,政府监管"作为我国单位内部治安保卫工作的基本思路。在第2条确立了"单位负责"的方针,第3条规定了"政府监管"的内容,以法律的形式将该体制确立了下来。

---

① 郭太生.保卫学[M].北京:中国人民公安大学出版社2006年版,第79页。

第二节 "预防为主"的方针

一、确立"预防为主"方针的必要性

安全工作的历史与实践证明,"预防为主"的方针是保卫工作最重要的方针之一。"预防为主"的出发点就是对各种影响治安安全的行为以及事件要做到早发现、早消除,不至于使这些不利的因素对安全保卫工作造成严重的危害。这就要求我们在单位内部的治安保卫工作当中,一是要有防患于未然的意识,对出现的一些危害治安保卫工作的行为和事件要做到及时的发现,准确的研判,充分的评估,并在此基础上制定周密的预防措施,积极采取各种有效的手段,将这些危害治安保卫工作的行为和事件控制在可以控制的范围之内,不至于造成无法挽回的后果,这既是保卫工作的前提,也是保卫工作的首要环节。同时,在企事业单位内部,集中着国家的大量秘密和物质财富,直接关系着社会主义现代化建设的成败和国家的安危;同时,在企事业单位内部治安保卫的工作阵地上,工作范围宽泛、种类繁多、性质各异,有许多薄弱环节或隐患,极容易发生犯罪案件或治安灾害事故,一旦出现问题则危害大,后果严重。而保障安全的最有效方法就是预防,做好了预防工作,就可以保障万无一失。因此,预防既是企事业单位内部治安保卫的本质特征,更是企事业单位内部治安保卫的重中之重。为此《企业事业单位内部治安保卫条例》中的许多规定都体现出了"预防为主"的方针要求。

二、"预防为主"方针的贯彻

1.预防违法犯罪

单位内部违法犯罪,影响和干扰单位生产业务活动的正常进行,危害国家财产和职工生命安全,妨害社会主义经济建设的进行,因此,预防和打击犯罪是企事业单位内部治安保卫工作的一项重要任务。

预防违法犯罪,就是针对产生、诱发违法犯罪的原因,充分发挥单位保卫组织和治保组织的主导作用,调动广大职工群众,从人、物和技术三方面入手实行全方位防范。从"人"入手就是对职工群众进行广泛深入的法制宣传教育,增强他们的法制观念和防范意识,自觉守法,积极同刑事犯罪做斗争,做好失足青年职工的帮教工作,尽可能减少内部犯罪因素。从"物"入手就是对容易被犯罪人员侵害的部件和物品加强管理,严密各项防范措施,堵塞可能被犯罪人员利用的各种空隙和漏洞,使刑事犯罪的发生降低到最低的程度。从"技术"入手,就是加强技术手段在安全防范中的运用,以减轻人防的压力。

具体来讲,违法犯罪的预防需要做好以下工作:①制定和落实各项规章制度,推行、落实治安保卫责任制;②发动和依靠职工群众,开展自防自卫,完善各项防范措施和手段;③加强相关信息的收集和研判,做到心中有数,有的放矢;④开展调查研究工作,确定案件预防工作的对象和目标;⑤建立健全违法犯罪预防的工作机制;⑥建立技术防范系统,提高防范能力和水平;⑦制定违法犯罪预防的工作预案,一旦发现问题,能做到快速反应①。

2.预防和查处治安灾害事故

随着我国经济建设速度的加快和人财物的大流动,单位内部发生的各类治安灾害事故呈明显的多发态势,特别是火灾、爆炸、车祸等治安灾害事故日益突出,给国家和人民生命财产安全以及社会稳定造成极大危害。经济发展速度的加快和相对应的防范滞后的矛盾,是治安灾害事故多发的主要原因,而且这种矛盾短时期内不会得到根本的解决。因此,预防和查处治安灾害事故是企事业单位内部治安保卫工作一项长期而艰巨的任务。有效开展事故预防和查处工作,有利于保卫国家经济建设的顺利进行,有利于维护社会公共安全,有利于查明事故性质,对事故做出正确处理。

预防治安灾害事故,公安机关要加大监督和执法力度。针对一些单位把主要精力放在如何适应市场和提高经济效益上,而在生产业务活动中不同程度地存在忽视安全,甚至以牺牲安全、减少投入、追求所谓高效经济的情况,公安机关要加强安全措施的监督检查。对检查中发现的事故隐患,及时处理,责令这些单位按照有关法律法规的规定限期整改。拒不整改或借故推诿拖延的,要依法给予相应的处罚。对造成重大治安灾害事故的有关人员和领导,要追究其法律责任。对发生的火灾、爆炸等事故,公安机关要及时处置或协助处置,查清事故的原因和性质,追究责任者和有关单位领导的责任,对构成犯罪的要依法处理。为此,单位在治安灾害事故预防中应做好如下工作:①开展治安防范宣传教育,建立健全各种规章制度;②开展安全检查与监督,发现和消除事故隐患;③重点预防火灾、爆炸、剧毒物品中毒、内部车辆肇事、船只翻沉事故,以及能造成重大伤亡的其他事故;④协助有关部

---

① 张先福,黄久萍.最新内保工作实用手册[M].北京:中国检察出版社 2004 年版,第 82 页。

门贯彻有关治安行政管理法规和安全管理条例。

单位在治安灾害事故查处中应做好如下工作：①查明重大治安灾害事故的性质；②追查破坏事故与破坏嫌疑事故；③参与处理后果严重的重大事故。

第三节 "单位负责"的方针

一、贯彻"单位负责"方针的必要性

《企业事业单位内部治安保卫条例》第 5 条规定："单位的主要负责人对本单位的内部治安保卫工作负责。"第 6 条第 1 款规定："单位应当根据内部治安保卫工作需要，设置治安保卫机构或者配备专职、兼职治安保卫人员。"这些规定，在单位的层面上明确了单位内部治安保卫工作责任人和组织机构，从而将责任最终落实在最基层的组织和人员上。

企事业单位内部的治安保卫工作是一项实实在在的工作，而且环环相扣，缺一不可，哪一个环节出现问题，就会对治安保卫工作产生一定的损失和危害，因此，企事业单位内部的治安保卫工作要实行"单位负责"的方针，就必然包含以下重要的内容：第一，单位党政主要领导要充分认识到保卫工作的重要性和价值，把单位保卫工作列入党政工作的重要议事日程；第二，要制定切实可行的相关制度，并把这些制度落在实处，在制度的保证下，采取各种有力的措施和方式方法，以保证单位内部治安保卫工作的制度化和常态化；第三，为了保证相关制度和措施的落实，就要有专门的机构，并赋予相应的职能去从事这项工作，切忌将保卫工作边缘化。针对保卫工作实践中存在的保卫工作可有可无、无关紧要的模糊认识，要认真贯彻保卫工作相关的法律法规，严格依照法律法规的要求设置相关的保卫机构，明确保卫机构的基本职能，落实保卫工作的相关措施，对保卫工作中出现的一些不良倾向要及时地予以纠正，使单位内部治安保卫工作有名有实，有制度、有责任、有措施、有方法，保证单位内部的治安保卫工作扎扎实实地向前推进。

二、单位负责和政府监管的关系

"单位负责，政府监管"是我国改革开放新时期单位内部治安保卫工作的基本思想。理解单位负责这一方针，需要厘清单位负责和政府监管二者的关系。

2004 年，国务院公布的《企业事业单位内部治安保卫条例》第 5 条规定："单位的主要负责人对本单位的内部治安保卫工作负责。"这条规定明确提出，企事业单位内部的治安保卫工作由单位负责,具体的来讲,由单位的主要负责人来负责,这就明确了企事业单位及其主要负责人是单位治安保卫工作的主体,承担着履行法律规定的,做好单位内部治安保卫工作,保卫国家财产,公民人身和财产,维护单位生产、经营、教学等秩序的义务,这些义务是法定的义务,单位及其主要负责人不可推卸,必须认真地予以履行,以保障单位各方面工作的顺利开展。

按照《企业事业单位内部治安保卫条例》相关条款的规定,政府对单位内部的治安保卫工作有着监督的义务。具体来说,政府的公安部门对企事业单位内部的治安保卫工作有日常的检查权,同时履行监督权,对做得好的单位及时地总结经验表彰奖励,推广其经验和做法;对保卫工作做得不好的单位、公安机关有权督促其改进,并制定切实可行的改进办法,如果坚持不改,可以给予适当的惩戒,以保证单位内部的治安保卫工作得到切实的落实。

同时,在做好企事业单位内部治安保卫工作当中,贯彻相关的法律法规,厘清企业和政府各自的责任,各司其职,分工负责,对做好单位内部治安保卫工作有着重要的现实意义。

三、"单位负责"的具体落实

(1)根据《企业事业单位内部治安保卫条例》的规定,企事业单位的主要负责人对本单位的内部治安保卫工作负责,换言之,在单位内部的治安保卫工作中,单位的法定代表人或主要负责人是保卫工作的第一责任人。

(2)根据《企业事业单位内部治安保卫条例》的规定,企事业单位内部应设立保卫工作的相关机构、人员编制及明确其工作职责。单位内部的治安保卫工作要在依法依规的前提下,单位内部的法人代表或主要负责人要对保卫工作涉及的以上内容做出明确的部署和安排,将保卫工作切实落到实处。

第四节 "突出重点"的方针

一、确立"突出重点"方针的必要性

"突出重点"是指要把重点单位和重要部位放在重要位置,确保重点单位和重要部位的安全。这是保卫工作的重要内容和基本要求。在单位内部治安保卫工作中,没有重点就没有政策,没有重点就没有对策,单位内部治安保卫的重点是保卫工作的重中之重和主要抓手,围绕着"突出重点"的方针,要制定相应的措施、方法

和办法。单位内部的治安保卫工作就是要按照"突出重点"的方针,面对保卫工作面宽、量大的特点,集中人力、物力和财力,对重点的保卫单位和部门实行重点防范,制定切实可行的措施,努力做到重点的保卫单位和部门万无一失,保证保卫工作有条不紊地进行。为此,《企业事业单位内部治安保卫条例》规定了突出重点、兼顾一般,区别重点和一般单位并分类规范的做法。这既是立法中确立的原则,同时,也是单位开展内保工作的准则。

二、"突出重点"的两个层次

1.确定重点单位

根据《企业事业单位内部治安保卫条例》的规定,治安保卫重点单位之前被称为重要单位,这些单位是关系到国家或者所在地区国计民生、国家安全和公共安全的单位。重点单位具有秘密性强、价值性高、危险性大、要员名人多、影响面广等特征。重点单位或掌握国家政治、经济、科学技术秘密,或存储大量物资、现金、有价证券、珍贵文物和危险物品,或是珍贵稀有的机器、仪器设备,对国家或地区的经济社会发展有着举足轻重的作用。

重点单位的确定是指公安保卫部门和单位保卫组织根据实际情况,依照一定程序,明确而肯定地划定重点单位的具体范围。重点单位的确定关系到单位治安保卫资源的合理配置。如何确定重点单位,应遵循如下原则:①调查研究的原则;②实事求是的原则;③服从全局的原则;④宽窄适度的原则;⑤确保重点的原则;⑥稳定性与灵活性相结合的原则。

判定一个单位是否应列入重点单位进行管理的标准,就是看这个单位是否对国家安全或一个地区的国计民生、公共安全起重大作用和影响。据此可以将重点单位划分为如下类型:①重要机关单位;②国防尖端企事业单位;③重点建设工程;④重要科研单位;⑤重要新闻单位;⑥重要邮电通信单位;⑦重要动力单位;⑧重要金融单位;⑨重要物资仓库;⑩重要文博单位;⑪其他重点单位。

确定重点单位应遵循如下步骤和方法:①统一思想认识,成立工作机构;②开展调查,摸清情况;③对照判定标准,提出初步意见;④复审修正,上报审定;⑤向有关单位宣布,并及时公布重点单位安全管理制度;⑥根据实际情况,及时调整重点单位。

2.对重要部位进行重点保护

重要部位的重要性要求企事业单位内部对重要部位进行重点保护。因此,在

《企业事业单位内部治安保卫条例》第 14 条规定:"治安保卫重点单位应当确定本单位的治安保卫重要部位,按照有关国家标准对重要部位设置必要的技术防范设施,并实施重点保护。"

重要部位的类型有:①秘密部位;②生产关键部位;③危险物品部位;④重要供给部位;⑤重要设备部位;⑥财务集中部位;⑦其他重要部位。

根据公安部、国家发展计划委员会 1998 发布的《关于国家重点建设项目治安保卫工作暂行规定》,国家重点建设项目的下列场所应当列为治安保卫的重要部位:①储存易燃易爆、放射性、剧毒等危险物品的仓库;②供电、供水、供气枢纽场所;③存放重要勘察、设计图纸、资料的部位;④关键设备的场地;⑤对工程有重大影响的工序、环节;⑥其他应当列为治安保卫的重要部位。国防军工、核电站工程重要部位的确定,执行国家有关规定。

重要部位的确定是机关、团体、企业、事业单位开展重要部位保卫工作的首要环节。确定的步骤如下:①统一安排,具体组织;②调查研究,摸清情况;③多方论证,选准目标;④填写《重要部门审批表》,上报审定;⑤向职工宣布,并公布重要部位安全管理制度;⑥及时复审调整,适应变化。

三、分类规范,并区别对待

《企业事业单位内部治安保卫条例》第 6 条第 2 款、第 13 条至第 15 条都是针对重点单位做出的特别规定,其他都属于适用于所有单位、公安机关和政府部门的一般规定。也就是说,重点单位既要遵守本条例的一般规定,还要遵守本条例对重点单位的特别规定。

具体来看,区别对待表现在以下三个方面:其一,按照《企业事业单位内部治安保卫条例》第 6 条和 14 条的规定,单位内部要设立保卫机构,配备专职的治安保卫人员,并且机构的设置和人员配备的情况还必须报主管公安机关备案。其二,按照《企业事业单位内部治安保卫条例》第 15 条的规定,明确要求治安保卫重点单位应当确定本单位的治安保卫重要部位,按照有关国家标准对重要部位设置必要的技术防范设施,并实施重点保护。同时,该条例还规定治安保卫重点单位应当在公安机关指导下制定单位内部治安突发事件处置预案,并定期演练。

这一规定和做法,是从实践的教训中总结的经验,并使之规范化、制度化、法律化,主要有三个作用:一是从法律上防止因单位负责人认识不足或者注意力转移而不适当地撤销或者合并保卫机构,削弱保卫工作,导致危害公民生命财产安全、国家安全及其财产安全以及公共安全。二是确保重点单位治安保卫工作的组织落实、任务落实、人员落实。三是通过组织建设的备案制度,促使单位接受监督、促使公安机关监督到位,保障重点单位治安保卫工作组织制度的落实。同时,单位内部在开展治安保卫工作时,也应当按照本条例规定的"突出重点,保障安全"的方针原则,建立健全各种工作制度,落实各种防范措施,保障重要部位的安全。

第五节 "保障安全"的方针

一、确立"保障安全"方针的必要性

"安全"是单位内部治安保卫工作的基本宗旨和价值追求。"保障安全"就是要求企事业单位内部的治安保卫工作要依照"安全"这一基本宗旨和价值追求,采取一切措施保证企事业单位的安全,尤其是重点单位和重要部门的安全,否则,保卫工作便无从谈起,也就没有了宗旨和价值追求。

二、"保障安全"的具体内容

《企业事业单位内部治安保卫条例》第 1 条明确规定:"为了规范企事业单位(以下简称单位)内部治安保卫工作,保护公民人身、财产安全和公共财产安全,维护单位的工作、生产、经营、教学和科研秩序,制定本条例。"由此可以看出,保障安全的具体内容包括人身安全[①]、财产安全和公共财产安全。

与此同时,该条例确立了人身安全高于经济效益和财产安全的价值衡量标准。在第 2 条第 2 款规定:"单位内部治安保卫工作应当突出保护单位内人员的人身安全,单位不得以经济效益、财产安全或者其他任何借口忽视人身安全。"这一规定充分体现了以人为本的立法指导思想。在社会主义市场经济的发展过程中,由于观念滞后以及体制不健全等方面的原因,许多单位片面追求经济利益,忽视单位内部人员的人身安全,往往造成人身伤亡等严重后果,产生非常恶劣的社会影响。因此,人身安全高于经济效益和财产安全的价值衡量标准的确立,也是衡量企事业单位内部治安保卫工作成功与否、成效大小的前提条件。

---

① 所谓人身安全,其广义范畴包括人的生命、健康、行动自由、住宅、人格、名誉等安全;其狭义范畴是指作为自然人的身体本身的安全,如刑法上人身安全的本义。本条例的人身安全是指狭义上的范畴。危及人身安全的主要类型很多,人身伤害根据造成损害的原因,分为四个类型:自然灾害造成的人身伤害;意外事故造成的人身伤害;人为因素造成的人身伤害;不法侵害造成的人身伤害等。

思 考 题

1.“谁主管,谁负责”原则的具体含义是什么?

2.单位内部治安保卫工作应贯彻哪些方针?

3.在单位内部治安保卫工作中,应如何正确处理人身安全和财产安全的关系?

4.试述单位负责与政府监管二者之间的关系。

5.如何贯彻“突出重点”的方针?

第三章

保卫工作组织机构和人员的职责

------------ ★ ------------

保卫工作组织机构是指团体、企业、事业等单位的保卫组织与机构，是具体组织和实施单位内部安全保卫工作的部门。单位的保卫工作涉及国家的经济安全、文化安全和国家秘密的安全，单位保卫工作组织机构的设置、工作、职责都应当通过立法予以明确的规定。《企业事业单位内部治安保卫条例》对涉及单位保卫机构的重要内容（即设置、工作内容和职责）做出了明确的规定。

第一节　保卫工作组织机构的设置

我国保卫工作组织机构的设置经历了恢复重建阶段和制度建立阶段，到 2004年《企业事业单位内部治安保卫条例》的公布，标志着我国企事业单位内部治安保卫工作法律制度的建立。在新的历史时期，各单位应当遵循保卫工作组织机构设置的原则和规定，在企事业单位内部治安保卫工作当中，必须设置相应的机构和配备相应的人员，这是保卫工作的基本依托和保证。

一、我国保卫工作组织机构设置的发展历程

1949 年，为了加强经济文化保卫工作，我国公安部设立了文化保卫局和经济保卫局。1950 年，在党中央和政务院的推动下，各级财政和经济部门设立了经济保卫局。同时地方各企业也在公安机关保卫部门的领导下建立了自己的保卫组织或保卫队伍。1953 年，公安部设立了文化保卫局，负责指导相关单位的保卫工作

组织机构的设置。1957年,公安部经济保卫局设中央直属机关保卫处,负责指导工业、基建、财贸三大系统近40个部级单位保卫组织的工作。1960年,公安部文化保卫局设九处(又称中共中央直属机关党委保卫处),将原由中共中央办公厅警卫局指导的各中央机关保卫工作划归六局九处。直到1978年改革开放后,保卫工作才开始恢复和重建,经历了恢复整顿阶段和制度建立阶段两个阶段,在改革的进程中探索前进。

1. 恢复重建阶段:1978—1997年

1980年1月,公安部门召开了全国经济文化保卫工作会议,确定了"预防为主,确保重点,打击敌人,保障安全"的保卫工作方针,这一方针揭示了经济文化保卫工作的规律和特点,成为改革开放后我国企事业单位内部保卫工作的指导方针。会后,国务院批准了《全国经济文化保卫工作会议纪要》。1980年12月,国务院批准了公安部、国家计委、国家经贸委、财政部、国家劳动总局、商业部等六个部门《关于建立经济民警的实施方案》(国发(80)310号文件)。根据这一方案,从1981年开始,在重要的大型厂矿企业、物资仓库、重要科研等重点单位建立经济民警负责武装守卫。

1983年12月,公安部门召开了全国保卫工作会议。会议决定在一些重点厂矿再建了一批企事业公安机构。会议确定了在单位内部发生的刑事案件、治安案件,按照以块为主、条块结合、内外结合的原则,确立公安机关刑侦、治安部门统一负责侦破处理、单位保卫组织积极配合的工作方式。

经国务院批准,1981年7月民航总局成立了民航总局公安局,1984年5月林业部成立了林业部公安局。民航总局公安局和林业部公安局分别主管本系统内部的公安保卫工作,是我国公安机关的重要组成部分,隶属于公安部业务局。

1985年3月,公安部颁布了《机关、团体、企业、事业单位保卫组织工作细则》,是保卫工作依法管理进程的重要标志。1997年国家教委制定的《高等学校内部保卫工作规定(暂行)》,标志着我国已基本构建起保卫工作的法规框架,全国各地的机关团体和企事业单位也据此成立了保卫工作组织机构。1988年颁布的《中华人民共和国全民所有制工业企业法》要求企业必须加强保卫工作。单位内部安全保卫工作已列为厂长(经理)负责制的一个组成部分,实行治安保卫责任制。

至此,可以认为保卫工作从组织制度、业务范围、工作职责、任务、队伍建设等各个方面得到了全面恢复。在这个阶段,重要的大型厂矿企业、民航局、林业局、高校及其他的重要的企事业单位,都已设立了单位内部的保卫工作组织机构,负责本单位的内部保卫工作。单位保卫工作组织机构具有双重身份,既是公安机关的基层组织,又是单位的职能部门,受公安机关和所在单位的双重领导。

2.制度建立阶段：1997年至今

随着形势的发展和改革的不断深入，尤其是"政企分开"的原则和《人民警察法》的制定实施，单位保卫工作组织机构已失去原来作为公安机关基层组织而存在的法律依据。1997年，公安部、国家经贸委联合制定的《国有企业治安保卫工作暂行规定》指出，"国有企业保卫机构是企业职能部门"，单位保卫工作组织机构已不再是公安机关基层组织，而只是单位的职能部门，与单位其他职能部门的相同，接受单位的统一领导。

2001年9月，中共中央、国务院《关于进一步加强社会治安综合治理意见》中明确要求企事业单位包括非公有制经济组织在社会治安综合治理工作中，要按照"属地管理"的原则，自觉服从所在地党委、政府的统一领导，接受社会治安综合治理机构的指导、协调和监督，加强单位内部的治安管理和防范工作，防止违法犯罪案件的发生。同时，要积极参与所在地区的社会治安综合治理工作。

2004年9月，国务院第421号令公布了《企业事业单位内部治安保卫条例》，该条例自当年12月1日起施行。其中规定了保卫工作组织机构的设置目的、方针和领导、指导、监督机制，以及人员配备和组织机构管理制度，违法责任等方面的内容。这个条例是我国第一部全面系统地规范单位内保工作制度的行政法规，该条例的颁布施行，标志着我国单位内保工作真正纳入法制的轨道，开创我国单位内保制度建设新局面。

二、保卫工作组织机构设置的原则

保卫工作组织机构的设置是开展保卫工作、完成保卫任务的重要保证，保卫工作组织机构应当遵循依法设置原则、与工作任务相适应的原则、有利于协调工作关系的原则和与公安机关业务关系相适应的原则等。

1.依法设置原则

依法设置原则是指保卫工作组织机构的设置应当依照法律法规的规定设置，不得违反法律法规的规定，不得超出法律法规明确规定的范围，在法律法规规定的范围内设置保卫工作组织机构及保卫人员。《企业事业单位内部治安保卫条例》明确规定了单位的内部治安保卫工作的负责人，分别针对治安保卫重点单位和治安保卫一般单位规定了设置治安保卫机构的要求或者配备专职、兼职治安保卫人员的要求。保卫工作组织机构设置时，应当严格遵循保卫工作组织机构依法设置的原则，应当以条例为依据，按照条例对治安保卫重点单位和治安保卫一般单位的不同要求，依法设置治安保卫机构或者配备专职、兼职治安保卫人员。

2.与工作任务相适应的原则

与工作任务相适应的原则是指设置保卫工作组织机构时,应当根据本单位保卫工作的工作任务的特点和具体情况,根据本单位保卫工作的工作量的大小,设置符合本单位工作任务的单位保卫工作组织机构及保卫人员。遵循与工作任务相适应的原则,既要考虑本单位的实际情况,确保本单位保卫工作的开展和实施效果,又要避免人员、资金及其他物资的浪费。设置保卫工作组织机构应当以与工作任务相适应为原则,根据各单位的实际情况及需求,考虑本单位性质、特点、治安状况、危害因素及安全状况等因素,确定保卫工作任务总量,设置保卫工作组织机构。单位保卫工作任务量大的治安保卫重点单位,根据单位机构设置的特点及实际需求,可以选择设置或并行设置保卫局(或保卫部、保卫司)、保卫处、保卫科等保卫机构,配备相应的专职或兼职保卫人员。单位保卫工作任务量不大的治安保卫一般单位,可以不设置保卫局(或保卫部、保卫司)、保卫处、保卫科等保卫机构,只需配备相应的专职或兼职保卫人员即可。

3.有利于协调工作关系的原则

有利于协调工作关系的原则是指设置保卫工作组织机构时,应当充分考虑保卫工作组织机构在本单位的地位和职能,从保卫工作组织机构与上级、同级其他部门以及下级的组织关系出发,以有利于保卫工作组织机构与上级、同级其他部门以及下级的工作关系为目的,设置符合本单位组织关系的单位保卫工作组织机构及保卫人员。设置保卫工作组织机构应当遵从有利于协调工作关系的原则,要有利于协调、理顺保卫工作涉及的各种工作关系。保卫工作是单位全盘工作的组成部分,保卫组织机构也是单位内部的职能部门,这样才能确保保卫工作组织机构得到上下左右各方面、各部门的支持,保证保卫工作的顺利开展与保卫任务的圆满完成。设置保卫工作组织机构时,既要考虑单位内保卫工作组织机构的上级领导及主管机构的领导与被领导的工作关系,又要考虑的保卫工作组织机构与平级的单位其他职能部门之间的相互合作的工作关系,还要考虑的保卫工作组织机构与下级部门之间的领导与被领导的工作关系。

4.与公安机关业务关系相适应的原则

与公安机关业务关系相适应的原则是指设置保卫工作组织机构时,应当充分考虑保卫工作组织机构与公安机关的业务对口关系,以适应公安机关业务关系为目标,设置与公安机关业务关系对口的单位保卫工作组织机构及内部职能部门,并安排相应的与公安机关业务关系对口的保卫人员。设置保卫工作组织机构应当遵从与公安机关业务关系相适应的原则,要与公安机关上下之间的业务对口关系相适应。公安机关保卫部门与单位保卫工作组织机构不仅仅是指导与监督的关系,公安机关保卫部门对单位保卫工作组织机构承担着业务指导的职能和宏观决策的职能。在设置保卫工作组织机构时,要充分考虑到公安机关保卫部门与单位保卫工作组织机构的业务对口关系,既要保证公安机关保卫部门的工作安排与部署能够下达给单位保卫工作组织机构,保证公安机关保卫部门的工作安排与部署能够真正地落实与实施,同时又要保证单位保卫工作组织机构在工作中遇到问题时,能够及时便利地请示公安机关保卫部门,保证单位保卫工作的实际情况能够全面、客观、真实地反映到公安机关保卫部门,得到公安机关保卫部门的业务支持与工作指导。

三、保卫工作组织机构设置的要求

《企业事业单位内部治安保卫条例》,对单位保卫工作组织机构的设置做出了明确的要求,第 6 条规定:"单位应当根据内部治安保卫工作需要,设置治安保卫机构或者配备专职、兼职治安保卫人员。"同时,根据单位保卫工作对国家安全、国计民生以及重大公共安全和社会稳定的影响,将单位区分为治安保卫重点单位和治安保卫一般单位,根据这两类单位治安保卫工作的特点分别对保卫工作组织机构做出了规定。治安保卫重点单位的保卫工作,直接关系到国家安全、国计民生以及重大公共安全和社会稳定,为确保这类单位的安全,《企业事业单位内部治安保卫条例》第 13 条规定了这类单位的范围,并在第 6 条规定:"治安保卫重点单位应当设置与治安保卫任务相适应的治安保卫机构,配备专职治安保卫人员,并将治安保卫机构的设置和人员的配备情况报主管公安机关备案。"因而,治安保卫重点单位必须设置治安保卫机构,并配备专职治安保卫人员,同时应当及时将治安保卫机构的设置和人员的配备情况报主管公安机关备案。

治安保卫一般单位则应当根据单位内部治安保卫工作需要,设置治安保卫机构或者配备专职、兼职治安保卫人员,具体而言,治安保卫一般单位的保卫工作组织机构可以有以下三种设置方式:①设置治安保卫机构并配备专职治安保卫人员;②不设置治安保卫机构,但配备专职治安保卫人员;③不设置治安保卫机构、不配备专职治安保卫人员,仅配备兼职治安保卫人员。治安保卫一般单位可以根据单位具体情况,选择适用既符合本单位情况又同时满足本单位治安工作要求的设置方式。

第二节　保卫工作组织机构的分类

保卫工作组织机构按照不同的标准可以分为不同的种类:以单位对国计民生、国家安全和公共安全的影响为标准可分为治安保卫重点单位的保卫工作组织机构和治安保卫一般单位的保卫工作组织机构;以保卫工作组织机构的设立主体不同为标准可以分为银行保卫工作组织机构、高校保卫工作组织机构、社区保卫工作组织机构、文物保卫工作组织机构、企业保卫工作组织机构等;以保卫工作组织机构所保卫的客体为标准可以分为秘密保卫工作组织机构、安全保卫工作组织机构、预防保卫工作组织机构、外交保卫工作组织机构、重要单位保卫工作组织机构等;以保卫工作组织机构的权力来源为标准可分为国家机关保卫工作组织机构和自治保卫工作组织机构,其中自治保卫工作组织机构又分为两类,即法律法规明确规定的有自主设立保卫工作组织机构的企事业单位设置的保卫工作组织机构,以及社区或者农村地区村民自我组织的自主、自治、自筹的保卫组织机构。具体分类见下述几方面。

一、以单位对国计民生、国家安全和公共安全的影响为标准

根据单位对国计民生、国家安全和公共安全的影响,可分为治安保卫重点单位的保卫工作组织机构和治安保卫一般单位的保卫工作组织机构。治安保卫重点单位是关系全国或者所在地区国计民生、国家安全和公共安全的单位。治安保卫重点单位由县级以上地方各级人民政府公安机关按照《企业事业单位内部治安保卫条例》第13条规定的范围提出,报本级人民政府确定。具体范围如下:①广播电台、电视台、通讯社等重要新闻单位;②机场、港口、大型车站等重要交通枢纽;③国防科技工业重要产品的研制、生产单位;④电信、邮政、金融单位;⑤大型能源动力设施、水利设施和城市水、电、燃气、热力供应设施;⑥大型物资储备单位和大型商贸中心;⑦教育、科研、医疗单位和大型文化、体育场所;⑧博物馆、档案馆和重点文物保护单位;⑨研制、生产、销售、储存危险物品或者实验、保藏传染性菌种、毒种的单位;⑩国家重点建设工程单位;⑪其他需要列为治安保卫重点的单位。治安保卫重点单位的保卫工作组织机构就是设置在治安保卫重点单位内部的。治安保卫一般单位是除治安保卫重点单位以外的其他单位,治安保卫一般单位的保卫工作组织机构就是设置在治安保卫一般单位内部的保卫工作组织机构。

二、以保卫工作组织机构的设立主体为标准

根据保卫工作组织机构的设立主体不同,可以分为银行保卫工作组织机构、高校保卫工作组织机构、社区保卫工作组织机构、文物保卫工作组织机构、企业保卫工作组织机构等。银行保卫工作组织机构就是银行内部设置的负责银行保卫工作的内部机构。高校保卫工作组织机构就是高校内部设置的负责高校保卫工作的内部机构。社区保卫工作组织机构就是社区设置的负责社区保卫工作的机构。文物保卫工作组织机构就是文物部门内部设置的负责文物部门保卫工作的内部机构。企业保卫工作组织机构就是企业内部设置的负责企业保卫工作的内部机构。

这种划分的目的是根据不同行业的不同需求而针对性的设立符合行业实际情况的保卫工作组织机构,实施符合行业特性的政策和措施,由熟悉本行业生产活动的保卫工作人员构成,而且这样的保卫工作组织机构一般都作为单位内部的职能部门而存在,其享有的权利主要由单位赋予,受单位的统一领导。在这种设置方式下,保卫工作组织机构能够最大限度地提供有关行业机关团体和企事业单位所需要的保卫工作,实现保卫工作效果的最大化。

三、以保卫工作组织机构所保卫的客体为标准

根据保卫工作组织机构所保卫的客体不同,可以分为秘密保卫工作组织机构、安全保卫工作组织机构、预防保卫工作组织机构、重要单位保卫工作组织机构等。秘密保卫工作组织机构是指以秘密为保卫工作组织机构所保卫的客体的保卫工作组织机构。安全保卫工作组织机构是指以安全为保卫工作组织机构所保卫的客体的保卫工作组织机构。预防保卫工作组织机构是指以预防为保卫工作组织机构保卫工作的客体的保卫工作组织机构。重要单位保卫工作组织机构是指以重要为保卫工作组织机构所保卫的客体的保卫工作组织机构。保卫工作组织机构所保卫的特定的客体代表了特定种类的利益,为维护和保障这些特定利益的需要而专门设立的保卫工作组织机构的目的性明确,任务较为单一,都有特定的保卫方式和手段,相对而言,其保卫工作的等级、标准和要求也比较高,人员构成也比较特殊,常常以成立特定的保卫工作组织机构或者由保卫工作组织机构内部的特定部门负责,也享有法律法规的特定授权。

四、以保卫工作组织机构的权力来源为标准

根据保卫工作组织机构的权力来源,可分为国家机关保卫工作组织机构和自治保卫工作组织机构。国家机关保卫工作组织机构的权力来源主要是指公安机关

以及法律法规明确规定归口公安机关序列,属于公安机关的附属或基层组织机构。它们一般享有国家行政执法权和对灾害或者突发事件的应对处理权力,主要负责对违法犯罪行为的侦查和打击,能够执行对违法犯罪分子的人身和财产处罚。自治保卫工作组织机构又分为两类,一类是法律法规明确规定的有自主设立保卫工作组织机构的企事业单位设置的保卫工作组织机构,这部分是自治保卫工作组织机构的主要组成部分。这类自治保卫工作组织机构一般有正规严格的组织编制,有充足的经费保障,队伍素质也比较高,承担的任务也比较多元化和繁重,享有法律法规赋予的一定的处罚权力。另一类主要是指有社区或者农村地区村民自我组织的自主、自治、自筹的保卫组织机构。这类保卫组织机构比较松散,队伍素质不高,经费自筹或者完全没有报酬,承担的主要是某一小范围的治安维护,不具有任何行政执法权限,如发现有违法犯罪行为也是交由公安机关处理。这些不同的保卫组织机构实际上构成了我国保卫工作组织机构的保卫体系,是我国保卫工作不可或缺的一部分。

第三节　保卫工作组织机构的工作

根据保卫工作组织机构的组成体系和任务划分不同,不同的组织机构承担的工作和任务有所不同,保卫工作组织机构的工作大致可以分为专门机关保卫工作组织机构的工作和一般单位保卫工作组织机构的工作。

一、专门机关的组织机构工作内容

专门机关主要指公安机关,包括铁路公安、森林公安、民航公安等公安部门,其工作主要包括以下几点内容:

(1)依法指导和监督其他一般单位的经济文化保卫工作。单位保卫工作组织不再是公安机关的基层组织,根据有关的法律法规,二者之间是指导与被指导、监督与被监督的关系。具体落实到制度措施上,包括指导单位保卫组织的设立和制度建设,指导单位保卫组织的相关物防、人防、技防的设备购买、使用和维护,指导其建立巡逻和预防机制,提高情报收集和分析能力,提高保卫工作人员的保卫素质和技能,将公安机关总结的经验和教训传授于单位保卫组织。对于单位保卫组织的实际工作中,公安机关还应当扮演好监督的角色,对单位保卫组织未关注到的,做得不够好的以及技术的提高、设备的维护与更新等方面予以及时的监督,保障单位保卫组织机构的工作能够高效顺利地运转。

(2)社会公共秩序管理。公安机关是维护社会公共秩序的国家机关,是社会稳定的保障机关,为人们安居乐业和社会主义事业保驾护航。从新中国成立到现在,各种敌对势力和顽固分子不断地骚扰国家安全和稳定,煽动和挑起事端,制造各种社会矛盾,同时社会经济的快速发展使得我国正经历艰难的社会转型时期,人们内部之间产生了各种利益冲突,社会不稳定的因素增多,内外各种不安定的事件突发现象时有发生,对我国的社会稳定和治安管理带来了严重的挑战。公安机关是政府的执法机关,其战斗在保卫社会安全稳定的第一线,经验最为丰富,人员最为精良,技术和设备最为先进,在社会治安管理方面发挥着中流砥柱的作用。

(3)打击犯罪。从目前人类社会发展的程度来看,犯罪是人类社会的常态之一,而其中对犯罪的打击又涉及人的自由和人权等崇高的宪法权利。为保证打击犯罪和保护人权的结合,打击犯罪的权力必须由公安机关来行使。另外,由于社会的现代化,各种犯罪行为更加隐秘,涉案金额更为巨大,犯罪类型更加多样,对社会和人民的人身财产利益的损害也更为广泛和深刻,这些都对新时期的保卫工作带来新的挑战和压力。公安机关必须在同其他单位保卫组织的协调配合中,加强预防,不断改进侦查技术手段,提高情报收集和分析能力,提高公安人员的办案素质和技能,集中力量,减少失误,高效准确的打击犯罪,保障社会稳定和人民的合法利益。

二、单位保卫工作组织机构的工作内容

在实行政企分开、政事分开的保卫组织改革之后,单位保卫工作由单位在公安机关的指导和监督之下自主筹建设置。其主要的工作主要包括以下六点:

(1)自我建设工作。保卫组织机构的自我建设工作是指单位依照法律法规的规定,根据单位的实际情况,进行本单位保卫组织机构的机构建设和制度建设。一方面进行机构建设,按照《企业事业单位内部治安保卫条例》的要求设置本单位保卫组织机构并配备专职治安保卫人员,或者不设置本单位保卫组织机构仅配备专职治安保卫人员。除此之外还包括技术设备的引进、适用和管理维护,也包括对保卫工作人员的基本业务素质和职业道德素质的培训,提高保卫工作人员的政治素质,构建一支信念坚定、高效勤勉、纪律严明的保卫工作队伍。另一方面进行制度建设,按照《企业事业单位内部治安保卫条例》的要求制定并完善各类治安保卫制度,如治安巡逻制度、情报收集制度、治安事件处理制度、违法犯罪行为的预防制度、保卫工作人员的招聘和培训制度等,规范本单位的治安保卫工作,确保本单位治安保卫工作的顺利进行。

(2)保卫预防工作。保卫预防工作是保卫工作的起始阶段,是化解严重违法犯罪行为的关键时期。保卫预防工作需要保卫工作组织机构高度重视情报的收集和

分析,对当前的保卫形势有清醒的认识,培养保卫人员危险防范的意识和能力。对机关和单位内外的重点因素和重点人员要加以关注,制定防治预案,经常自我检视工作隐患,严防纰漏。同时还要依法行使法定的侦查和调查的权力,充分利用各种情报和技术手段,将各种违法犯罪活动控制或者消灭在预谋阶段,最大限度地减少损失。当然,还要注意正确分辨可能的威胁的种类,区分是刑事案件还是治安案件,区分人的威胁还是物的危险,对不同等级和种类的危害可能采取不同的措施。如果能通过调解、教育等方式化解矛盾、消除犯意的情况,应当及时抓住机会化解矛盾和危机,节省保卫工作成本和资源。保卫工作并不只是保卫工作组织机构的任务,同样也是每一个公民的义务,保卫工作组织机构应当贯彻群众路线,加强与基层保卫组织、职工和人民群众的密切联系,开展共建共享社区联防等预防措施。

(3)打击违法犯罪行为。当前我国经济正处在高速发展期,改革也进入深水区,各种社会矛盾凸显,各种违法犯罪活动也日益突出,涉案金额巨大,影响范围宽广,各类敌对势力和破坏分子蠢蠢欲动,打击违法犯罪行为的工作日渐繁重。保卫工作组织是承担打击违法犯罪行为的主体,面临着严峻的挑战。当违法犯罪行为发生后,保卫工作组织机构应当迅速、及时反应,集中优势力量,依法展开各种调查和侦讯,协调各种保卫力量,有目的地发动群众,高效准确地打击违法犯罪分子,才能起到威慑和预防的作用。对于已经发生的危险灾害事件以及违法犯罪行为,要及时总结经验教训,进一步改进工作。单位内部的保卫工作组织机构主要任务是维护单位内部治安秩序,保障单位的生产和科研的正常有序进行。除了进行一般性的保卫工作,还应当注重对单位重要部门和单位秘密的保护,密切地联系单位群众,群联群防,构建单位保卫的立体防护网络。同时,单位保卫组织应当积极配合公安机关的整体工作,积极预防,共享预防和打击犯罪的相关信息和技术条件,将违法犯罪行为控制在萌芽阶段,让各类犯罪分子无处藏身,共建打击违法犯罪行为的天罗地网。

(4)保密保卫工作。保卫工作本身的特性和其所保护的对象都是对我国的社会主义建设事业非常重要的人才和科学技术秘密,而且这些不同类型的秘密多集中在机关、团体和企事业单位中,是人民群众多少年来智慧的结晶,关系国家安全和经济发展,任何一点疏忽都有可能造成不可挽回的重大损失。目前,保密保卫工作的任务也非常繁重,不仅国外敌对势力加紧攻势(例如美国对中国的网络攻击和窃听计划),国内的信息安全和秘密保卫也处在了前所未有的危险状态。秘密保卫工作必须在新的形势下提升到一个新的高度,要善于利用各种保卫手段,改进保卫措施,制定严格的机密档案管理制度,确保秘密不丢失、不泄露。保密保卫工作也成为单位保卫工作组织机构的重要工作内容。

（5）保卫宣传教育。保卫宣传教育是保卫工作必不可少的环节，其宣传教育的对象除了保卫工作人员，更重要的是机关单位的人员、职工和一般人民群众。保卫宣传教育内容包括社会主义核心价值观、法治教育、形势政策、保卫工作的重要性、复杂性和艰巨性。保卫宣传教育的措施应当包括制定各种法制和政策宣传方案、保卫技能培训、治安保卫讲座、重点活动保卫演习、指导和教授单位人员、职工和群众保卫预防的基本方法和技能、提高群众的"免疫力"等多种措施。同时，还应将报纸、文件、手册等传统的宣传教育方式和互联网、社交网络等新媒体方式结合，提高宣传教育的效果。另外，保卫工作组织机构应当高度重视，在宣传教育方面提供足够经费预算和人员安排，在各方面保障宣传教育工作的顺利开展。

（6）保卫政策研究。保卫工作是一种实践活动，必须要有正确的指导。在宏观上，国家制定了相关的法律法规对保卫工作进行确认和规范，政府有关部门也制定保卫工作制定实施方案，这些都是在宏观层面必须遵守的原则和方针。在微观上，具体到保卫工作组织机构的实际工作中，如何将这些法律法规的要求和有关部门制定的保卫政策落到实处则又是另一个挑战。各机关团体和企事业单位的保卫组织机构应当结合自己的实际情况，依法制定合理的保卫政策，并定期对既定政策和制度进行评估和改善，对保卫人员的工作进行衡量和评估。对过去的保卫工作的经验和规律要及时进行总结，发现工作中的不足和缺陷，对一些重点、反复的工作难点要重点关注，制定有效的应对措施。保卫工作组织机构要创新工作方式方法，保障保卫组织机构工作的与时俱进和自我更新，要结合新形势和新情况研究制定合适的保卫措施和策略，要有计划、有目的地进行情报收集和保卫工作调研，制作调研报告作为政策制定的依据。

第四节　保卫工作组织机构的管理

保卫工作组织机构的管理是保卫工作得以正常开展的基础，高效协调的组织机构管理为保卫工作方针政策的贯彻和实施提供强有力的后续动力。要实现保卫工作组织机构的科学管理，必须要运用先进的保卫理论和技术措施，合理分配和使用人力、物力，全面协调各方面的保卫力量，充分发挥保卫工作人员和群众的主观能动性。主要可以从运行机制、后勤保障、队伍建设三个方面去实现保卫工作组织机构科学高效的管理，构建良好的内部管理体系。

一、保卫工作组织机构的运行机制

如同其他工作组织机构一样，构建一个良好的保卫工作组织运行机制，是保卫工作组织机构管理的根本。

(1)保卫工作组织机构应当有健全的管理制度。保卫工作组织机构的管理制度应当涵盖保卫工作的各个方面,也应当符合各机关单位的实际情况。公安机关的管理制度主要根据国家相关的法律法规制定。在单位保卫组织机构中则主要是根据实际情况自主制定管理制度,一般而言,应当包括一般巡逻执勤制度、技术设备管理制度、档案资料管理制度、秘密保卫制度、人员管理制度等。这些制度构成了保卫工作组织机构开展保卫工作的基本制度。

(2)保卫工作组织机构应当有强有力的领导机制。由于保卫工作的特殊性,必须有一个强有力的领导机制才能保证保卫工作的高效进行。不管是我国的公安机关还是一般的单位保卫组织,基本都构建了以党政领导为核心的民主集中的领导机制,并形成了"谁主管,谁负责"的工作责任制,将保卫工作的成绩作为衡量党政领导工作业绩和考察干部的必要条件。这不仅保证了保卫工作组织机构的高效有序运转,而且在整体上推动了保卫工作人员的积极性和主动性。

(3)保卫工作组织机构应当建立有效的监督机制。有效的监督机制是保卫工作组织机构的运作机制不可缺少的方面。根据目前的情况,保卫工作组织机构的监督工作主要由三部分的力量组成,一是上级机关或部门的监督;二是其他专门机关或者部门的监督,例如纪律检查部门;三是来自人民群众的监督。这些监督力量在各个层次给予保卫工作组织机构的监督既是一种监督,也是一种鼓励和支持。保卫工作组织机构应当虚心接受监督,从各方面改进自己的工作,实现保卫工作的自我完善和整体协调。

二、保卫工作组织机构的后勤保障

保卫工作组织机构的后勤保障主要包括经费保障、技术保障及设备保障三方面,经费保障、技术保障及设备保障都是开展保卫工作的重要保证。

保卫工作组织机构的经费保障主要用于保卫人员的工资福利、保卫工作所需的费用及日常开支。不同的部门和单位,经费的来源不同,经费的保障机制各有不同。一般情况下,国家机关由国家财政负担,事业单位来自国家拨款和国家允许的自营收入,而其他的社会团体和企业单位则是由自己筹措,某些基层的保卫组织机构的运转则是完全免费,由社区民众自发组成。经费保障是保卫工作组织机构开展工作的资金保障,也是后勤保卫工作中最为重要的保障。

保卫工作组织机构的技术保障是指保卫工作组织机构开展、进行保卫工作所需的各项技术。随着时代的发展,各种高技术、高隐秘、高难度的保卫任务逐渐增多,对于保卫工作技术的需求不断增加,对于保卫工作技术提出了新的要求。如何在保卫工作中引入新的科学技术既是保卫工作面临的新挑战,也是保卫工作面临的新机遇。面对不断出现的使用新技术的违法犯罪活动,保卫工作组织机构需要不断地学习新技术,掌握新技术带来的违法犯罪活动的特点,应用新技术解决、突破保卫工作中存在的技术障碍。

保卫工作组织机构设备保障是指保卫工作组织机构开展、进行保卫工作所需的各项设备。为开展保卫工作,保卫工作组织机构需要配备相应的设备,需要定期维护设备,还需要组织保卫人员学习使用设备。保卫工作组织机构还应当根据本单位保卫工作的特点,及时添加、更新设备,保证设备的正常更换和正常使用。同时,保卫工作组织机构还应当根据本单位保卫人员的工作职责与工作安排,为保卫人员个人配备相应的设备,保证保卫人员正常开展保卫工作。

三、保卫工作组织机构的队伍建设

企事业单位内部治安保卫部门及其工作人员是治安保卫工作的主体,承担着治安保卫工作平凡而繁重的工作任务。从目前的保卫工作组织机构的体系来看,各单位的保卫工作组织机构依法享有一定的人员组织自主权。主要分为两类,一是国家机关,二是企事业单位。公安机关是国家机关,主要依靠《地方各级人民政府机构设置和编制管理条例》《机构编制监督检查工作暂行规定》《公务员法》《人民警察法》等法律对单位人员设立编制和组织。企事业单位则主要依靠《国有企业治安保卫工作暂行规定》第3条规定:"国有企业治安保卫工作是企业管理的重要组成部分,由国有企业依照国家有关法律、法规自主实施。"第18条规定:"国家机关、社会团体、事业单位、集体所有制企业……的治安保卫工作,参照本规定执行。"对于其他的民营矿山、工厂、企业等单位,则是根据情况自己组织护矿队、护厂队和保安队等。由此可见,保卫工作组织机构的设置完全由机关团体和企事业单位自己决定。

保卫工作组织机构的保卫人员有专职与兼职之分,对专职保卫人员与兼职保卫人员应当制定不同的规章制度,并实行分类管理。保卫工作事关国家和社会安全稳定,保卫工作人员接触的环境和信息大部分都关系国家或者单位的重要秘密,这就要求保卫工作人员要有坚定正确的政治素质,要有较高的政治觉悟、政治信念和道德品质。必须坚定地跟党和人民走,维护党和人民的事业,坚定的支持社会主义建设事业,全心全意为人民服务,为我国经济文化建设服务。保卫工作人员还要保卫行业的职业道德,具备勤勉细致、保守秘密、忠于职守、守法廉洁的个人素质。保卫人员还应具备基本的专业素质和业务素质,熟悉保卫工作的基本理论知识,熟悉有关的法律法规和国家、单位的政策,熟悉所保卫的单位的生产和科研活动,掌握基本的物防技术,有良好的身体和心理素质等。保卫工作队伍建设是一个重要的课题,保卫工作队伍建设也绝不仅仅限于保卫人员的挑选与配备,还需要定时定期地组织保卫人员培训学习,坚定保卫人员的政治信念,强化保卫人员的职业道德,提高保卫人员的业务素质。

第五节　保卫工作组织机构的职责

职责,是指从事某种职业所必须履行的职务行为和承担相应的责任。保卫工作人员的职责,是在从事保卫工作的过程中,所必须履行的职务和承担相应的责任。《企业事业单位内部治安保卫条例》对单位内部治安保卫机构应当履行职责做出了明确的规定。这些职责包括开展治安防范宣传教育,落实单位内部治安保卫制度和治安防范措施等。

一、治安防范宣传教育及落实保卫制度和防范措施

单位保卫工作组织机构的第一项工作职责是开展治安防范宣传教育,并落实本单位的内部治安保卫制度和治安防范措施。单位保卫工作组织机构是本单位内部职能部门,应当在本单位的领导下,开展治安防范宣传教育工作。治安防范宣传教育是保卫工作长期的工作内容,也是维护本单位治安及预防犯罪的有效手段。单位保卫工作组织机构应当充分重视治安防范宣传教育工作,通过口头宣传、传单宣传、网络宣传等各种方式开展治安防范宣传教育。治安防范宣传教育不限于本单位内部的宣传教育,因而宣传工作可以在本单位内部开展,也可以选择本单位之外的地点进行宣传教育工作。同时,对于本单位的内部治安保卫制度和治安防范措施,单位保卫工作组织机构应当按照要求及时制定、修改完善本单位的内部治安保卫制度和治安防范措施,及时检查内部治安保卫制度和治安防范措施的实施情况及存在的问题,及时分析问题产生的原因并提出解决方案,将制度实施和措施防范工作落实到人,确保内部治安保卫制度和治安防范措施的落实。

二、检查证件及登记

保卫工作组织机构的第二项工作职责是根据需要检查进入本单位人员的证件,登记出入的物品和车辆。出入检查是单位保卫组织机构的重要工作内容,保卫工作组织机构既要实现对人的检查,又要实现对物的检查。首先,保卫工作组织机构要实现对人的检查,对人的检查主要体现在对进入本单位人员的证件检查,要做到认真及时检查进入本单位人员的证件,核对证件中的姓名和照片,并做好进入本

单位人员的信息记录。对于未能够按照保卫工作组织机构要求提供证件的人员，不允许进入或按照本单位的规章制度的规定采用其他方式处理。另外，保卫工作组织机构还要实现对物的检查，对物的检查包括对物品的检查和对车辆的检查。保卫工作组织机构对物的检查主要体现在对出入物品的检查和对出入车辆的检查，对出入物品，保卫工作组织机构应当认真检查物品是否属于违禁物品、是否适合进入本单位；对出入车辆，应当检查车辆的相关证件，要求司机提供相关证明并按照对进入人员的要求对司机进行检查。对物的检查要确保进入本单位的物品和车辆符合本单位规章制度的要求，不得对本单位的安全造成威胁或潜在的威胁。

三、治安防范巡逻和检查，并建立记录

单位保卫工作组织机构的第三项工作职责是在单位范围内进行治安防范巡逻和检查，建立巡逻、检查和治安隐患整改记录。单位保卫工作组织机构应当在单位范围内开展治安防范巡逻和检查工作，安排具体的保卫工作人员负责治安防范巡逻和检查工作，根据单位治安工作的需要采用两班、三班或其他方式，安排保卫工作人员轮流值班。同时，单位保卫工作组织机构应当在单位范围内确定治安防范巡逻和检查工作的重点区域和重点部位，要求保卫人员的对重点区域和重点部位重点检查、严防死守，保证重点区域和重点部位的安全。单位保卫工作组织机构对治安防范巡逻和检查中存在的问题要及时汇总、分析，及时提出整改措施，保证整改措施的落实，跟进整改工作，及时检查整改结果。另外，单位保卫工作组织机构应当就治安防范巡逻和检查的情况，及时记录、及时统计、及时汇总，并按照要求建立巡逻、检查和治安隐患整改记录。

四、维护单位内部的治安秩序

单位保卫工作组织机构的第四项工作职责是维护单位内部的治安秩序，制止发生在本单位的违法行为，对难以制止的违法行为以及发生的治安案件、涉嫌刑事犯罪案件应当立即报警，并采取措施保护现场，配合公安机关的侦查、处置工作。单位保卫工作组织机构在本单位内部开展防抢劫、防盗窃、防爆炸、防破坏、防泄密、防火灾、防诈骗、防安全灾害事故等安全防范工作，落实本单位安全防范措施，维护单位内部的治安秩序，制止发生在本单位的违法行为。单位保卫工作组织机构应当配合公安机关的工作，及时向公安部门报告本单位内部发生的治安案件、刑事案件、灾害事故案件及其他案件，按照公安部门的要求采取现场保护措施，协助公安机关开展调查，配合公安机关的侦查工作及其他工作。

五、督促落实治安防范设施的建设和维护

单位保卫工作组织机构的第五项工作职责是督促落实单位内部治安防范设施的建设和维护。为确保保卫工作的顺利开展,单位保卫工作组织机构应在单位内部设置相应的治安防范设施,单位内部治安防范设施的建设和维护是单位保卫工作组织机构的重要的工作职责。单位内部治安防范设施是单位保卫部门开展保卫工作的物质基础,完善和良好运行的单位内部治安防范设施是单位保卫部门开展保卫工作的重要保证。单位保卫工作组织机构要负责单位内部治安防范设施的建设,根据本单位保卫工作的需求,及时制定单位内部治安防范设施明细,及时配置、添加、更换相应的单位内部治安防范设施。同时,单位保卫工作组织机构还要负责单位内部治安防范设施的维护,及时检查、定期维护,确保单位内部治安防范设施的良好运行,确保单位保卫工作的顺利开展与进行。

第六节　保卫工作人员的任用及职责

保卫工作人员是指从事保卫工作的人员,简称保卫工作人员。保卫工作人员的任用方式和任用条件根据保卫人员的种类而有所不同。

一、保卫人员的任用

1.单位内部保卫人员的任用

为了保证单位安全保卫工作任务的完成,使单位的安全保卫工作逐步走向职业化,适应形势发展对保卫工作的要求,应当对单位从事安全保卫工作的人员在素质与资格条件方面提出一定的标准和要求。对保卫工作人员的素质,总体上应具备的要求是:树立为单位的生产、科研、教学等活动提供安全管理服务的意识,自觉履行工作职责,维护单位内部的治安秩序稳定;熟悉所在单位的各种业务活动,把安全保卫工作融入单位的各项管理工作之中,协调好单位内部与外部的各种工作关系;具备与本职工作相应的政策、法律知识与水平,熟悉安全保卫工作业务,能够遵循和灵活掌握、运用保卫工作的原则与各种政策、法律规定;忠于职守、秉公办事,自觉地维护国家、单位和职工的利益。单位保卫组织与机构的领导人员,还应具备一定的组织协调能力与领导管理能力。

单位内部的保卫人员应具备的条件是:

(1)年满18周岁;

(2)身体健康;

(3)具有高中以上文化程度;

(4)遵纪守法、品行良好、无犯罪记录。

满足以上条件的人员,在上岗前还应经过相关法律、法规知识的培训与安全保卫业务和相关专业知识的培训,取得职业资格证书,在岗期间也应当定期接受安全保卫业务培训。重点单位的保卫机构负责人,还应当具备大专以上学历,熟悉有关法律、法规和治安保卫的专业知识。

对单位保卫人员的素质与资格,上述条件只是原则性的要求。在人员的选择上,如果按照此规定执行,会有较大的自由度。因此,如何使原则性的规定细化,还需要作进一步的研究和探讨。保卫工作人员的素质与资格要求规定得越具体,就会越接近职业化的要求。事实上,由于缺乏单位内部保卫工作人员的任职资格的统一规定,在实践中已经引发了一些问题。例如保卫工作的培训和考核缺乏依据,难以调动保卫工作人员的积极性,更重要的是,无法有效保证单位内部保卫工作人员的素质,进而影响了单位保卫工作的完成。

2.保安员的任用

按照《保安服务管理条例》相关条款规定,保安员的任用资格为:

(1)年满18周岁,身体健康,品行良好,具有初中以上学历的中国公民可以申领保安员证,从事保安服务工作。申请人经市级人民政府公安机关考试、审查合格并留存指纹等人体生物信息的,发给保安员证。提取、留存保安员指纹等人体生物信息的具体办法,由国务院公安部门规定。

(2)有下列情形之一的,不得担任保安员:①曾被收容教育、强制隔离戒毒、劳动教养或者3次以上行政拘留的;②曾因故意犯罪被刑事处罚的;③被吊销保安员证未满3年的;④曾两次被吊销保安员证的。

(3)保安从业单位应当招用符合保安员条件的人员担任保安员,并与被招用的保安员依法签订劳动合同。保安从业单位及其保安员应当依法参加社会保险。

(4)保安从业单位应当根据保安服务岗位需要定期对保安员进行法律、保安专业知识和技能培训。

二、保卫工作人员的职责

1.单位内部治安保卫工作人员职责

(1)开展治安防范宣传教育,并落实本单位的内部治安保卫制度和治安防范措施;

(2)根据需要,检查进入本单位人员的证件,登记出入的物品和车辆信息;

(3)在单位范围内进行治安防范巡逻和检查,建立巡逻、检查和治安隐患整理记录;

(4)维护单位内部的治安秩序,制止发生在本单位的违法行为,对难以制止的违法行为以及发生的治安案件、涉嫌刑事犯罪案件应当立即报警,并采取措施保护现场,配合公安机关的侦查、处置工作;

(5)督促落实单位内部治安防范设施的建设和维护。

2.保安人员的职责

保安人员应根据所从事的服务范围认真履行职责,同时,保安服务公司也应当为保安人员履行职责创造条件。保安服务公司不同于公安机关,保安人员也不同于单位内部治安保卫工作人员,保安人员在履行职责时可以行使一定的权力,但绝不能超越其职权范围。

保安人员的职责有以下几个方面:

(1)执行守护、押运等安全防范任务。

(2)按照国家和行业标准,提供设计、安装保养、维护安全技术防范设施和保安装置等保安技术服务。

(3)对发生在值勤区域内的刑事案件、治安案件和治安灾害事故,及时报告当地公安机关和客户单位,采取措施保护发案现场,协助公安机关维护发案现场秩序。

(4)落实防火、防盗、防爆炸、防破坏等治安防范措施,发现执勤区域内的治安隐患,立即报告客户单位和公安机关主管部门,并协助予以处置。

(5)法律、行政法规和规章规定的其他职责。

保安人员在履行职责的过程中,可以查验值勤区域的车辆、物品的出入手续;对现行违法犯罪行为应当及时制止,对发现的违法犯罪嫌疑人应当扭送公安机关处理;保安人员在执行一般任务时,可以根据需要配备和使用非杀伤性防卫武器,在执行押运任务时,可以按照规定配备必要的武器装备。

为防止保安人员行使超越范围的权力,保安人员不得有以下七种行为:

(1)剥夺、限制公民的人身自由;

(2)搜查他人的身体或者扣押他人的合法证件、合法财物;

(3)辱骂、殴打他人或者教唆殴打他人;

(4)私自为他人提供保安服务;

(5)阻碍国家机关工作人员依法执行职务;

(6)为客户追索各类债务或者解决劳务纠纷;

(7)其他违反法律、法规和规章的行为。

保安人员还要主动向公安机关反映治安情况和信息,支持和配合公安机关执法办案,不得以任何理由拒绝或妨碍公安机关和其他执法部门依法执行公务。

思 考 题

1. 我国保卫工作组织机构设置经历过哪几个阶段?
2. 保卫工作组织机构设置的原则有哪些?
3. 什么是治安保卫重点单位?具体范围是什么?
4. 治安保卫重点单位应当如何设置治安保卫机构?
5. 单位内部治安保卫机构的工作职责是什么?
6. 单位内部保卫工作人员和保安人员的职责是什么?

第四章

保卫工作的主要内容

★

保卫工作是单位内部管理的一项重要内容,主要目的在于维护单位内部稳定,预防犯罪,保障单位内部工作、生活、环境安全。目前,随着社会的发展变化,安全保卫的服务领域和业务范围也在不断拓展,安全保卫工作也延伸至随身护卫、涉密保护、安全押运、预防及处置突发公共事件和恐怖活动。

第一节　人力防范

一、人力防范的概念

人力防范,就是利用人们自身的传感器(眼、手、耳等)进行探测,发现破坏安全的目标,并做出反应;用声音警告、恐吓、设障、武器还击等手段来延迟或阻止危险的发生,在自身力量不足时还要发出求援信号,以期待做出进一步的反应,制止危险的发生或处理已发生的危险。

人力防范从类型上来分,主要包括门卫、守护、巡逻、随身护卫等业务。从服务对象及场所来看,主要涉及机关事业单位、厂矿企业、金融系统、车站码头等。

人力防范是安全防范的重要基础,在安全防范中人力防范是最基础的防范手段,技术防范是服务于安全需要的,并且要与人力防范有机结合起来,才能充分发挥作用。在保卫工作发展过程中,必须在加大人力防范力度和深度的基础上加强技术防范比重,从安全防范系统的角度,全面、整体地带动和提高安全防范水平,发挥保卫工作在预防犯罪和预防损失中的功能。要始终坚持以人力防范为基础、以多元服务为支柱、以技术防范为龙头的人技结合的安全防范模式。

二、提高人力防范技能与水平的措施

面对当前社会多样化、高标准的安全需求,提高人力防范水平已经成为我国保卫工作发展的当务之急。目前,我国人力防范的整体发展水平不高,还不能满足人民群众日益增长的安全需要,与经济社会的发展不相适应,存在着一系列的问题。比如,保卫人员队伍的来源多元化,有受过保卫专业教育的毕业生、退伍军人、下岗职工、退休工人、农民工等;部分保卫人员业务素质偏低,对职责范围认识不清;队伍管理不到位;人力防范服务领域窄;保卫人员权益保障不力等,严重影响了人力防范甚至是保卫工作的健康发展。因此,加强保卫工作建设,提高人力防范技能是迫切需要解决的问题。

(1)提高保卫人员的业务素质:保卫人员担负着通过提供安全服务使社会进一步提高安全防范能力这一特殊职能,而安全管理活动又具有自身的规律,只有具有专门知识与经验的人才能胜任。因此,在一个安全需求多样化、专业化程度越来越高的社会里,保卫人员若不具备完成社会安全服务的基本职业素养和技能,就不能胜任保卫职业。保卫人员应能熟练掌握并运用各种人力防范的手段,如门卫、看护、巡逻、场所及现场保护等,掌握完成各项任务时所需的专业知识;同时了解物理防范和技术防范的工作原理、方法和程序,了解各种防范设备、器材的性能、种类、规格及使用方法,在保安工作中能综合运用人防、物防、技防的手段,实现人技结合,提高服务水平。此外,还要具备良好的思维、分析、判断能力,敏锐的观察能力,较强的记忆能力和快速的反应能力;具备良好的工作协同能力、配合能力;具备沉稳、机智、果敢的能力,在具体的保卫业务中,能与各种各样的客户打交道,应付各种各样的突发事件,能正确地设计运用保卫预案,制止不法侵害,保护目标安全。

(2)加强保卫人员的教育培训:随着我国保卫工作的不断发展壮大,对保卫人才的需求也越来越大,要求越来越高。我国保卫工作的发展急需要解决保卫人才缺乏的问题,其中教育培训是重要一环。首先要重视保卫教育,加强高等院校对保卫人才的培养。相关大学可以有计划、有步骤地增开保卫专业和保卫课程,为保卫工作输送高素质人才;同时大力发展保卫高等职业教育,将保卫专业高等职业教育确立为公共安全产业的主要教育模式,通过两年或三年的职业教育,使学生成为具有较高职业道德、法律素养、掌握较高的文化知识和技术,具有较高保卫工作能力的中高级保卫管理人才,从根本上解决保卫人才缺乏的问题。其次要发展和完善保卫工作职业培训,为各种各样的保卫工作培养专业性人才。为此,培训学校应具备专业教师,根据不同的培训对象制定相应的培训计划。对新招聘保卫人员的培训一定要保障培训时间和质量,只有受过扎实的岗前培训才能胜任保卫工作岗位。同时保卫公司还要加强对本公司保卫人员的在职培训,以保证知识的巩固和更新。

(3)强化保卫工作从业人员资格准入制度:保卫行业需要有一批从业素质较高、专业能力较强、能适应社会需求的专门职业人员,这也是防范和控制保卫工作风险的关键。要达到这一目标,一是国家需要通过法律法规的形式确定保卫人员的从业条件,实行资格准入制度。职业资格准入制度的实行会从根本上改变保卫工作从业人员素质低的现状,使不同职业资格的保卫人员的工作标准有章可循,对保卫从业人员的评价体系有据可依,使各种人才在保卫工作中能够充分发挥自己的才智,也可使保卫工作有条件容纳各种高素质的人才。二是招聘时要对保卫人员的条件进行严格审查,建立严格的考核制度和管理制度,以确保保卫人员的层次水平。

(4)加强保卫人员队伍管理:加强队伍管理是减少风险,确保安全,提高服务质量的重要措施。首先要更新管理理念,在保卫队伍中树立"以人为本"的服务理念,强化服务意识,坚持理性、平和、文明执勤,既确保安全又凝聚人心。其次是实施科学的管理方法,完善保卫人员的用人机制和岗位责任制。要不拘一格地选拔人才,用丰厚的待遇留住人才;把岗位职责和任务具体化、制度化,做到责任到岗、责任到人;建立一岗一薪、岗变薪动的竞争激励机制和具体明确、具有可操作性的奖惩制度,定期对保卫人员进行全面考核,对发生重大违法违纪问题、造成恶劣影响的保卫人员要予以淘汰,对工作能力强、工作业绩高的保卫人员要予以奖励;实行保卫人员轮岗值勤制,保卫人员在一个地方长期执勤容易出现麻痹及疲劳感,因此要定期轮岗值勤。这样才能形成一个具有生机活力的保卫工作团队,进而达到安全保障的目的。

第二节　技　术　防　范

一、技术防范的概念

技术防范是采用以电子技术、传感技术、生物技术和计算机技术等为基础制造的安全防范使用的设备,并使用先进的技术将其构成一个系统,使其成为一个比传统的人力防范更先进、更严密的全天候、全方位、全自动的安全防范体系。① 技术

---

① 李自云.保卫学教程[M].北京:中国民主法制出版社 2007 年版,第 106 页。

防范是人力防范和实体防范手段和功能的延伸和加强,是对保卫工作中人防、物防技术手段上的补充。

在企事业单位内部治安保卫工作中,技术防范是一种新型的防范手段和方法,其特点就是在治安保卫工作中运用先进的科学技术,对治安保卫工作辅之以新的发挥作用的手段,从人与物的关系上来讲,企事业单位内部的治安保卫工作仍然是以人防为基础,通过保卫机构和保卫工作人员的辛勤工作,使单位内部治安保卫工作建立坚实的基础。而技术防范是单位内部治安保卫工作的发展和创新,是对人防的补充和完善,因此,在单位内部治安保卫工作当中,仍然要突出人防的主动性和积极性,同时辅之以技术防范的手段,使之更加完善。对于二者之间的关系,我们应该有清醒的认识,不能片面地强调人防的优势,也不能片面地夸大技术防范的特点,原因在于,再好的技术防范手段都是人发明、掌握和使用的,否则人防就失去了先进科技的支持,而技防就失去了人的主动性和创造性。

二、技术防范的分类

技术防范分类是保卫工作的一个专业名词,它是指保卫工作中运用科学技术的手段和方法,以增强保卫工作的实战效果。从技术防范分类的角度来讲,主要分为以下六种形式:

1.**防盗报警技术与入侵探测**

防盗报警技术是指用物理方法和电子技术自动探测发生在布防监测区域内的侵入行为,产生报警信号,并辅助提示值班人员发生报警的区域部位,显示可能采取的对策,此即防盗防侵入探测报警系统。这个系统的特点是:①电子化程度比较高,是高科技技术在保卫工作中的具体应用;②它是人的视觉的延长和加强。通过防盗报警技术与入侵探测技术可以使保卫人员的视觉功能发生质的变化,增强了报警与探测的质量;③它有提前预防的可能性。因为它是通过先进的科学技术探测到保卫人员可能达不到的空间,及时地发现可疑的目标,并提前予以研判和预防。

2.**视频监控技术**

视频监控系统是在摄像、传输、控制、显示、记录的基础上,利用特殊的录像处理模式,对图像进行录入、回放、处理等操作,使录像效果达到最佳。过去,视频监控技术应用主要集中在政府部门和金融、公安、交通、电力等特殊部门及行业。其中,政府部门和金融行业分别占据了 20.9% 和 20.6% 的市场份额。随着社会信息化的发展,越来越多的行业和领域视频监控的需求大量增加,视频监控技术开始从银行、交通等个别领域向多领域延伸,由传统的安防监控向管理监控和生产经营监控发展。

3. 出入口目标识别与控制技术

出入口控制系统(Access Control System,ACS)是采用现代电子设备与软件信息技术,利用自定义符号识别或模式识别技术,在出入口对人或物的进、出,进行放行、拒绝、记录和报警等操作的电子控制系统或网络,系统同时对出入人员编号、出入时间、出入门编号等情况进行登录与存储,从而成为确保区域的安全、实现智能化管理的有效措施。出入口控制系统主要由识读部分、传输部分、管理控制部分、执行部分以及相应的系统软件组成。

4. 报警信息传输技术

报警信息传输技术是用各种传输途径把各个被保护点的信息快速准确地传输到安全控制中心,使保卫人员及时了解现场情况,指挥处置现场的各类突发事件。报警联网系统中很重要的部分就是传输技术,目前国际上正在使用的技术有以下几种:电话线传输、总线制、电源线传输和无线传输。

5. 电子巡更系统

电子巡更系统是人力防范和技术防范的结合。该系统要求巡逻人员必须按照事先设定的巡更线路,依序对防范区内各巡更点进行巡视,并向系统监控中心发回正常信号,否则系统将认为不正常,进而采取措施的一种安全防范系统。电子巡更系统提高了各类巡逻工作的规范化和科学化管理,为安全保卫提供了准确的信息,杜绝了巡逻人员无法科学、准确考核监控的现象,也提高了巡逻工作本身的安全性,对突发事件和危险事件的反馈可以保障巡逻人员的人身安全。

6. 火灾报警系统

火灾自动报警系统一般由火灾探测器、区域报警器和集中报警器组成;也可以根据工程的要求同各种灭火设施和通讯装置联动,形成中心控制系统。火灾自动报警系统是由自动报警、自动灭火、安全疏散诱导、系统过程显示、消防档案管理等组成一个完整的消防控制系统。现代建筑规模大、标准高、内部结构复杂、人员密集、设备众多,对防火要求极为严格,火灾自动报警系统已是不可或缺的设施,可早期发现、通报火灾,防止和减少火灾危害,保护人身和财产安全。

第三节 消防安全

一、消防安全的概念

消防安全是指单位、人员在消防安全方面应共同遵守的行为准则和要求,它是国家和地方消防法律、法规和规章在单位的延伸和具体化。安全保卫人员应熟悉消防法律法规,对于消防安全活动中的合规行为和不合规行为要有清晰的认识,在所服务区域内要贯彻执行消防安全制度,包括安全用火用电、消防安全生产操作规程、易燃易爆物品管理制度、职工岗位防火责任制度、领导逐级防火责任制度、消防安全教育制度、消防安全宣传、检查制度、消防设施、器材管理制度等。安全保卫中的消防安全更多侧重于在服务区域内,保卫人员应具备检查和消除隐患能力、扑救初期火灾能力、引导人员疏散逃生能力和宣传教育培训能力。

二、单位消防安全职责

《中华人民共和国消防法》第2条规定,消防工作按照"政府统一领导,部门依法监管,单位全面负责,公民积极参与"的原则,实行消防安全责任制,建立健全社会化的消防工作网络。其中"单位全面负责"消防安全,是《消防法》赋予各个单位的一项法律责任,单位是社会消防管理的重要单元,一方面要负责本单位及员工的消防安全,另一方面要积极维护公共消防安全,履行消防安全的社会责任和义务。

按照《消防法》的规定,任何单位和个人都有维护消防安全、保护消防设施、预防火灾、报告火警的义务。任何单位和成年人都有参加有组织的灭火工作的义务。机关、团体、企业、事业等单位,应当加强对本单位人员的消防宣传教育。机关、团体、企业、事业单位的主要负责人是本单位的消防安全责任人。

根据《消防法》的规定,单位履行消防安全的具体职责如下:

(1)落实消防安全责任制,制定本单位的消防安全制度、消防安全操作规程,制定灭火和应急疏散预案;

(2)按照国家标准、行业标准配置消防设施、器材,设置消防安全标志,并定期组织检验、维修,确保完好有效;

(3)对建筑消防设施每年至少进行一次全面检测,确保完好有效,检测记录应当完整准确,存档备查;

(4)保障疏散通道、安全出口、消防车通道畅通,保证防火防烟分区、防火间距

符合消防技术标准;

(5)组织防火检查,及时消除火灾隐患;

(6)组织进行有针对性的消防演练;

(7)法律法规规定的其他消防安全职责。

消防安全重点单位还应当履行下列消防安全职责:

(1)确定消防安全管理人,组织实施本单位的消防安全管理工作;

(2)建立消防档案,确定消防安全重点部位,设置防火标志,实行严格管理;

(3)实行每日防火巡查,并建立巡查记录;

(4)对职工进行岗前消防安全培训,定期组织消防安全培训和消防演练。

三、消防安全制度的内容

单位消防安全的管理能力,也是社会公共消防安全水平的体现,公民的积极参与很多时候也是通过单位的消防制度与消防活动实现的。

为了实现消防安全,消防安全制度应具备以下内容:

(1)消防安全教育、培训制度;

(2)防火巡查、检查制度;

(3)安全疏散设施管理制度;

(4)消防控制中心管理制度;

(5)消防设施、器材维护管理制度;

(6)火灾隐患整改制度;

(7)用火、用电安全管理制度;

(8)易燃易爆危险物品和场所防火防爆制度;

(9)义务消防队组织管理制度;

(10)灭火和应急疏散预案演练制度;

(11)燃气和电气设备的检查和管理制度;

(12)消防安全工作考评和奖惩制度。

第四节　应急处置与反恐

一、应急处置的概念

应急处置是指在面对突发事件(如自然灾害、特大事故、环境公害、公共卫生事件、社会治安事件、群体性事件等)时,安全保卫人员的管理、指挥、救援、介入、干涉等行动,具体包括行动的原则和步骤、相关人员的职责、处置措施,目的是在事件发生前期及时介入,缓解事件继续发展、恶化的速度,减轻事件可能造成的社会危害,平息冲突。

处置突发事件是一个过程,分初期、中期和后期三个阶段。突发事件涉及各个不同的主管部门,在处置过程的不同阶段,处置主体及任务是不同的。突发事件处置是一门综合性、专业性工作,涉及多个部门及人员,安全保卫部门是无法也无权处置突发事件的全部工作及全部过程的,它仅仅承担初期阶段的独立处置任务,在中期和后期阶段承担协助、配合、参与处置的任务。

如果事件发生在单位、特定场所或是住宅小区,第一时间参与应急处置的都是内部安全保卫人员,此时如何控制事态,为进一步抢救生命、降低损失、平息冲突赢得时间是初期应急处置的关键所在,整个应急预案都应围绕这一主题展开。

二、初期应急处置的原则

突发事件的初期应急处置是保卫工作的法定职责。为了提高突发事件初期处置的效率,切实做好突发事件的初期应急处置工作,将突发事件的影响降低到最低程度,控制在可以控制的范围之内,不至于造成严重的社会后果,我国相关的法律法规规定了突发事件应急处置的一些基本原则,具体地讲,从事企事业单位内部治安保卫工作的保卫部门应该遵循以下原则:

(1)及时性。初期应急处置贵在及时,一方面为降低生命财产损失赢得时间,另一方面及时介入有利于保护现场,方便后期调查。

(2)合法性。即便是应急处置,也应遵循合法原则,严格履行程序上的规定,保证处置手段的合法性,最终实现处置目的的正当性。

(3)安全性。处置的最终目的是恢复安全,消除危险。一方面以保护现场所有人、财物的安全为最大目的,另一方面也要考虑参与处置的保卫人员的人身安全。

(4)保全性。突发事件的事后调查依赖于前期处置的效果,因此前期采取应急处置措施时,要尽量减少对痕迹、物证的破坏,使现场保持事发时的原貌,为后期的调查提供现场保全与证据保障。

三、应急预案

在单位内部治安保卫工作中,针对可能出现的突发情况和危害公共财产安全、员工人身和财产安全等事件,保卫部门首先要做到制定相应的应急预案,以做到心中有数、遇事不慌,尽可能地将突发情况和危害员工人身安全和公私利益的事件损失控制在最小范围以内,体现保卫工作的重要性和价值。同时,在应急预案中应该有详细的工作安排计划,以及周密的实施方案,做到有备无患,及时而准确地应对各种突发情况。

应急预案是社会综合应急预案中的一个部分,它一般应建立在突发事件综合应急处置规划上。应急预案应包含的重要内容有:有相应的管理制度作为基础;有相应的组织机构保证其落实;有相应的人力、物理、财力保障;有相应的处理突发情况的详细预案等。

四、单位反恐预防

恐怖活动就是恐怖组织所从事的为达到某种政治或社会目的,针对非战斗目标(特别是无辜平民目标)的暗杀、爆炸、绑架与劫持人质、劫持交通工具、施毒等活动。[①] "9·11"事件以后,恐怖活动受到各国政府的高度重视。恐怖活动除了造成大量平民伤亡和财产损失之外,还深刻地影响到国家政治、经济政策的变化和国际关系的走势。目前为止,恐怖活动涉及的范围和袭击目标不断扩大,攻击对象包括平民、重要设施、政府机关、党派领袖等;恐怖手段和方式也不断升级,危害后果也越来越大。

反恐工作需要全社会的参与,但负责反恐的主体是公安部门,对于保卫部门来说,主要是单位的反恐预防工作,它是整个社会反恐中的一个重要环节,预防工作做得好,会将恐怖活动消灭在萌芽状态。在恐怖活动发生后,保卫部门则承担配合、协助公安部门处置恐怖活动造成后果的任务。

单位反恐预防工作,由保卫部门负责,第一个内容主要包括情报信息的收集和研判、危险物品的管理、重点单位的重要部位的防范、特定人员的管理,以及守护、巡逻、押运和上级布置的反恐任务等防范措施的落实;第二个内容则是指针对这些防范措施是否落实到位所进行的单位反恐预防工作的检查。总体而言单位反恐预防工作应有下述几个内容。

1.建立健全各类反恐预防工作制度

建立健全各类反恐预防工作制度是单位反恐预防工作的第一要务。工作制度围绕公安机关和上级部门的要求,根据恐怖活动的特点,结合单位的工作性质、业务特点、人员状况和地理环境等实际情况建立。主要包括反恐工作责任制度和反恐工作情报信息工作、反恐工作预警制度、反恐工作应急处置制度。

2.情报信息的收集和研判

单位保卫部门要按照反恐工作责任制度的规定,对本单位、单位周边地区以及

---

① 徐志林.治安防范论[M].上海:上海人民出版社 2011 年版,第 201 页。

社会上有关涉恐信息进行收集、报告、研判和共享,特别要注意收集本单位具有现实和潜在的个人恐怖活动的有关信息。

3.反恐工作预警

单位保卫部门需要定期对现实和潜在的恐怖威胁进行分析、评估,适时发布预警信息,明确防范恐怖威胁的方向,以便做好应对准备,尽可能控制和降低恐怖活动的损害。

4.反恐应急处置

恐怖活动发生后,保卫部门及时到达现场,迅速采取措施,疏散群众,防止事态的进一步扩大;依据恐怖事件的具体种类,采取不同的应急处置方法;针对恐怖事件造成的损害,成立抢险队,实施救援,恢复秩序。

5.反恐协助与配合

在公安部门介入后,保卫部门则协助公安维护现场,疏散群众,配合公安部门做好社区动员在政府主管部门的统一安排和部署下,努力做到了解事件的真实情况、发展态势,并主动的协调相关方面的救援和调查处理等事宜。

6.反恐预防工作的日常检查

反恐预防工作的日常检查是指保卫部门对本单位或场所反恐预防工作和处置预案的检查,包括防范工作制度的检查、重点单位和重要部位的检查、反恐设施运行状况的检查、上级布置的反恐任务落实情况的检查、特定人员管理的检查、反恐预案及其演练的检查。[1]

第五节　涉密保护

一、涉密保护的概念

保卫部门的安全保卫工作领域涉及各类政府部门、企事业单位,因此,安全保卫也会涉及国家秘密和企事业单位商业秘密、技术秘密的保护。在不同的领域,对于秘密的含义有不同的表述,因为涉及的部门不同,秘密的范围也不同。但对各类秘密的界定,都有一些共同的特点:关系到国家安全和利益或者是企事业单位的经济利益;只由特定的人掌握;采取了相应的保密措施与手段。因此,涉密保护可以定义为:为了防止国家秘密、商业秘密和技术秘密失窃、泄露而采取一切防护保障

---

[1]　徐志林.治安防范论[M].上海:上海人民出版社 2011 年版,第 211~213 页。

技术与手段,从而保护国家安全与利益或者企事业单位的经济利益不被损害。

国家秘密的范围由《中华人民共和国保密法》确定,下列涉及国家安全和利益的事项,泄露后可能损害国家在政治、经济、国防、外交等领域的安全和利益的,应当确定为国家秘密:①国家事务重大决策中的秘密事项;②国防建设和武装力量活动中的秘密事项;③外交和外事活动中的秘密事项以及对外承担保密义务的秘密事项;④国民经济和社会发展中的秘密事项;⑤科学技术中的秘密事项;⑥维护国家安全活动和追查刑事犯罪中的秘密事项;⑦经国家保密行政管理部门确定的其他秘密事项。政党的秘密事项中符合前款规定的,属于国家秘密。

《中华人民共和国保密法》第11条规定:国家秘密及其密级的具体范围,由国家保密行政管理部门分别会同外交、公安、国家安全和其他中央有关机关规定。军事方面的国家秘密及其密级的具体范围,由中央军事委员会规定。

商业秘密和技术秘密的范围则没有明确具体的法律规定其范围,商业秘密可以参照《中华人民共和国反不正当竞争法》第10条第2款的规定:本条所称的商业秘密,是指不为公众所知悉、能为权利人带来经济利益、具有实用性并经权利人采取保密措施的技术信息和经营信息。

技术秘密在国家层面的法律上没有明确规定,但一些省份依据《中华人民共和国技术进步法》制定的技术秘密保护办法可以借鉴,如《浙江省技术秘密保护办法》(2005)第2条:本办法所称的技术秘密,是指能为权利人带来利益、权利人已采取严格的保密措施、不为公众所知悉的技术信息,包括设计、程序、配方、工艺、方法、诀窍及其他形式的技术信息,属于商业秘密。《广东省技术秘密保护条例》(1999)第2条:技术秘密是指不为公众所知悉、能为权利人带来经济利益、具有实用性并经权利人采取保密措施的非专利技术和技术信息。《宁波市企业技术秘密保护条例》(2010)第3条:本条例所称企业技术秘密,是指不为公众所知悉、能为企业带来经济利益、具有实用性并经企业采取保密措施的非专利技术及技术信息,包括设计图纸(含草图)、试验结果和试验记录、工艺及流程、配方、样品、数据等。《珠海市企业技术秘密保护条例》(1997)第3条:本条例所称技术秘密,是指不为公众所知悉、能为权利人带来经济利益、具有实用性并经权利人采取保密措施的非专利技术及技术信息,包括以物理的、化学的、生物的或者其他形式的载体所表现的设计、工艺及流程、数据、配方、诀窍等。

技术秘密的定义虽然并不完全一致,但却具有共同的内涵:不为公众所知悉、能为权利人带来经济利益、具有实用性并经权利人采取保密措施的非专利技术及技术信息。从定义上看,商业秘密一般涵盖技术秘密,本书依然单独定义技术秘密,同时使用商业秘密和技术秘密,主要目的是强调其技术性的本质特点。从以上定义可以看出,虽然商业秘密和技术秘密可以给出具体的定义,但却很难有明确的范围,因此具体的商业秘密和技术秘密就由企事业单位自行决定,但通常是指经营信息、试验结果及记录、设计、工艺及流程、数据、配方、样品、诀窍等。

网络技术的飞速发展在方便人类社会生活的同时,也逐渐显现出负面影响。人们的个人信息、国家的机密信息、企事业单位的商业秘密和技术秘密等都有可能成为黑客、敌对势力、竞争对手猎取的目标。在计算机网络日渐成为人类社会的一个重要组成部分的同时,上述秘密也大量被存储在计算机中,而计算机网络攻击的日益普遍和猖獗,也使得涉密内容的安全保卫工作更加重要。

二、涉密保护的主要措施

1. 完善保密制度建设

《保密法》的制定和实施,标志着我国保密工作已经走上了常态化和法治化的轨道,为国家各项秘密的保护提供了基本的法律依据,亦为惩戒保密方面的各种违法犯罪行为提供了有力的保障。在新的形势下,面对科技的快速发展,保密工作与道德种种挑战,出现的种种问题,我们要认真学习《保密法》的相关规定,领会其基本的价值取向和要求,严格按照《保密法》的规定,认真做好各项秘密的保护工作,为单位的生产、科研、管理等活动提供一个安全的屏障。

2. 加强涉密保护的宣传教育

涉密保护不只是安全保卫部门的职责,涉密工作的各个环节都需要保密知识的培训。提高保密工作的效果,做好涉密保护的教育必不可少。涉密保护的培训可以从以下三种途径入手:一是认真进行《保密法》的宣传教育活动,使单位的员工,尤其是保卫工作人员,熟悉《保密法》的法律条文和相关规定,为《保密法》的实施打好基础。二是根据单位的实际情况,定期或不定期地对《保密法》的学习情况进行考察,有条件的地方,可以以考试的形式对员工(包括保卫工作人员)进行这一方面的考试,成绩优异的可以列入相关的档案以备后用。三是以案说法,进行典型案例的教育,使单位的员工通过对典型案例的了解和思考提高对保密工作及其相关法律法规重要性的认识。

3. 加强文书保密工作

公务文书包括文件、电报、资料、表册、图纸、图像、声像记录、工作记录、工作笔记等各种信息的载体。[1] 涉密文书要强化环节管理,从拟定、审批、制发、登记、传

---

[1] 李自云.保卫学教程[M].北京:中国民主法制出版社2007年版,第269页。

阅、传递、保管、清查、清退、销毁等环节入手做好保密工作。计算机时代很多文件是以电子数据的方式保存在计算机里的,因此要完善涉密计算机的安全管理,特别要注意细微地方的检查和完善,严防失泄密事件的发生。

4. 做好会议保密工作

涉密会议的保密工作是涉密保护工作的重要一环。首先对有关涉密会议上出现的各种信息要制定专门的管理制度,这些信息谁掌握、在什么地方保存、在什么渠道传播等都要有人专门负责,并实行参与会议人员签名签到制度、手机的屏蔽制度等。会议召开期间,严格控制无关人员入场,休会期间、会议结束及时清场。同时,严格执行涉及门户网站管理的相关办法,对会议信息的发布、上网和新闻报道严格执行规范的保密审查程序。

5. 加强办公系统的涉密保护

涉密信息在传递过程中会以现代办公系统为桥梁,比如有线电话、移动电话、电报、传真、电子邮件等。涉密的办公系统应当进行保密管理,涉密计算机系统必须采取身份确认、审计跟踪、防电磁辐射等技术防范措施;涉密信息的存储、传输应当符合要求;涉密信息系统不得直接或间接连接国际互联网,必须实行物理隔离;禁止使用普通电话、移动电话谈论涉密内容,禁止使用普通传真机传输涉密内容。

6. 突出重要部门的涉密保护

日常业务工作中产生、传递、使用和管理绝密级或较多机密级、秘密级秘密的内设机构,应确定为保密重要部门;机关、单位内部集中制作、存储、保管国家秘密载体的专门场所,以及涉及国家秘密较多的省部级以上领导干部的办公场所,应确定为重要部位。对保密重要部门,要建立机关、单位保密工作岗位责任制,与保密重要部门、部位主要负责人及所属工作人员签订保密责任书,将保密工作任务落实到具体人员;对在重要部门、部位工作的人员,必须坚持经常性的保密教育、培训,并进行涉密资格审查,严格履行保密义务;结合部门、部位的实际,制定严格的保密管理制度和防范措施,并认真组织落实。

7. 开展经常性的保密检查

对于单位的保密制度是否落实,经常开展保密检查十分有必要。检查内容包括:保密工作方针、政策的贯彻、执行情况;涉密工作制度的完善情况;涉密组织机构的建设情况;涉密设施的管理与使用情况;定期检查保密重要部门、部位的保密管理和保密技术防范情况,解决存在的问题,组织查处泄密事件。

第六节 安全押运

一、安全押运的概念

安全押运服务,是指保安服务公司在法律规定的范围内,应客户的要求,为保证客户的贵重物品、金银货币、危险物品或其他物品在运输中的安全,依照保安服务合同规定,选派一定数量的保安人员,采取一系列防护措施运送,确保运输物品安全抵达目的地的一种保安活动。[①] 根据押运物品的不同,安全押运可以分为现金押运、贵重物品押运、危险品押运以及其他物品押运。现金押运是金融机构业务正常运转中现金调拨和接送的重要环节,是由保安公司为金融机构提供的押运服务,由专用运钞车和武装押运人员护卫抵达指定目的地,完成交接的安全保卫活动。贵重物品一般是指价值较高或稀有物品,主要包括黄金白银、珠宝玉石、古玩字画等物品,因此,贵重物品在运送转移过程中容易成为不法分子盗抢的目标。危险品运输是相对于一般运输品而言,国家的有关法规对此有明确的规定,对危险品由什么机构或人员来运输都有严格的要求,因此在危险品运输当中要严格执行国家相关的法规,危险品运输的环节一直到最后的安全送达目的地要做周密详细的安排,以保证危险品的运输不出现任何的差错和失误,以防对国家利益造成损害。

根据公安部 2005 年颁发的《保安押运公司管理暂行规定》,我国保安押运的主体是经省、自治区、直辖市人民政府警察机关批准从事武装守护、押运服务的各类专业保安服务公司和金融护卫中心。保安押运的服务对象主要是军工企业,国内外银行,各类金融单位,国家重要仓储系统,大型水利、电力、通信工程、机要交通系统,金银珠宝厂商,文博单位等,以及其他需要提供个性化押运的单位和个人。

二、保安押运服务的特点

(1)押运价值巨大。保安押运业务所保护的对象一般是现钞、文物、艺术品、有价证券、金银珠宝以及重要的物资,往往具有很高的经济价值,一旦发生问题,损失严重。而危险品押运如果出现疏漏,还会给周围环境及人群带来损害。

(2)押运过程环节多。保安员不论押运物资还是押运现金,都要经过出库、装车、运送、卸车和移交等多个环节,每一个环节的工作稍有疏忽,都可能造成差错、破损以及出现安全方面的问题。

---

① 楼一帆.保安实务——押运[M].北京:高等教育出版社 2008 年版,第 1 页。

（3）押运业务危险性大。保安押运始终处在动态之中,突发性不安全因素多,押运贵重物资或现金目标大,往往成为犯罪分子的主要袭击目标。押运危险物品本身的危险性和押运中的违规操作,都可能导致重大事故的发生。在市内押运一般都有一定规律,时间、路线相对固定,客观上也为不法分子预谋犯罪提供了机会。保安员在押运途中,单独作战,随时可能遇到各种紧急意外情况。

（4）发案影响大。一旦发生保安押运物品被劫案件,社会影响极大,直接影响人民群众的安全感。

三、长途物资押运、现钞押运和危险品押运的措施

1.长途物资押运应采取的有效措施

执行押运任务的保安人员必须遵守纪律。对所押运的物品严格保守秘密,禁止向无关人员(包括未参加押运任务的保安人员)泄露押运物资的名称、数量、运往目的地、行走路线、行止时间等情况,不准在运输途中用电话或无保密装置的对讲机与亲友谈论押运事宜;执行押运任务时,不准带亲属、亲友,不准在途中酗酒,不准随意停车购物,不准捎带其他私人物品,不准随意改变行车路线,不准途中单人行动,不准在押运危险品的车上吸烟,注意随身武器的安全。

押运途中应注意的问题。押运途中,保安人员要认真坚守自己的岗位,集中精力,留心观察沿途各种情况,注意其中是否有可疑情况。坐在驾驶室的保安人员,应注意观察车辆行进前方和左右两侧的情况;坐在车厢后门的保安人员应注意押运车辆后面有无尾随车辆,有无押运物资掉落等。当车辆通过桥梁、隧道、交叉路口、山坡、转弯地段,车速减慢时,要特别注意观察路旁、前后方有无可疑人物和车辆。遇有大雨、大雪、浓雾等恶劣天气,一方面要提醒司机安全驾驶,另一方面更要注意周围可疑情况。

2.现钞押运的应对措施

运钞车装卸时的警戒,钱箱装卸时的警戒,应最大限度地将运钞车停靠在营业网点、库房门口,有院墙的将车开进院内,关好大门再进行装卸;押运保安员应持枪先行站于运钞车左右两侧便于观察的位置实施警戒。向储蓄所押运现钞,或由储蓄所押运现钞回笼时,须有一名押运员先观察营业厅内外有无可疑人员和物品,另一名押运保安员护送提款人员进(出)营业室。

3.危险品押运的安全措施

国家实行危险化学品道路运输许可制度,执行危险品押运任务时,应确保运输单位、运输车辆、运输人员均有相应的资质。运输剧毒化学品的车辆必须持有县级

以上公安交警部门签发的剧毒化学品公路运输通行证,专人押运,证、物、运输路线相符。从事危险品运输的驾驶员必须持有公安消防部门核发在有效期内的"危险运输证"。从事危险品押运的人员必须接受以危险货物容器使用、装载、运输和发生事故后应急处置知识为主要内容的安全教育和培训,并取得相应的资格。

运输化学、危险物品要事先掌握了解货物的性能和消防、消毒等措施,对包装容器、工具和防护设备要认真检查,严禁危险品漏、散和车辆带病运行。装运危险物品的车辆不准停在人员稠密、集镇、交通要道、居住区等地区,不准将载有危险品的车辆停放在本单位车间、场内。如确因装卸不及、停车或过夜修理等,应向领导或负责值班人员报告,采取必要的防护措施。凡装运危险物品的车辆需过渡口时,应自觉报告渡口管理部门,遵守渡口管理规定,装运危险物品的车辆应严格遵守公安消防部门指定的路线行驶。装运危险物品的车辆,应配备一定的消防器材、急救药品、黄色三角旗或危险品运输车辆标志等。

四、押运出发前的准备工作

1.明确任务

要充分了解具体的押运任务,清楚掌握下列情况:发货单位,物资的种类、性质和数量,使用何种运输工具,行走路线,出发及到达时间,目的地具体地址,收货单位,联系人员,客户对此次押运工作的具体要求及有关注意事项。

2.做好(人员、装备、必要手续等)准备工作

根据押运的任务、路程、运载工具及沿途的治安状况确定押运人员的数量。为确保押运安全,应选派思想作风好、组织纪律性强、业务熟练、经验丰富、独立处理问题和处置紧急情况能力强的保安员担任。押运任务量大、需要较多押运人员参加的,可视情况组成临时押运队(组),指定负责人;特别重大的押运任务可派保安服务公司的干部带队。

3.制定切实可行的押运方案

执行押运任务的人员,要在负责人的组织下,研究具体的押运方案,明确押运人员各自的岗位、任务及联络信号和方法,对可能遇到或发生的情况提前预测,制定好应急措施。

4.备齐有关证件

提前办理《免检通行证》,带齐工作证、身份证、持枪证、驾驶证和车辆行驶证、危险物品押运证等必要证件。

5.检查车辆、装备

使用汽车押运,应对车辆状况进行全面检查,不放过任何微小的毛病和故障,认真检修,排除隐患,确保行车安全。对随身随车携带的武器、通信工具和消防器材等,要细心检查,以保证可以随时有效地发挥作用。

6.了解和熟悉有关情况

出发前必须了解沿线的道路状况和社会治安情况,了解以往在哪些路段曾发生过哪类性质的治安事件。了解公安机关、武警部队在沿途的布局驻防情况。

五、押运过程中的任务

1.保持高度警惕,注意观察沿途情况

押运途中,保安人员必须认真坚守岗位,集中精力,留心观察沿途各种情况;注意是否有可疑情况,有无尾随车辆,有无押运物资掉落,有无可疑人员。

2.押运途中临时停驶时,要特别加强警戒守护

车辆需要加油、加水时,应尽量选择地形比较开阔的加油站,尽可能缩短加油、加水时间;除必要人员下车办理有关手续外,其他人应坚守岗位,提高警惕,随时做好应急准备;除加油站工作人员外,禁止其他人员接近押运车辆。押运途中车辆出现故障,需要检修时,应尽量将车停在远离生活区的路旁,押运人员可以分为两组,一组在车上观察,一组下车巡视。押运途中短暂休息、用餐、如厕时,采用轮换方式,要保证车上有人,注意随时处于警戒状态。

3.做好交运阶段的警戒

当押运车辆到达目的地,将车辆停靠在卸货地点后,首先要进行警戒,加强守卫,严禁无关人员接近;同时尽快与接货单位或指定负责人进行联系,尽快验收并将所运物品入库;办理必要的押运文书,检查整理好携带的武器设备,在征得接收单位同意后,即时返回保安服务公司,向有关领导全面汇报执行本次押运任务的情况。

第七节　综合治理

单位内部治安保卫工作是社会治安保卫工作的重要组成部分,努力做好此项工作是在市场经济动态、开放的社会环境中,从根本上遏制各类侵害单位犯罪活动,减少可防性案件的发生,把握快速反应的主动权、制胜权的有效途径。《企业事业单位内部治安保卫条例》的颁布,对单位内部治安保卫工作的定位、作用、价值、管理等方面作了明确的规定,是做好单位内部治安保卫工作的基本法律依据和重要保证。

一、社会治安综合治理的概念

社会治安综合治理是国家管理社会的重要手段和方式,其出发点是治安,关键是综合,宗旨是治理,这就要求各级党政机关要紧紧依靠广大人民群众,充分运用社会的各种力量,利用法律、政治、经济、行政、教育等手段,预防犯罪,惩罚犯罪,改造罪犯,教育挽救失足者,达到维护社会治安、保障社会秩序、保护人民群众生命财产安全的目的。

社会治安综合治理工作是一项宏大的系统工程,企事业单位作为整个社会的基础细胞,必须加强企事业单位的社会治安综合治理工作,把社会治安综合治理工作的方针、目标和措施落到实处,以维护社会的稳定,促进经济的发展。

二、社会治安综合治理的范围

社会治安综合治理的工作范围,主要包括"打击、防范、教育、管理、建设、改造"六个方面。

(1)打击是社会治安综合治理的首要环节和前提条件。要坚持经常性打击和集中打击相结合、集中打击与专项整治相结合的方针,深入持久地开展依法从重、从快、严厉打击严重危害社会治安的刑事犯罪活动。

(2)防范是减少各种违法犯罪活动和维护社会治安秩序的积极措施。要广泛发动和组织群众,采取各种措施消除不安定因素和安全隐患。特别要大力疏导、调解各种社会矛盾和民间纠纷,避免矛盾激化。加强居民区楼院的安全防范设施。广泛组织党员、干部和群众参与居住地的治安防范,健全群防群治机制。

(3)教育是社会治安综合治理的基础工作和战略性措施。要在群众中广泛深入、扎实开展普法教育和各种形式的法制宣传教育,使广大群众进一步增强法律意识和法制观念。共青团、工会、妇联、青少年保护办公室要与学校、家庭密切结合,加强对青少年的教育,尤其是做好后进青少年、轻微违法犯罪青少年的教育挽救工作。

(4)管理是减少犯罪空间、减少社会治安问题、建立良好社会秩序的重要手段。要针对新情况、新问题,认真抓好社会治安综合治理的各项管理工作。特别是要加强对流动人口的管理,对废旧物品收购、旅店、娱乐场所等行业的管理,对集贸市场的管理和对金库、重要物资仓库等重要部门的管理。

(5)建设是落实社会治安综合治理的关键。要大力加强以党支部为核心的基层组织建设,使社会治安综合治理的各项措施落实到基层,落实到群众中去。要建立健全各种治安防范制度,特别是要普遍推行各种形式的社会治安综合治理责任制。

(6)改造是教育人、挽救人、防止重新犯罪的特殊预防工作。

三、社会治安综合治理工作的内容

社会治安综合治理的基本内涵包括社会治安综合治理的基本任务、主要目标、工作要求等。

社会治安综合治理的基本任务是在各级党委和政府的统一领导下,各部门协调一致,齐抓共管,依靠广大人民群众,运用政治、经济、行政、法律、文化、教育等多种手段,整治社会治安,打击犯罪和预防犯罪,保障社会稳定,为社会主义现代化建设和改革开放创造良好的社会环境。

社会治安综合治理的主要目标是社会稳定,重大恶性案件和多发性案件得到控制并逐步有所下降,社会丑恶现象大大减少,治安混乱地区和单位的面貌彻底改观,治安秩序良好,群众有安全感。

1. 社会治安综合治理的工作要点

(1)在综合治理的主体方面,明确不是一个部门或一个团体,而是在各级党委和政府的统一领导下,组织和依靠各个部门和人民团体,依靠全社会的力量,分工协作,齐心聚力,共同做好社会治安的综合治理工作。

(2)就治理方法和手段来说,要充分发挥政治、经济、行政、法律、文化、教育等多种手段来整治社会治安。

(3)按照社会综合治理的目标要求,要实行惩戒与教育相结合,不但要打击犯罪,而且要注重教育的功能,对那些失足者要积极做好教育、改造、转化工作,变不利因素为有利因素,为营造良好的社会治安环境提供必要的基础。

2. 社会治安综合治理的工作要求

(1)各级党委和政府都要把综合治理摆上重要议程,健全社会治安综合治理的领导机构和办事机构,定期研究部署工作。

(2)各部门、各单位齐抓共管,形成"谁主管,谁负责"的局面。

(3)各项措施落实到城乡基层单位,群防群治形成网络,广大群众法制观念普遍增强,敢于同违法犯罪行为做斗争。

3.根据我国相关法律法规的规定,社会治安综合治理的主要内容

(1)社会治安综合治理实行领导与目标管理"双重"责任制。

(2)社会治安综合治理的重点是打击违法犯罪活动,维护社会秩序。

(3)社会治安综合治理的基础是加强矛盾纠纷排查调处工作,及时化解人民内部矛盾。

(4)社会治安综合治理的前提是加强社会治安防控工作,防患于未然。

四、加强内部治安保卫工作,服务社会治安综合治理目标

1.充分认识加强单位内部治安保卫工作的重要性

单位内部治安保卫工作是社会治安综合治理工作的重要组成部分,加强各单位内部治安保卫是维护正常的工作、教学、生产、生活秩序,预防和减少安全事故和违法犯罪案件的发生,保护公民人身、财产安全和公共安全的重要保证,是保持经济社会持续健康发展的有效手段。治安保卫部门要高度重视,切实贯彻"预防为主、单位负责、突出重点、保障安全"的方针,强化单位内部治安保卫工作,确保单位平安稳定,为社会治安综合治理工作作出应有的贡献。

2.建立健全内部治安保卫工作机制,落实治安保卫工作责任

建立企事业单位社会治安综合治理工作"单位负责、政府监管"的新机制和"法人代表负责制",促使法人代表和主要负责人对本单位的安全保卫工作切实负起责任,真正做到将治安保卫工作与本单位生产、经营工作同安排、同部署、同检查。第一责任人要切实承担起领导责任,贯彻执行好国家有关治安保卫工作的法律法规和规章制度,认真检查落实治安保卫工作,做到心中有数。

3.明确治安保卫工作任务,完善治安保卫制度

要从本单位具体情况出发,建立健全内部治安保卫制度,完善内部治安保卫工作责任制,保障治安保卫工作所需的经费和设备,确保单位范围内治安保卫工作有人抓,有人落实,重点部位得到重点保护,治安隐患能及时得到排查和处理。

4.加强技术防范建设,提高科技防范能力

要切实加强技防设施建设,搞好本单位防控体系数字化建设。对财务室、档案室等重要部位,要严格达到"三铁一器一镜"(铁窗、铁门、铁柜、报警器、视频监控镜头)的安防设施要求。要加强办公地点视频监控系统和消防设施的检查、维护和管理,确保正常运行,报警器和视频监控要接入24小时有人值班的值班室,发现重要的情况要及时报告。对容易发生被盗的部位要安装防盗门窗。

5. 提高处置治安突发事件的能力和水平

建立治安突发事件处置预案,制定科学、周密的应急处置方案,组织有关人员了解和掌握处置预案的内容,提高紧急救援反应速度和协调水平,确保迅速有效地处理突发事件。重点单位要加大安全保卫工作所需资金的投入,按国家规定标准对重要部位设置必要的防范设施,做到人防、物防和技防的有机结合,预防和制止违法犯罪行为发生,确保本单位各项工作的正常有序开展。治安保卫重点单位应当在公安机关指导下制定单位内部治安突发事件处置预案,并定期演练。

6. 接受公安机关对本单位内部治安保卫工作的指导与监督

(1)本单位制定的内部治安保卫制度、治安防范措施情况、治安保卫人员队伍建设和治安保卫重点单位的治安保卫机构建设情况等,要接受公安机关的指导与监督;

(2)接受公安机关检查、指导单位的内部治安保卫工作,对公安机关提出的针对治安隐患的整改通知,积极在期限内完成整改;

(3)单位内部发生治安案件、涉嫌刑事犯罪案件,及时向公安机关报警,保护现场,积极协助警方处置与调查。

思　考　题

1. 人力防范和技术防范的内容分别是什么?
2. 单位消防安全的职责有什么?
3. 应急处置的原则是什么?
4. 涉密保护主要措施是什么?
5. 安全押运有几种类型?
6. 单位社会治安综合治理的内容是什么?

第五章

保卫工作的基本方法

———— ★ ————

保卫工作的基本方法,是指实现保卫工作宗旨的主要方式和手段。在我国保卫工作的实践中,其基本方法主要有:常设机构及人员的配置方法、重点岗位设置的方法、人岗密切结合的方法、动态与静态观察的方法、预防为主辅以惩戒的方法等。

第一节 常设机构及人员的配置方法

一、企业单位保卫工作的常设机构及人员

随着改革开放的深入发展,我国企业单位的种类、数量、对社会的影响力都比改革开放前发生了翻天覆地的变化,与此同时,企业安全构成了社会安全最广泛的领域。建立以企业安全为宗旨的保卫机制,成了企业健康、快速发展的基础。作为以安全研发、安全生产、安全运输、安全管理为主要日常工作和生活的各级各类企业,要获得良好的内部和外部安全环境,就必须设置相应的保卫工作常设机构,并配置相应的保卫人员。

为适应企业单位的保卫工作实际情况发展需要,规范企业单位的治安管理和保卫工作,2004年国务院颁布了《企业事业单位内部治安保卫条例》,为单位内部治安保卫工作提供了直接的法律依据。为了督促企业单位建立和健全保卫工作常设机构,并依照规定配备相应的保卫工作人员,同时考虑到不同的企业单位在配备

专职和兼职保卫工作人员的差异性,《企业事业单位内部治安保卫条例》在第 5 条做出了灵活的规定,依照该条的两款规定,企业单位被有区别地划分为一般保卫单位和重点保卫单位,在一般保卫单位中,该单位应当根据内部治安保卫工作需要,设置治安保卫机构或者配备专职、兼职治安保卫人员;在重点保卫单位中,该治安保卫重点单位应当设置与治安保卫任务相适应的治安保卫机构,配备专职治安保卫人员。与一般保卫单位并不需要将保卫机构的设置和人员配备情况向主管公安机关备案不同的是,重点保卫单位必须将治安保卫机构的设置和人员的配备情况报主管公安机关备案。当然,依据《企业事业单位内部治安保卫条例》第 13 条的规定,重点保卫单位的选择和确定,由县级以上公安机关提议,报所属的人民政府批准确定。而县级以上公安机关和人民政府在确定重点保卫单位时,需要在特定的范围内选择,如大型公共场所,机场、港口、大型车站等交通枢纽,金融、电信机构,广播台、电视台,大型教育、科研、医疗单位,博物馆、档案馆和重要文物保护单位。

二、国家机关、人民团体、事业单位保卫工作的常设机构及人员

为搞好中央和地方的国家机关、事业单位的保卫工作,确保国家职能的正常运转和社会公益服务的顺利提供,就必须在不同的单位设置相应的保卫工作常设机构,并合理、高效、科学地配置相应的保卫工作人员。对于我国境内事业单位的保卫工作,以及该单位保卫工作的常设机构和人员配备,《企业事业单位内部治安保卫条例》在第 5 条作了明确规定。对于我国境内的中央和地方的党政机关(包括各级党委和各级立法机关、行政机关和司法机关)、人民团体的保卫工作,该条例实施了与我国境内企业、事业单位的无差别保卫工作原则,如《企业事业单位内部治安保卫条例》第 22 条规定,我国境内的国家机关、人民团体的内部治安保卫工作参照本条例的有关规定执行。

总的来讲,在国家行政机关、立法机关、司法机关内部设立的保卫工作常设机构,有的是保卫司、保卫部,也有的称为保卫处、保卫局等,国家机关内部的保卫工作常设机构,一般都表现出建制完整、工作人员专业化和专门化的特征。在不同类型的国家和地方的事业单位内部设立的保卫工作常设机构,则情况差别很多,如在名称上都有很多种类,有的保卫工作常设机构是保卫处或者公安处,绝大部分的高等学校都属于这种情况;有的保卫工作常设机构是保卫科,如少数高等学校和绝大部分中等学校;有的保卫工作常设机构是保卫办公室,如较大的医院、出版社以及许多科研院所。

三、国家重大专项工程中的保卫工作常设机构及人员

我国在制定和实施国民经济和社会发展的重大战略中,为了发挥"大国才能集中力量办大事""群策群力谋发展"的特色优势,先后开始实施了多个国家重大工程专项,如南水北调工程、西气东输工程、大飞机工程、航天领域中的探月工程、西部大开发工程、三峡移民工程、"一带一路"枢纽建设工程等重大工程。这些国家重大工程专项,都具有参与人员众多、经历时间漫长、涉及社会关系复杂等突出特点。为了确保这些国家重大工程专项的正常运转,并期待其通过后续的建设和维护,发挥其对国家经济建设和惠及民生的既定作用,需要通过各种形式设置专门的保卫工作常设机构,并配属相应的保卫工作人员。

四、特种行业或领域的保卫工作常设机构及人员

我国一些特种行业或者特殊领域与国家安全、公共安全以及民族产业发展有着极其重要的关系。在这些特种行业或者特殊领域内,成立或者增加专门的保卫工作常设机构,对国家安全、公共安全以及民族产业的发展具有十分重要的意义。不仅在国家中央层面有诸如此类的保卫工作常设机构及人员,在地方层面,也有不少地方政府以地方性法规和规章的形式,规定了此类保卫工作常设机构的设置以及人员配置。

第二节　重点岗位设置的方法

一、保卫工作中设置重点岗位的必然性

在保卫实际工作中,在不同的保卫区域中、不同的保卫单位里、不同的保卫文化领域中,由于具体保卫工作的不同性质、不同任务、不同目的,实践中的保卫工作岗位种类繁多、各式各样。但透过这些种类多样、任务各异的不同保卫工作岗位可以发现,其中最为关键的,对保卫工作的任务完成、成果展示最有决定意义的,是保卫工作中的一些重点岗位,如视频监控岗、突发事件处理岗、法律法规宣教岗、保卫期间带班领导岗等。这些保卫工作重点岗位,有其共同点,如前面所述对保卫工作的成败影响、成果展示具有决定性意义,也有其不同点,如不同的重点岗,对该岗位人员道德素质的要求、心理能力的要求、设备掌握的要求都有不同的规定。

不同的特定保卫区域、不同的保卫单位在不同的保卫文化的影响下,所设置的重点岗位是不一样的,但这没有否定一个事实:在不同的保卫区域、不同的保卫单

位,都必须设定相应的若干重点保卫岗位。换句话讲,在不同的微观保卫工作中,实事求是、量身定制地设定若干重点保卫岗位,是长期以来保卫工作的必然选择。保卫工作中设置重点岗位的必然性主要表现为三个原因:一是保卫工作规律的要求,保卫工作有许多重要的工作规律,如安全事件往往发生在同一地域(区域),保卫工作中必须把预防工作放在比惩治工作更优先的位置,这些规律均要求在分配保卫力量时,必须重点突出,而设定重点保卫工作岗位,是对这些规律的有力支持。二是保卫工作中设置重点岗位是适应现代社会保卫工作高科技化发展的要求,现代保卫科技含量与日俱增,具有高科技因素的保卫仪器、设备被大量地投入使用,要保证这些设备和仪器能够正常、稳定、高效地运转,就必须设定专门的工作岗位来管理、监督,在这种情况下,这些岗位被认定为重点岗也就是顺理成章的事情。三是保卫工作中设置重点岗位是保卫工作经验教训的总结,保卫工作经验和教训表明,保卫工作中出问题、产生不良后果甚至严重后果的情况,往往与我们对保卫工作的重点过程、重点环节没有充分地认识和理解有关,只有当我们清楚地认定保卫工作的重要环节、重要地点、重要设备的关键作用时,才能从根本上做好保卫工作,基于这个思路,就需要在保卫工作中设定重要岗位,来专门认识和理解这些关键的设备、环节和过程。

二、保卫工作中设置重点岗位时的注意事项

在不同的保卫区域、不同的保卫单位中,所设置的重点保卫岗位是不同的。从宏观上讲,设置重点保卫岗位是搞好保卫工作的必然选择,但从微观上讲,事情并没有那么简单,因为在不同的保卫工作区域、不同的保卫工作单位中要设置重点岗位,是有很多事项有注意的。另外,在同一种性质完全相同的保卫工作单位中,可能设置的保卫工作重点岗位也是不同的,这同样要求我们在设置保卫重点岗位时格外用心。

在保卫工作中设置重点岗位时,要注意与所在社会环境协调。具体保卫工作履行的所在社会环境是千差万别的,如有些地方社会治安本来就非常好,而且长期以来该区域内外往来的情况并不频繁,若在该区域的保卫工作中,如果设置过多的视频监控岗位作为重点岗位,效果并不一定好。

在保卫工作中设置重点岗位时,要注意与保卫机构内部的总体力量相衔接。保卫单位在履行保卫职责时,一定要量力而行、不能干超越自己单位工作能力和团队实力的事情。在按照要求设置重点工作岗位时,应当总结保卫机构内部的力量特点、亮点,并不要回避自己团队的弱点,这样的评估和衡量,是科学设定保卫重点岗位、客观分析保卫形势、真正搞好保卫工作的先决基础。

三、保卫工作中设置的重点岗位在运行中的要求

为搞好保卫工作而特别设置的重点岗位,在不同的保卫区域和不同的保卫单位内部,是有不同的运行要求的。这些重点岗位的正常和良好运行,必须有赖于设定和满足不同的运行要求。如在人流、物流、资金流变化大,情况复杂的特殊单位保卫工作中设定的重要岗位,主要包括保卫知识宣教岗、视频监控岗、特殊地域安全检查岗,这些岗位运行要求是完全不同的。

要保证这些特殊单位保卫知识宣教岗的正常运转,不仅要求所配备的岗位工作人员具备较高的保卫法律法规知识和丰富的保卫工作经验,而且还要求保卫知识宣教岗所面对的受众人群的全力支持,要求在定期的安全知识宣教活动中,不同的职能部门、科研机构的领导和工作人员予以充分地配合。

要保证这些特殊单位中特殊地域安全检查岗的正常运转,有三个方面的具体要求必须做到:一是安全检查程序必须"人物均检",即不仅要对进出特殊地域的每个人要实行安检制度,而且要对进出该特定地域的大小物件进行安检;二是安检工作不能搞特殊化,即不仅要对该特定区域的工作人员进行安全检查,而且要对进出该特定区域的内外部门、上级单位的进出领导都要进行安检;三是安全检查程序必须坚持"人机结合"的工作程序,即不盲目迷信安全检查机器的作用,要注意发挥安检人员的主观能动性,安检人员在安全检查过程中一旦发现可疑现象,应当立即进行手动安全检查,必要时候应当呼叫增援或者上报值班的领导。

第三节　人岗密切结合的方法

一、人岗密切结合方法的理论基础

人岗密切结合是"人岗匹配"理论对保卫工作的要求。"人岗匹配"理论是现代管理学的一项重要研究成果,是促进社会管理创新、社会分配创新的重要理论。"人岗匹配"从内容来讲,是以个人的特征、能力、思维、心理等情况为基础,结合相关工作岗位的实际要求和发展需要,在个人与岗位之间形成和谐、稳定、高效、科学的配置关系;从本质来讲,"人岗匹配"是在尊重人的个性与工作岗位的特性的前提下,最大限度地发挥每个人的潜能和优势,也就最大限度地发挥了岗位的设定本意。

保卫工作必须坚持"人岗匹配"理论的指导,只有坚持这个理论的指导并贯穿于保卫工作的方方面面和全过程,保卫工作才能最大限度地发挥保卫人员的工作

潜能,也才能使不同的保卫工作岗位都发挥出最大的既定作用。

保卫工作接受"人岗匹配"理论的指导,其执行关键表现在高度重视保卫工作人员与特定保卫工作岗位的和谐和交融,换句话讲,就是需要在保卫工作中做到人岗密切结合。实践证明,一个成熟的保卫单位,一个能够适应社会发展的保卫单位,其实质就是一个个特定的工作人员与一个个特定的工作岗位紧密结合的单位,只有这样的单位,才是让其服务的社会成员满意的团体保卫主体。

二、保卫工作中做到人岗密切结合的主要途径

从前面的叙述中可以看到,在保卫工作中坚持人岗密切结合,不仅是现代管理科学和社会科学的要求,即保卫工作应当受到"人岗匹配"科学理论的指导,而且在保卫工作中坚持人岗密切结合,是长期以来保卫工作经验教训的总结。在拥有现代科学技术工具为助手、面临更加复杂的保卫工作形势下,要认真处理好保卫工作中的人岗关系,切实做到人岗密切结合,实现保卫工作的宗旨。

在保卫工作中要做到人岗密切结合,首先是"按岗定人"。"按岗定人"当然不是保卫工作中的特别办法,在社会的许多工作岗位上,都有这个要求,与其他社会岗位不同的是,保卫工作中的"按岗定人"的"定"字在时间上、空间上的要求更高,如巡逻岗的保卫人员,就必须将其长期稳定地固定巡逻路线上,除非该条巡逻路线发生更改,否则,固定的巡逻是考验"人"是否"合岗"的标准。"按岗定人"还要求在保卫单位内部,一旦人员按照不同的岗位要求固定下来后,就不能轻易调动,防止影响保卫工作的正常运转。

在保卫工作中要做到人岗密切结合,其次要"以岗育人"。"以岗育人"的"育"是指培养、锻炼、教育。特定的岗位选拔出特定的保卫人员后,对这些人的培养、教育、锻炼要抓紧、抓好。在瞭望岗选拔新的保卫人员后,富有经验的瞭望专业保卫人员应当对新来的工作人员进行相关指导,如对海拔、立体地图、相关定位、人物识别等具体的瞭望要素进行具体识别等。在视频监控岗的人员新上岗后,富有经验的专业人员应当从视频监控的观察要求、图像的处理修复、防止无关人员进入监控室突发事件处理等方面进行明确的培训,而新来的视频监控岗的工作人员也不能局限于别人的指导,其自身的摸索、总结、体会也构成了在视频监控岗"以岗育人"的重要内容,甚至从某种意义来讲,这种"自我培育"更重要。

在保卫工作中要做到人岗密切结合,还要"人岗协同发展"。当今社会高速发展,不仅表现在信息海量化、科技自动化、交流电子化,还表现在大量社会成员处在社会的高速运转过程中而不能自拔。这种社会高速发展的大趋势,对保卫工作构成了巨大挑战,同时也是保卫工作与时俱进的重要机遇。要在保卫工作中实现"人

岗密切结合",就要做到"人岗协同发展",即要求对不同保卫岗位的要求明显提升,而且也要求从事该岗位工作的保卫人员要从知识储备、语言能力、处理应急事件能力、操作多种电子设备能力等方面一同进步,只有在岗位和人员的应对能力都明显提高了,保卫工作才能真正实现现代化。

第四节 动态与静态观察的方法

一、动态保卫和静态保卫相结合的方法

在保卫工作中,动态保卫和静态保卫结合是一种重要的工作方法。所谓动态的观察方法,就是指通过保卫工作人员徒步行走、巡逻观察等方式,对保卫区域和保卫对象进行实地保卫,完成保卫工作的任务,达到保卫工作的目的。因此,保卫工作中动态观察的方法强调的是"动",强调的是保卫工作人员主观能动性和忠于职守的敬业精神。而静态观察的方法,不但要求保卫工作人员在处于静态状态的检查岗位上认真做好各项检查和观察工作,还要充分利用安装的各种保卫工作的设备、设施,做好观察工作,清晰、准确地发现可能出现的问题和情况,实现对保卫区域及保卫对象的全覆盖,努力做到保卫工作不留死角,不出纰漏。

二、动态保卫的主要方法

从动态观察来讲,要求保卫工作人员避免"懒""散""偏"等工作缺点,积极发挥主观能动性,增强自身的灵活性,克服麻痹大意和经验主义,使其负责的保卫对象安全无忧。保卫人员的动态观察,主要包括以下三个方面的工作:

(1)保卫人员需要做到腿勤、手勤和嘴勤。保卫工作首先是一项对保卫人员勤劳程度要求很高的工作,即使是在现代社会,科技进步带来了保卫工具的极大现代化,但保卫人员的勤劳程度依然是保卫工作行之有效的重要依靠。实际上,在现实社会中破获的很多大案、重案、要案,都是通过保卫人员发现的蛛丝马迹而破获的。保卫人员的辛勤工作,主要是通过腿勤、手勤和嘴勤来实施的。在保卫工作中,保卫人员徒步行走,对保卫区域和保卫对象进行实地保卫,是非常有效的保卫方法,通过在保卫区域徒步行走,保卫人员不仅可以提高对其负责保卫区域的熟悉程度,而且还有可能在第一时间发现各种可疑对象、行为或者现象,为后续的相关工作提供准确、及时、有效的证据。在保卫工作中,保卫人员的手勤主要指保卫人员用手来完成各种保卫工作。如在巡逻过程中,如果发现有妨碍安全的障碍物,保卫人员在自身能力所及的情况下,应当立即用手排除。在保卫工作中,对出现的可疑对

象、行为等,即使在当时保卫人员无法确认或者辨别,也应当拿出记录本和笔,实事求是地全面客观地记录下当时的具体情况,以便为应对后续的相应情况做准备。在保卫工作中,保卫人员的嘴勤是指保卫人员不仅要不耻下问,而且要通过与周围人员的语言交流,来保证保卫工作的圆满完成。在保卫人员的"嘴勤"工作方式下,实际上很多保卫工作中的违法犯罪行为都可以避免,因此,教育广大保卫人员发挥"嘴勤"的长处,是一项重要的保卫工作指导思想。保卫人员坚持"嘴勤"的实践,不仅在于保卫人员对涉及保卫工作的相关规定、技术标准、设备运用知识等要进行多方请教,而且在于保卫人员通过语言交流,熟悉所保卫的区域、人员或者物件,对发现的可疑人员、物体、行为要展开询问,以便准确判断事件的性质,也在很大程度上避免了自身行为的盲目性和倾向性。

(2)保卫人员要用动态的思维观察其保卫的对象。在保卫人员做到了腿勤、手勤和嘴勤的前提下,保卫工作的顺利推行就有了一定的保障。但要把保卫工作做细、做扎实,让其保卫的对象安然无恙、让其保卫的人员平平安安,还需要其用动态的思维来观察。所谓动态的思维,是指保卫人员在指导保卫工作中,抛弃一成不变的思维、抛弃定势思维的干扰,用哲学矛盾的观点、运动的观点来从事自己的保卫工作。在具体工作中,保卫人员首先要观察其保卫区域中是否在不同的时间有不同的变化,而不论这些变化是大是小、是远是近、是人是物。如果保卫人员所负责的保卫区域有湖泊、河流、海域等自然水源和喷泉、沟渠、运河等人工水域,都需要保卫人员在保卫工作中,仔细地观察水流的速度、深度、宽度等各种指数的变化。保卫人员其次要用动态的思维来观察其保卫对象的变化,虽然有些保卫对象的变化是很细微的,但都需要保卫工作人员仔细留意,以便采取各种保卫方案。如保卫人员在负责保卫一些特殊人员时,要观察该对象的精神状态、身体状况的变化,及时处理一些潜在的安全事件。

(3)保卫人员需要发挥主观能动性,增强动态保卫的创新性。前面我们讲到了保卫人员的勤劳精神、负责态度以及动态的思维对搞好保卫工作的重要意义,除此之外,要成为一个优秀的保卫人员,把保卫工作做到让人民群众满意、实现社会的和谐发展,保卫人员还需要充分发挥自己的主观能动性,增强保卫工作的创新性,使自己负责的保卫工作达到与时俱进的效果。具体来讲,保卫人员首先要积极与不同单位的保卫人员之间进行交流,对对方在动态保卫工作方面的经验和教训都要做出积极的思考,积极吸取其他单位在保卫工作中的经验,力争避免其他单位在保卫工作中的教训。保卫人员其次要积极改善动态保卫工作中的装备(设备)的使用效率,以便为自己的动态保卫工作服务,如在使用巡逻时使用对讲系统时,如果发现对讲系统存在某一方面的质量问题,应立即上报领导,请求予以更换,避免在关键时候对讲系统失灵,从而对保卫工作造成消极影响甚至是干扰和危害。保卫人员同时还要对保卫力量的配置、运用、休息、轮班等机制进行深入思考,以达到保卫力量的最大优化。实践中,保卫人员的超负荷运转、保卫力量配置的不科学、保卫人员休息制度的严重缺失,都是保卫工作达不到安全效果的重要原因,这方面的失误容易导致我们在动态保卫方面出问题。

三、静态观察的要求

随着社会的发展,在保卫工作中有两个非常明显的现象:一是保卫工作面临的危机和挑战与日俱增,这其中就有危害保卫工作的违法犯罪人员所掌握的高科技手段的影响;二是保卫工作所依靠的高科技手段和工具也越来越多了。实际上我们通过分析后发展,这两个现象在本质是大有联系的——都是高科技的发展给保卫工作带来的挑战与机遇并存的结果。

要切实做好保卫工作,需要做好动态方面的观察工作,也需要做好静态方面的保卫工作。高科技的发展,为保卫人员做好静态保卫工作既提供了有力的设备帮助,也给保卫人员的知识储备、能力提高、设备管理等方面提出了更高的要求。对于报警系统的安装、使用、修理、移动等是保卫人员近年来面对的一个重大技术要求。不同保卫单位、不同保卫区域、不同保卫对象都有不同的报警系统,这就给保卫人员的工作带来了更多的困难。在实践工作中,有相当一部分保卫人员对报警系统的重要作用认识不足,有的是抱着侥幸的心理,认为报警系统不会在自己当班的时候发生故障,不会带来安全隐患;有的保卫人员则是抱着盲目自信的心理,认为自己从事的保卫工作时间有好几十年了,各种各样的保卫工作状况都见识了,有没有报警设备的帮助都无所谓。实际上,正是有了报警系统,我们的保卫工作才有了让我们放心的“第一道屏障”。以火灾报警系统为例,据不完全统计,我国近几年发生的火灾事件中,80%以上是依靠了报警系统的及时声控报警,才为保卫人员迅速组织扑火、救援等工作提供了最宝贵的时间。

除了各式各样的报警系统外,各个保卫单位的视屏监控系统也构成了静态保卫的重要工作环节。负责任的保卫人员加上充足、清晰、准确的视频监控(可视)系统是发现保卫工作中的违法犯罪行为的重要途径,同样,充足、清晰、准确的视屏监控系统,是预防保卫工作失误及违法犯罪行为的重要工具,这一点我们在后面的章节中再详细展开论述。保卫工作中的视屏监控系统的正常运转作为静态保卫的重要工作环节,有两个前提条件:其一是要求在监控设备的技术上要求达到标准,实践中一些案件虽然有了监控录像,但由于设备的技术条件不达标,所以最终并不能给破案增加新的技术凭据,这是许多单位都曾存在的教训;其二是要求监控设备的安装不能有"盲区",尤其是保卫工作压力很大、监控区域人流量巨大、人员往来复杂的单位、楼层、地下室等场所必须满足充足的监控要求,不能因为其他原因(诸如省钱、盲目自信等),给保卫工作的静态观察带来隐患。

对于重点保卫单位的保卫工作人员来讲,做好静态的保卫工作,需要时刻牢记本单位的重点保卫部位,否则,即使动态保卫工作做得再好,关键时候还是做不好保卫工作。在保卫工作实践中,主要的重点保卫部位包括生产、使用和保管危险物品的部位;发电、供电、供水、供气、供热单位的关键部位;保管、使用稀有、贵重金属、贵重器材、贵重设备的部位。对于金融单位来讲,重点保卫部位是存放大量现金、重要凭据的部位和存放重要物资的部位;对于所有拥有枪支弹药的单位而言,是存放枪支、弹药的部位;对于博物馆和档案馆等单位而言,重要的部位是存放和展示珍贵文物、珠宝、贵重饰品的部位,存放重要档案、资料和信息的部位。

第五节　预防为主、辅以惩戒的方法

一、保卫工作的特点决定了必须坚持预防为主、辅以惩戒方法

保卫工作的重要特点是工作的长期性和艰巨性,因此,用短期和近视的观点来看待保卫工作的方法,无疑是肤浅的。要确实使保卫工作做得扎实、做得高效,必须在保卫工作中坚持预防为主、辅以惩戒的方法和原则。所谓预防为主,是指保卫工作人员对于保卫突发事件不仅在行动上有相应预案,而且在思想上有相应的准备;所谓辅以惩戒,是指保卫工作人员在保卫工作中,对已经发现的违法犯罪行为,不能一味姑息、一味退让,而是要依照既定的处罚方案,在法律和规章允许的范围内,果断行使自己的职权,防止后续违法犯罪行为发生。在保卫工作中,预防为主和辅以惩戒是相辅相成的,预防为主构成了保卫工作行之有效的基本方法,而辅以惩戒则是保卫工作的重要补充,在保卫工作中,对这两个方法应当采取两手抓、两手都要硬的方针。

二、预防为主是保卫工作行之有效的基本方法

现代社会是以法治社会为主导的民主社会、人权社会,现代社会在这个大方向下,在针对广义上的违法犯罪行为时,一般均坚持预防为主、教育为本、惩戒为辅的原则。当然对极个别犯罪行为会采取比较极端的处罚措施,如许多国家和地区的《刑法》都规定了对严重刑事犯罪行为处以死刑的法律条文。坚持预防为主、教育为本作为现代社会处理绝大多数违法犯罪行为的基本方法,是让违法犯罪人员在

接受相应处罚的前提下,改正错误、忏悔错误、回归社会、回归人性、有路可走。当代中国社会的保卫工作,常常是针对违法犯罪行为,这些行为有盗窃行为、投毒行为、爆炸行为、劫机行为、绑架行为以及形形色色危害公共安全的行为。既然中国的保卫工作同样身处现代法治社会的框架下,因此,该项工作也必须坚持预防为主的方法,与此同时,为了使预防为主的方法在实践中获得更大的支持度和认可度,还需要在保卫工作中实施教育方法,即把教育工作作为预防为主方法的合理、内在、有效延伸。

坚持把预防为主作为做好保卫工作的基本方法,需要保卫工作人员在实际工作中做好以下三方面的具体工作:

(1)划定关键性保卫区域。通常来讲,保卫工作责任区域面积都很大,有的特殊保卫单位的责任区域可以说是非常广阔,如机场区域、别墅区域、相关海域等。在如此巨大的保卫责任区域要预防安全事件的发生,实属不易,需要进行周密、细致、有效的安排,其中,划定关键性保卫区域,提高保卫人员的使用率,是很关键的措施之一,实践告诉我们,采取这个方法将极大地降低发案率。

(2)锁定重要的潜在违法犯罪嫌疑人员。保卫工作人员每天要和数量众多的熟悉人和陌生人打交道,尤其是在我国城市化进程不断加快的今天,在保卫区域内部和外部以及周边生活、居住、办公、游览、交流的人员越来越多,这给保卫工作的正常运转带来严峻的考验。要在这样的环境中做到有效地预防违法犯罪行为的发生,就要求保卫工作人员通过自己的长期观察,加上长期经验的总结,在现代高科技仪器如监控录像、安全报警器的帮助下,尽快锁定、明确重要的潜在违法犯罪嫌疑人员。这个过程一旦完成,将极大地震慑更多的潜在违法犯罪嫌疑人员。

(3)对常住人口进行定期法律法规和安全知识的教育。前面我们讲到,现代社会不仅是法治社会,更是城市化高度发展的社会,保卫区域的人口众多是妨碍有效预防犯罪的重要原因。但广大的保卫工作人员一定要明确真正的违法犯罪人员毕竟是社会成员中的极少数部分,在治安形势较好的时代则是极个别成员。因此,保卫工作的立足点是相信群众、立足群众、依靠群众、服务群众。对保卫区域的所属常住人口进行定期的法律法规教育和安全知识教育,则是依靠群众、有效降低发案率的重要途径。具体来讲,保卫工作人员可以采取定期发放简明安全知识读本、召开安全形势通报会、邀请理论界和实务界的安全问题专家在保卫区域内做相应的学术报告等方式来指导本区域内保卫和违法预防工作。

三、辅以惩戒是保卫工作行之有效的重要补充

做好保卫工作必须在坚持预防为主、教育为本的前提下,采用辅以惩戒的方

法,做好了辅以惩戒的工作,保卫工作就有了行之有效的重要补充。辅以惩戒要求保卫工作人员在保卫工作中切实负起责任来,不懈怠、不隐瞒、不擅断、不徇私。不懈怠,是指保卫工作人员在思想上具备高度的责任感的基础上,在行动上不松懈、不拖沓。不隐瞒,是指保卫工作人员需要摈弃"事不关己,高高挂起"的老好人思维,对工作中发现的安全隐患和安全事件,要积极上报,而不能藏在心底。不擅断,是指保卫工作人员一定不能大包大揽,认为都是自己职权内的事情,对发生的安全案件、对抓获的违法犯罪人员自行处置。在保卫实践工作中,少数保卫工作人员的擅断思想和行为造成了非常严重的后果,如有的保卫人员对自己扣押的违法犯罪人员私自刑讯逼供,造成违法犯罪嫌疑人员重伤、死亡的严重后果;有的保卫人员对已经构成刑事犯罪的相关人员不主动移交公安机关进行侦查、讯问,而误认为是普通的治安事件,而对犯罪嫌疑人员简单处理后让其离开,这无形中给公安机关抓捕犯罪嫌疑人增加了很多工作,甚至该犯罪嫌疑人在逃之夭夭后又继续实施犯罪行为,这些都是保卫工作人员的主观擅断的恶性后果,值得我们反思。实际上,《企业事业单位内部治安保卫条例》在第 7 条和第 14 条明确规定,对于单位内部发生的治安案件和涉嫌犯罪的案件,单位的保卫人员必须及时地向所属地区的公安机关报告,同时移交相应的违法犯罪证据,并及时移交案件当事人和犯罪嫌疑人。不徇私,是指保卫人员在捕获、扣押违法犯罪嫌疑人员之后,鉴于自己和违法犯罪嫌疑人员的个人关系,如亲戚关系、朋友关系、恋人关系、同事关系、房东房客关系、生意合作伙伴等,对其进行相关的包庇、隐藏等行为,有的保卫工作人员给相关违法犯罪人员提供逃跑经费、车船票证,向其通风报信。

真正要做好辅以惩戒的工作,保卫人员首先就必须避免上述的几种错误,这些都是保卫工作人员在工作中的"思想天敌"。保卫人员在工作中做到不懈怠、不隐瞒、不擅断、不徇私等"四不"之后,以后的工作就会迎刃而解了。保卫工作人员在实施惩戒工作中,只需要依照法律法规和保卫职业道德的要求履行职务。具体来讲,保卫工作人员的辅以惩戒工作,主要是三个步骤:①妥善扣押、滞留保卫区域内的违法犯罪人员,对于确定的违法犯罪人员,保卫工作人员一定要亲自扣押和监视,不能让无关人员来看管和监视该违法犯罪人员(人群);②准确对违法犯罪人员的违法犯罪行为定性,如究竟是一般性的治安违法行为,如酗酒行为、集体谩骂等,还是已经构成了犯罪的行为,如盗窃数额已经达到犯罪标准、爆炸行为已经达到犯罪预备等;③明确具体的惩戒措施,如对于一般的违反安全保卫规定的行为,如随意大小便、酗酒闹事、乱涂乱画等行为,保卫人员可以依据该区域的安全管理规则,给予训诫、警告等惩戒,而对于已经构成犯罪的行为,则必须报告公安机关,由公安机关启动对相关人员的法律惩戒程序,由人民法院以刑事判决的方式予以刑事惩戒。

如单位保卫人员在执行惩戒工作中有违法犯罪行为时,则须被依法惩处。《企业事业单位内部治安保卫条例》规定了单位保卫人员需要承担的三种法律责任:①民事责任;②行政责任;③刑事责任。

思 考 题

1.机关、团体的内部保卫工作是否适用《企业事业单位内部治安保卫条例》?

2.依照《企业事业单位内部治安保卫条例》的规定,是否一切单位都必须配备专职保卫人员?

3.什么是"人岗匹配"理论?

4.在单位保卫工作中,要实现人岗密切结合,需要做一些什么具体工作?

5.保卫人员的动态工作主要包括哪些方面的要求?

第六章

保卫工作人员的管理和职业能力

———————★———————

保卫工作人员的管理是做好保卫工作的基础。没有对保卫工作人员进行严格的管理,就会影响保卫工作队伍的建设,就会削弱保卫工作队伍的战斗力。职业能力是从事某种职业的多种能力的综合,保卫工作的职业能力是由保卫工作的性质、实现的目标和任务所决定的,是保卫工作人员顺利完成任务和胜任该类型工作的基本因素。它分为一般职业能力、专业能力和综合能力,即保卫工作人员的基本素质、职业道德、专业技能。

第一节　保卫工作人员的管理

一、保卫工作人员管理的意义

(1)严格管理有助于提高保卫人员和保卫队伍的素质。按照《企业事业单位内部治安保卫条例》的规定,单位内部治安保卫人员应当接受有关法律知识和治安保卫业务、技能以及相关专业知识的培训、考核。同时保卫人员在保卫工作实践中,应当依法、文明履职,不得损害他人合法权益。这就明确要求,企事业单位相关部门和治安保卫机构,必须加强这方面的管理和教育,提高保卫人员和整体队伍的素质,使之胜任保卫工作不断提高的需要,为单位内部治安保卫工作作出应有的贡献。

(2)严格管理有助于保卫人员保持严整的形象。形象,是指能够引起人的思想或者感情活动的具体形状、相貌或者姿态。人的形象具有丰富的含义,不仅表现在外部的服饰、体态、相貌,更重要的是表现为一个人与他人交往中所反映出的知识水平、修养、气度等,它是人在内在修养程度的外在表现。在保卫工作中,保卫人员的个人形象结合在一起就形成了保卫队伍的整体形象。由于保卫人员在实际工作中表现出来的纪律作风是展示保卫人员素质和能力的重要内容,并且往往会给人民群众留下深刻的印象,因此,人民群众经常会把保卫队伍的纪律作风作为评判保卫队伍整体形象和素质的重要依据。

二、对保卫工作人员管理的基本要求

1.领导重视,组织保证,各级政府和公安机关加强监督和指导

领导机关要切实改变思想作风,面向基层,为基层服务,提高服务意识和服务质量。保卫部门的干部要经常深入基层,调查研究,总结经验,发现问题,提出对策,切实加强对保卫工作人员的领导,掌握领导工作的主动权。各级政府和公安机关对单位内部保卫工作和依法成立的保安从业单位进行监督指导。

按照"谁主管,谁负责"的原则,各单位领导在思想上要重视保卫工作,落实安全生产责任制,真正将安全防范工作摆在议事日程,切实加强对这一工作的领导与管理。在组织上一定要保质保量配足人员,要选好领导班子,配足保卫人员,采取有力措施稳定这支队伍。公安机关应严格监督,指导各单位领导抓好班子建设。

各级保卫部门在保卫队伍建设过程中,必须抓好保卫组织的领导班子的建设,积极、主动地向单位党、政领导提出建议,按照革命化、年轻化、知识化、专业化的要求,切实把保卫组织的领导班子调配好。保卫部门要加强对保卫工作人员的管理,决不能满足发文件、召开会议、报统计数字等,应当把自己的全部工作切实转移到为基层服务的轨道上来。各级公安机关都要关心、指导保卫组织和保卫队伍的建设。

2.经常开展政治思想教育工作

思想政治教育是指单位或组织对其员工进行思想观念、道德规范等方面的教育和影响,促使其对所从事的职业有一个正确的认知、认同及践行的活动。思想政治教育有着显著的特点,即目的性、计划性和组织性。通过单位或组织持续不断的系统性的教育,使其成员对其所从事工作性质、社会价值和宗旨、基本要求及特点等有明确的认识,从而将这些内容内化于心,外化于行,变成自己的行动指南和动力,成为一名合格而优秀的员工。开展经常性的思想政治教育工作,是保卫工作中队伍管理不可忽视的重要方面,要把政治思想工作渗透到各项保卫业务活动中去,通过开展各种形式的政治思想教育工作,提高保卫队伍的政治思想素质和战斗力。

3.注重对保卫人员的职业纪律管理

保卫人员的职业纪律,是指为了使保卫人员正确履行职责,保证保卫工作各项任务的完成,由保卫人员所属单位根据国家法律和职业特点制定的、要求保卫人员必须遵守的行为规范的总和。保卫部门抓好职业纪律可以采取以下措施:

(1)加强对保卫人员的纪律教育。保卫部门要通过加强纪律教育,纠正保卫人员的片面认识和不正之风,提高保卫人员执行纪律的自觉性。例如,有少数保卫人员认为工作任务紧、情况特殊,出现某些违纪现象在所难免;还有的认为有法律就行了,还要那么多纪律干什么等。保卫部门要通过加强纪律教育,使保卫人员认识到,这种把完成任务同遵守纪律对立起来的看法是错误的。纪律的约束力是保卫人员完成各项任务的保证。纪律与法律是有区别的。保卫队伍中存在的问题多是纪律问题,遵守纪律是守法的重要保证。

(2)要求保卫人员严守各项纪律。保卫人员必须严格遵守的纪律主要有:一是政治纪律,它是保卫人员政治行为和政治言论的规范。二是组织纪律,它是调整保卫人员个人与集体、组织、领导关系的行为准则。三是工作纪律,它是调整保卫人员同工作对象之间关系的行为准则。四是群众纪律,它是调整保卫人员同群众之间关系的行为准则。五是保密纪律,它是保卫人员严格遵守工作机密的行为准则。

(3)严肃查处违纪行为。良好的遵守纪律的意识和行为不是自发产生的,必须在教育的基础上,提高保卫人员的纪律意识,克服纪律松弛现象。对于违纪者,应以说服教育为主,并且进行必要的纪律处分。对少数人的纪律处分可以对大多数保卫人员起到教育与警示作用,督促广大保卫人员更好地严守纪律。

三、保卫工作人员的培训

加强保卫工作人员培训与考核,是保卫工作队伍建设和管理的重要内容,是提高保卫人员政治素质、业务水平,更新知识结构的有效途径。各级保卫部门应加大对保卫人员培训的力度,这是提高保卫人员素质的迫切需要。对在职人员的培训应形式多样,层次分明,结构合理。在坚持政治思想教育的前提下,以提高文化水平为基础,加强业务知识和法律知识的学习为主导,辅以计算机教学、体能训练等,全面提高保卫人员的综合能力,以适应新形势下保卫工作的发展要求。

第二节　保卫工作人员的基本素质

"素质"一词,从字义上来说是指事物本来的性质。从事保卫工作人员的基本素质是指有资格胜任保卫工作的基本职业要求,应该包括品德、身体、心理、知识等方面因素的总和。保卫工作人员的基本素质包括年龄、品德、身体、心理、知识等方面的基本要求。保卫工作人员的基本素质除了应该具备完全行为能力,即年满18周岁,能够分辨和控制自己的行为之外,还应该满足以下几项基本素质。

一、品德要求

品德即道德品质,是个体依据一定的社会道德准则和规范行动时,对社会、对他人、对周围事物所表现出来的稳定的心理特征或倾向。品德是多方面、多层次的,包括道德意识和道德行为。

想要成为一名合格的保卫工作人员,一定要品德良好。在社会主义市场经济和对外开放的历史条件下,置身于利益主体多元、思想道德多元和价值取向多元的环境中,要有良好的思想品德,在平时及保卫工作中,要明辨是非,头脑清醒,不论何时何处都要知道什么事能做,什么事不能做,努力做一名合格而优秀的保卫工作者。

二、身体要求

保卫工作人员的身体素质以从事保卫工作人员的身体素质为基础,包括普通体能素质和专业体能素质。健康,是使个体能长时期地适应环境的身体、情绪、精神及社交方面的能力。作为一名合格的保卫工作人员,应该有健康的身体,体格健全,通常身高、体重不能有碍于履行自己的职责,同时视力、听力要达到一定的标准。

三、心理要求

人的健康不仅要生理上的健康,同时也要心理健康。心理健康是指在心理基础上形成一种积极的心理状态。保卫工作的性质决定了其工作人员与社会的广泛联系,与形形色色的人接触,遇到一些不满意或者意想不到的事情,保卫工作人员会有各种各样的心理体验,有正面的也有负面的,这就需要保卫工作人员妥善地对自己的情绪进行调节,控制自己的行为,也就要求作为一名合格的保卫工作人员应该具备健康的心理、健全的人格和正常的智力水平,情绪比较稳定,在社会生活中保持相对愉快、满足、自信的心情,并善于从日常生活中调节自己的情绪;意志坚定,在社会生活中具有明确的目的,遇到困难和挫折的时候,能够鼓励自己战胜困难和挑战;对社会生活的各种问题有正确的认识和评价,能够用社会道德、法律和其他各种社会规范去要求和约束自己,出现矛盾时,也能有效地约束自己,找到正确的解决方法。

四、知识要求

知识是人类在实践中认识客观世界的成果,包括事实、信息、描述或者在教育和实践中获得的技能。知识水平是在一定范围内表明所具有的相对稳定的系统化的知识。由于保卫工作是一种专业化服务,不仅要求有一定的知识技能,还要求有学习知识的能力。作为一名合格的保卫工作人员,应该具有基本的知识素养,具备读、写、沟通、交流、理解的能力。

第三节　保卫工作人员的职业道德

保卫工作人员的职业道德是从社会整体利益出发,在保卫服务活动中处理各种职业关系时应当遵守的道德行为准则和评判其行为是非、善恶的标准。

一、保卫工作人员职业道德的定义

职业道德,它包含两方面含义:第一,它是一定社会物质生活条件及其相应的社会关系在保卫活动中的客观要求。保卫人员职业道德规范一旦被保卫人员所认知、认同并遵守,总是作为保卫人员内心的一种指挥者,起着支配保卫人员的行为和善恶评价的作用。也就是说,这些道德规范必须要经过保卫人员的自觉接受,才能起到规范和调节保卫人员行为的作用。第二,保卫人员职业道德规范是对保卫人员职业道德行为的总结和概括。保卫人员职业道德规范作为保卫人员应该遵循的行为准则,同保卫人员个体的道德行为有着密切的联系。它来源于保卫人员的道德行为,又体现在保卫人员的道德行为之中。离开了个体的道德行为,保卫人员职业道德规范就不能形成,即使被提出来,也不能对保卫人员的行为形成约束力。

二、保卫工作人员职业道德的内容

1. 遵纪守法,诚实守信

遵纪守法是指保卫人员必须严格遵守国家的法律、法令,执行党的路线、方针、政策,遵守保卫工作纪律。遵纪守法的具体要求是:法律包括我国宪法和依据宪法而制定各项法律制度。纪律包括组织纪律、保密纪律、工作纪律。因此,保卫工作人员应该:①树立遵纪守法的观念,学习和掌握法律的基本知识,熟悉和牢记与保卫工作有关的法律、法令条文。我国各项法律是依据宪法,结合社会生活实践的需要而制定的,体现了广大人民意志。只有遵守法律,才能维护社会秩序。②遵守本单位的规章制度,听从指挥和服从调配同时还应服从所在地公安机关的统一部署和业务指导。③在社会生活中，每个保卫工作人员都应自觉遵守社会秩序、生活秩序、交通秩序等及一切公共道德准则。保卫工作人员应该在法律允许的范围内进行活动，执勤时做到不能对可疑人审讯，不能扣押，不能使用警械器具；在履行职责时不能服从违法之命，不能押运违禁物品，不能保护从事违法行为的人，不参与违法活动，不超越正当防卫的界限。

诚实守信是保卫人员立身做人的起点和出发点。其内涵是：既不自欺，也不欺人。保卫工作人员应该以诚待人，诚信是一切道德的基础，是人之为人的最重要品德。保卫工作人员在处理人际关系中要做到为人真诚，说实话，办实事；信守诺言，要求保卫工作人员一言一行都要遵守自己的诺言，不论对自己和他人，承诺一定要兑现。守信用，反映了一个人的思想品质和道德觉悟，反映了一个团体的信用程度。

2.爱岗敬业,熟悉业务

第一，热爱本职工作。热爱本职工作是忠于职守的前提，它要求保卫工作人员必须以正确的态度看待自己所从事的职业，充分认识保卫工作的职责、地位和作用。对保卫事业的热爱是建立在充分认识到保卫工作重要性的基础上，热爱保卫工作首先表现在对保卫工作的职责、地位和作用的理解之上，从而树立正确的职业观，热爱本职工作，从认识、情感、信念、意志等方面树立自觉性。只有充分认识到保卫工作对单位、人民群众及社会的重要性，才能在工作中坚持正确的价值观，正确处理集体利益与个体利益、社会利益的关系，以强烈的道德责任感做好保卫工作。第二，要求保卫工作人员具有积极主动的精神。耐心细致，高尚的职业道德和良好的职业修养既取决于保卫人员对自身职业的深刻理解和执着热爱，也来源于对专业知识的认真钻研和学习。

保卫工作队伍作为社会治安防范的一支重要辅助力量，要求保卫人员具备一定的法律知识、治安管理知识和内部安全保卫方面的知识，掌握一定的职业技术和技能。这除了有组织地进行培训教育外，还必须本人发扬敬业精神，认真学习和钻研，对工作精益求精。

3.文明服务,恪尽职守

文明服务是社会主义精神文明建设对保卫工作人员的具体要求，要求保卫工作人员树立以人为本的观念，谦虚谨慎，礼貌待人，举止端庄，风纪严整。恪尽职守要求保卫工作人员忠于保卫事业，坚定为保卫事业献身的信念。保卫工作具有一定危险性，需要保卫工作人员付出艰辛的劳动，认真履行自己的职责，全身心地投入工作，出色地完成保卫工作任务。这就要求每一位保卫工作人员，把保卫工作的宗旨落实到实际行动上,主动热心地提供服务、排忧解难,时时处处把国家、集体和人民的利益放在第一位,成为人民利益的忠实维护者。在工作中要礼貌待人,讲究文明。执勤时着装规范,精神振作,整齐清洁,举止端庄,做到站有站姿。态度和蔼,说话和气,语言文明,做到以理服人,不说脏话、粗话和侮辱人格的话。注意礼节,待人友好。

4.团结协作,见义勇为

团结协作是集体主义原则在保卫工作人员队伍中的具体表现,是保卫工作人员之间关系的体现,是保卫工作人员完成各项保卫服务任务的重要保证。做到团结协作必须相互尊重,相互支持,平等竞争,通力合作。每一个保卫工作人员应该树立全局观念,加强协作,严于律己,宽以待人。

保卫工作人员要在关键时刻能够挺身而出,同扰乱社会治安秩序、侵害国家和人民利益的行为以及治安灾害事故作坚决的斗争。在打击犯罪时,要最大限度地保护自己,从更高的意义上追求献身的价值。在公共生活中,当他人遇到困难时,保卫工作人员应该发扬助人为乐的精神,帮助他人排忧解难。

第四节　保卫工作人员的法律知识

保卫工作是单位内部管理的重要组成部分,保卫工作人员必须在法律规定的范围内开展工作。作为保卫工作人员应该了解和掌握的法律法规以及各种规章主要包括宪法、刑法、刑事诉讼法、治安管理处罚法等。

一、宪法

宪法是国家的根本大法,是治国安邦的总章程,是保证国家统一、民族团结、经济发展、社会进步和长治久安的法律基础。宪法规定了国家的根本制度、根本任务及一系列基本制度,集中反映了一国在特定历史阶段的政治力量对比关系,具有最高的法律效力,是一切组织和个人的根本活动准则。我国现行宪法为 1982 年宪法,该宪法经历了 1988 年、1993 年、1999 年、2004 年、2018 年等多次修订。

1.宪法的地位和作用

宪法作为国家的根本法,其地位表现在:①宪法是其他法律的立法基础,其他法律是宪法的具体化;②任何法律都不得同宪法相抵触,否则无效;③宪法是治国安邦的总章程;④宪法是最高行为准则,宪法是国家的根本法。宪法的主要作用在于:①宪法保障了我国改革开放与社会主义现代化建设;②宪法促进了我国社会主义民主建设;③宪法推动了我国的社会主义法制建设;④宪法促进了我国社会主义各项事业的发展。

2. 宪法的基本内容

宪法作为国家的根本法,规定了我国一系列基本制度。这些基本制度的主要内容有国家性质、国家形式、选举制度等。

3. 公民基本权利和基本义务

公民基本权利和基本义务是我国现行宪法的重要内容之一。公民的基本权利和基本义务共同反应并且决定着公民在国家中的政治与法律地位,构成普通法律规定的公民权利与义务的基础和原则,对国家的民主法治建设有着重要的意义。对宪法的学习,能够清楚地知道作为一名公民应享有哪些权利,应履行哪些义务,应负有什么样的社会责任,如何通过做好自己的本职工作为国家和社会的安定团结做出贡献。

二、刑法

刑法,是关于犯罪、刑事责任和刑罚的法律规范的总称。狭义的刑法单指刑法典,广义的刑法除了刑法典外还包括单行刑事法规。我国现行刑法为 1979 年刑法,该刑法历经 1997 年、1999 年、2001 年 8 月、2001 年 12 月、2002 年、2005 年、2006 年、2009 年、2011 年、2015 年等多次修订。我国刑法的主要内容有下述几方面。

1. 刑法的基本原则

刑法的基本原则是指刑法本身具有的、贯穿全部刑法规范、体现我国刑事立法与刑事司法基本精神、指导和制约全部刑事立法和刑事司法过程的基本准则。刑法的基本原则主要有:①罪刑法定原则;②平等适用刑法原则;③罪责刑相适应原则。

2. 刑法的任务

刑法的任务是用刑罚同一切犯罪行为做斗争,保卫国家安全,保卫人民民主专政的政权和社会主义制度,保护国有财产和劳动群众集体所有的财产,保护公民私人所有的财产,保护公民的人身权利、民主权利和其他权利,维护社会秩序、经济秩序,保障社会主义建设事业的顺利进行。

具体说,有以下四个方面:①保卫国家安全、人民民主专政的政权和社会主义制度;②保护公私财产,维护经济秩序;③保护公民的人身权利、民主权利和其他权利;④维护社会秩序。

3.刑法规定中与保卫工作相关的犯罪种类

(1)危害国家安全罪,是指故意危害中华人民共和国国家安全的行为。

(2)危害公共安全罪,是指故意或者过失地实施危害不特定多数人的生命、健康和重大公私财产安全及公共生产、生活安全的行为。

(3)危害国防利益罪,是指违反国防法律、法规,拒不履行国防义务或以其他形式危害国防利益,依法应受刑罚处罚的行为。

(4)贪污贿赂罪,是指国家工作人员利用职务上的便利,非法占有、挪用公共财物以及损害国家工作人员职务廉洁性的行为。

贪污贿赂罪包括贪污罪、挪用公款罪、受贿罪、单位受贿罪、行贿罪、对单位行贿罪、介绍贿赂罪、单位行贿罪、巨额财产来源不明罪、隐瞒境外存款罪、私分国有资产罪、私分罚没财物罪等 12 种罪名。

(5)渎职罪,是指国家机关工作人员违背公务职责,滥用职权,玩忽职守或者徇私舞弊,妨害国家机关正常职能活动,致使国家和人民利益遭受严重损失的行为。

渎职罪包括滥用职权罪、玩忽职守罪、徇私枉法罪、枉法裁判罪、环境监管失职罪、放纵走私罪、商检失职罪、国家机关工作人员签订合同失职罪、动植物检疫徇私舞弊罪等。

(6)军人违反职责罪,是指军人违反职责,危害国家军事利益,依照法律应当受刑罚处罚的行为。

三、刑事诉讼法

刑事诉讼法是国家制定或认可的调整刑事诉讼活动的法律规范的总称。调整的对象是公安、检察机关和自诉人为揭露、证实犯罪而实施的指控活动,被指控者实施的辩护与防御活动,法院的审判以及其他诉讼参与人参与的刑事诉讼活动。刑事诉讼法有狭义与广义之分,狭义的是指我国现行的刑事诉讼法典,广义的是指一切与刑事诉讼有关的法律规范。

我国现行的刑事诉讼法是 1979 年制定的,在 1996 年八届全国人大四次会议进行了第一次修改,2011 年进行了刑事诉讼法的第二次修改。

1.目的与任务

保证刑法的正确实施,保障国家安全和社会公共安全,维护社会秩序;保证准确及时地查明犯罪事实,正确应用法律惩罚犯罪分子,保障无罪的人不受刑事追究;教育公民自觉遵守法律,积极同犯罪行为做斗争;保证公、检、法三机关正确行使职权;保障当事人及其诉讼参与人的合法权利的行使;发挥民众参与刑事诉讼活动的积极性和主动性。

2.具体制度内容

(1)辩护。辩护是指在刑事案件诉讼中,犯罪嫌疑人、被告人及其辩护人针对指控进行反驳、申辩和辩解的诉讼行为。范围包括:①律师;②人民团体或犯罪嫌疑人被告人所在的单位推荐的人;③犯罪嫌疑人、被告人的监护人、亲友等担任辩护人。

(2)刑事代理。刑事诉讼中的委托代理是指刑事自诉案件的自诉人及其法定代理人,公诉案件被害人及其法定代理人或者近亲属,附带民事诉讼的当事人及其法定代理人,委托他人担任代理人参加诉讼活动,并以委托他人的民意为意思表示或受意思表示,其法律后果由被代理人承担的诉讼行为。

(3)强制措施。刑事强制措施是国家为了保障侦查、起诉、审判活动的顺利进行而授权刑事司法机关对犯罪嫌疑人、被告人采取的限制其一定程度人身自由的方法。

1)拘传是指人民法院、人民检察院和公安机关,对经合法传唤无正当理由而不到案的犯罪嫌疑人、被告人采取的一种强制方法。

2)取保候审是指在刑事诉讼中公安机关、人民检察院和人民法院等司法机关对未被逮捕或逮捕后需要变更强制措施的犯罪嫌疑人、被告人,为防止其逃避侦查、起诉和审判,责令其提出保证人或者交纳保证金,并出具保证书,保证随传随到,对其不予羁押或暂时解除其羁押的一种强制措施。

3)监视居住指人民法院、人民检察院、公安机关在刑事诉讼过程中对犯罪嫌疑人、被告人采用的,命令其不得擅自离开住所或者居所并对其活动予以监视和控制的一种强制方法。

4)拘留是指公安司法机关在紧急情况下,对现行犯和重大嫌疑分子,暂时性剥夺其人身自由的一种强制措施。

5)逮捕是最严厉的强制措施,是公、检、法三机关依法将犯罪嫌疑人、被告人羁押,暂时剥夺其人身自由的一种强制措施。

四、治安管理处罚法

为维护社会治安秩序,保障公共安全,保护公民、法人和其他组织的合法权益,规范和保障公安机关及其人民警察依法履行治安管理职责,全国人大常委会于2005年制定治安管理处罚法。该法于2012年进行修订,其主要内容有下述几个方面。

1.行政相对人的民事责任

《治安管理处罚法》第8条规定:违反治安管理的行为对他人造成损害的,行为人或者其监护人应当承担民事责任。

2.治安管理处罚中的调解制度

《治安管理处罚法》第9条规定:对于因民间纠纷引起的打架斗殴或者损毁他人财物等违反治安管理行为,情节较轻的,公安机关可以调解处理。经公安机关调解,当事人达成协议的,不予处罚。经调解未达到协议或者达成协议后不履行的,公安机关应当依照本法的规定对违反治安管理行为人给予处罚,并告知当事人可以就民事争议依法向人民法院提起民事诉讼。

3.依法收集证据的制度

《治安管理处罚法》第79条规定:公安机关及其人民警察对治安案件的调查,应当依法进行。严禁刑讯逼供或者采用威胁、引诱、欺骗等非法手段收集证据。以非法手段收集的证据不得作为处罚的根据。

4.听证程序

《治安管理处罚法》第98条规定:公安机关做出吊销许可证以及处二千元以上罚款的治安管理处罚决定前,应当告知违反治安管理行为人,其有权要求举行听证;违反治安管理行为人要求听证的,公安机关应当及时依法举行听证。本条是《治安管理处罚法》新增加的规定,是对《行政处罚法》第42条的落实。《行政处罚法》第42条规定适用听证的范围是"责令停产停业、吊销许可证或者执照""较大数额罚款"等,最高院司法解释又增加了"较大数额没收"。

5.当场处罚的程序规定

《治安管理处罚法》第100条规定:违反治安管理行为事实清楚,证据确凿,处警告或者二百元以下罚款的,可以当场做出治安管理处罚决定。

除此之外,《治安管理处罚法》还规定了说明理由制度,罚款决定与罚款收缴相分离原则等。

五、与保卫工作相关的其他法律法规

单位内部保卫工作量大面广,涉及单位人、财、物等诸多内容。除了对上述重要法律法规知识进行学习,还要组织保卫工作人员学习其他相关的法律法规,以适应保卫工作实际需要,如《行政诉讼法》《企业事业单位内部安全保卫工作条例》《消防法》《国家安全法》《侵权责任法》等。

第五节　保卫工作人员的业务技能

保卫工作人员的业务技能是指其从事保卫工作所需要的技术与能力。保卫工作人员的业务技能分为守护技能、巡逻技能、押运技能。当然对不同等级的保卫工作人员所需要掌握与运用的技能是不同的,本书主要指应该具备的基本业务技能。

一、基本体能

保卫工作人员由于工作条件艰苦,任务繁重,有时需要赤手空拳与歹徒搏斗,必须具有较高的身体素质标准,在保卫工作人员上岗前都要达到规定的体能标准。基本体能主要是身体在力量、耐力、速度、柔韧度和灵敏度等方面的表现。

二、徒手攻防、带离、捆绑技能

这些技能是履行其保卫职能应该具备的基本防卫技能。保卫工作人员由于不能使用警械等,所以在遇到歹徒时,必须掌握空手制服歹徒的技能、掌握基本技术和基本防卫技术、基本攻击技术、基本控制技术、解脱技术。格斗、警戒姿势正确,会步法、倒地自护。掌握基本防卫技术,包括格挡、躲闪、搂抓、掩肘、提膝防卫。掌握基本攻击技术,会直拳、勾拳、推掌、劈掌、盘肘、顶膝、前踢、横踢攻击。掌握基本控制技术,会一对一、二对一、三对一控制。掌握解脱技术,会单臂抓握、双臂抓握、抓胸、抱腰、夹颈解脱。掌握防夺凶器技术,会防夺匕首、菜刀、棍棒、砖石等;会徒手抓臂、折腕、别臂带离;会进行手腕、手臂捆绑。基本功是防卫技术和徒手抓捕最基本的部分,有了扎实的基本功,才能更好、更快地学习技术、掌握技术中的精华。基本功的手法有拿、缠、拧、锁、压、封、扳等,步法有进步、垫步、侧闪步等,还有身体的协调性、灵敏性以及平衡能力。练习时,要根据人体的重要部位,如头部、喉部、胸部、肋部、腹部、腰部、裆部等进行练习,可以结合一些对抗性的内容,如一攻一防、全攻全防模拟,进行实战练习要注意动作的运用,做到一步到位。

三、救助技能

会徒手心肺复苏,会止血、包扎,会对骨折、脱臼伤员进行有效固定,会徒手、担架搬运伤员,会对煤气中毒、触电、溺水、中暑人员进行救助,会对常见突发病人进行先期救助。

在现场救助有以下基本原则:①先复苏后固定。当伤员既有心跳呼吸骤停,又有骨折时,应当首先实施心肺复苏术,进行口对口人工呼吸和胸外心脏按压。②先止血后包扎。为防止伤员血液大量流失,应当先采取指压法或止血带止血,再按科学方法包扎伤口。③先重伤后轻伤。这是指先抢救心跳呼吸骤停、窒息、大出血、开放性及张力性气胸、休克等再进行伤口包扎,先救治后运送。受伤后12小时内是最佳急救期。④急救与呼救并重。在实施急救之前,应当拨打120,并陈述清楚简要的情况。

中毒窒息急救:窒息性气体是指那些以气态吸入而直接引起窒息作用的气体。根据毒物作用机理不同,窒息性气体可分两大类,一类为单纯性窒息性气体(氮气、甲烷、二氧化碳等),因其在空气中含量高,使氧的相对含量降低,使肺内氧分压降低,致使机体缺氧。另一类为化学性窒息性气体(一氧化碳、氰化物、硫化氢等),主要对血液或组织产生特殊的化学作用,血液运输氧的能力发生障碍或组织利用氧的能力发生障碍,造成全身组织缺氧,引起严重中毒表现。急救措施包括迅速脱离有毒环境,吸入新鲜空气等。

触电急救:触电会导致人体电生理紊乱,特别是心脏电生理紊乱,发生严重的心律失常,甚至心脏骤停。用绝缘体或木竹棒(干燥)将电源线拨开,切不可用手拖拉伤者,以防急救人员触电。如呼吸心跳停止,应立即进行人工呼吸及心肺复苏;有条件时行紧急气管切开,用人工呼吸机控制呼吸;心脏骤停时间较长时注意纠正酸中毒,可用5%碳酸氢钠溶液静脉滴入。合并颅脑外伤时,头部应予以降温,酌情使用25%甘露醇利尿剂。创面予以简单清洁,清洁单覆盖,以防再污染、再损伤。复苏后血压仍低者,可选用多巴胺药物治疗。骨折患者予以简单的固定、制动。胸腹损伤酌情处理后,尽快送医院。

中暑急救:正常人体在下丘脑体温调节中枢的控制下,产热和散热处于动态平衡,使体温维持在37℃左右。但当周围环境气温超过皮肤温度,尤其当湿度较高,通风不良时,身体通过一系列调节,仍不能维持体温平衡,蓄积余热,引起水盐代谢紊乱及神经功能损害等一系列症状,称为中暑。急救措施:脱离高温环境,迅速将中暑者转移至阴凉通风处休息,使其平卧,头部抬高,松解衣扣。可采用电风扇吹风等散热方法,但不能直接对着病人吹风,防止造成感冒。亦可头部冷敷,应在头部、腋下、腹股沟等大血管处放置冰袋(用冰块、冰棍、冰激凌等放入塑料袋内,封严密即可),并可用冷水或30%酒精擦浴直到皮肤发红等方法。

四、计算机操作技能与基本写作技能

掌握计算机基本知识,能结合本身业务进行计算机操作,能进行现场记录和报告的写作。保卫人员应具备在工作现场进行观察与作出观察记录的能力。现场无论发生什么情况,现场记录的作用可对以后的工作作为参考,或在必要时作为一种证据使用。当然,保卫人员从所观察的记录到成为一份正式的报告还需要对一些细节进行加工。报告是整个保卫工作中不可缺少的一部分,报告的写作水平也是保卫人员的工作被认可的最有效途径之一。无论是对于同行,还是法庭,或其他的机构与组织,通过报告的水平来衡量一个保卫工作人员的工作水平、能力和质量是最常见的途径,这就要求保卫工作人员掌握不同报告的写作方法。

常用的保卫文书有报告、工作总结、请示、批复等。基本格式包括标题、编号、密级、主送单位、正文、发文单位、发文日期、附件等。在写作时主题要鲜明,材料使用准确,条理清楚,逻辑严密。

思 考 题

1.保卫工作人员的管理包含哪些具体内容?

2.什么是职业能力?职业能力包括哪些内容?

3.保卫工作人员的基本素质有哪些?

4.职业道德内涵是什么?保卫工作人员应该具备哪些职业道德?

5.保卫工作人员应该具备哪些专业技能?

第七章

单位的国家安全工作

---★---

单位的国家安全工作是国家安全工作的重要组成部分,内容步及政治、经济、军事、科研等各个方面。随着安全保卫工作形势的发展变化,单位的国家安全工作面临着新的机遇和挑战。

第一节 单位的国家安全工作含义和基本内容

一、单位的国家安全工作的含义

单位是社会组成的一个部分,涵盖了社会发展的方方面面,在维护国家安全,促进经济发展中有着不可替代的责任和作用,单位的国家安全工作也对国家安全工作有着十分重要的影响。

根据《国家安全法》《反间谍法》的相关规定,单位的国家安全工作是指在国家安全机关、公安机关指导下,以维护国家安全为目的,及时收集和掌握可能影响国家安全的各类信息,动员、组织单位人员,采取有效防范措施,预防和及时发现、制止危害国家安全行为的活动。

二、单位的国家安全工作的基本内容

单位的国家安全工作要以维护国家安全为主线,在国家安全机关、公安机关的指导下主要开展以下工作:

（1）组织机构建设。组织机构是解决单位的国家安全工作由哪个部门管、管什么和怎么管的问题。由于单位的规模、性质、涉及国家安全的程度等因素千差万别，不尽相同，因此，组织机构的设置形式没有也不可能有统一的要求。比如，有的大型重点单位不仅有国家安全领导小组，而且还设有独立专门机构，而有些规模较小、涉及国家安全程度不深的单位可能仅有一名人员兼职负责。需要强调的是即使是兼职人员也应相对固定，以便于工作的衔接。

（2）信息的收集、分析与管理。及时获取、收集涉及国家安全的各类信息是单位国家安全工作的一个重要方面。信息收集的内容十分广泛，从广义上分为涉外和内部两大类，每个类别又分为若干子类，各类别之间的界限也并非总是十分明确，此外，信息收集的重点也不是一成不变的，它随着国际、国内、地区甚至单位内部形势的变化而不同。

（3）涉密事项的国家安全工作。本书中提到的涉密事项是指涉及国家秘密的事项。国家秘密是指关系国家安全和利益，依照法定程序确定，在一定时间内只限一定范围的人员知悉的事项。国家秘密分为绝密、机密和秘密三个等级。绝密级国家秘密是最重要的国家秘密，一旦泄露会使国家安全和利益遭受特别严重的损害；机密级国家秘密是重要的国家秘密，一旦泄露会使国家安全和利益遭受严重的损害；秘密级国家秘密是一般的国家秘密，泄露会使国家安全和利益遭受损害。由此可见，国家安全和国家秘密之间紧密相关。涉密单位存有大量国家秘密，确保这些秘密不被窃取直接关系到国家的安全和利益，因此，做好涉密单位的国家安全工作是国家安全工作的一项重要工作内容。

第二节　单位的国家安全工作组织机构与职责

前文提到单位的组织机构因单位的性质、涉密程度等不同而不可能有统一的组织领导模式。因此，本节中所讲的组织机构只限于一些涉密程度深、对国家安全有重大影响的重点单位，其他单位可以作为参考。

一、单位的国家安全组织机构的构成

重点单位应该成立国家安全领导小组，负责本单位的国家安全工作。领导小组的组长由单位党委（党组）负责人兼任，组织、保卫、保密、通信、人力资源等部门的负责人为领导小组成员。此外，根据单位性质的不同，有针对性地吸收科研生产技术的负责人，存储大量国家秘密的机要档案部门负责人，接触大量涉外活动的部门负责人，高等院校的党委、团委、学生部、研究生部的负责人等为领导小组成员。

领导小组要确定联络员,负责与国家安全机关的工作联系,联络员由国家安全领导小组中负责国家安全的部门领导担任。领导小组下设办公室,办公室设在单位主管国家安全工作的部门。在实践中,大多数重点单位并未设立独立的国家安全工作管理部门,国家安全工作主要由保卫部门承担,也有少数单位由保密部门负责,因此,单位应根据单位的实际情况设置相应的领导小组办公室。

二、单位的国家安全领导小组及办公室主要职责

1. 单位的国家安全领导小组主要职责

(1)在本单位内贯彻执行国家有关国家安全的法律法规和方针政策,落实上级主管部门和所在地国家安全机关的相关工作部署。《国家安全法》和《国家安全法实施细则》是我国关于国家安全的法律法规,其中明确规定了公民、组织所应承担的义务,单位负有遵守、执行法律的义务。此外,对于上级主管部门和国家安全机关的工作计划中涉及单位的事项,安全领导小组均要认真落实并及时总结汇报。

(2)组织单位国家安全工作管理部门制定相关工作制度和工作流程,检查工作开展情况。国家安全领导小组要组织专职部门制定和完善工作制度和流程,建立规范、高效的工作机制并对专职部门的日常工作进行检查,提出改进意见。

(3)定期召开工作例会,协调解决重要事项。召开安全领导小组会议的目的:一是听取国家安全工作汇报,全面了解单位内部国家安全工作的状况和存在的问题;二是研究对存在问题的解决办法和控制措施,对可能产生的后果进行分析评估,做出相应决策。安全领导小组会议可邀请国家安全机关相关工作人员参加,从而了解国家安全形势的最新情况,征求对单位内部国家安全工作的意见和建议。在遇到涉及国家安全的重大紧急事项时,国家安全领导小组应及时召开紧急会议,研究控制、预防、补救等措施并立即向国家安全机关报告。

(4)构建单位内部人民防线体系。《国家安全法》第3章第15条规定:"机关、团体和其他组织应当对本单位人员进行维护国家安全的教育,动员、组织本单位人员防范、制止危害国家安全的行为。"《国家安全法实施细则》第3章第15条规定:"机关、团体和其他组织对本单位的人员进行维护国家安全的教育,动员、组织本单位的人员防范、制止危害国家安全的行为的工作,应当接受国家安全机关的协调和指导。"人民防线是贯彻《国家安全法》及《国家安全法实施细则》的有效方法之一。人民防线是指在新时期形势下,为保卫国家的安全和利益,维护国家的稳定,在各级党委、政府领导下,通过宣传、动员、组织社会有关力量,同专门机关配合,形成防范和打击间谍情报机关和其他敌对势力的渗透、窃密、策反、颠覆分裂、煽动破坏、暴力恐怖活动等的综合防卫体系。建立单位内部人民防线,就是在单位的国家安全领导小组的领导下,通过宣传和教育,提高单位人员维护国家安全的意识和警惕,配合国家安全机关,铸就防范危害国家安全的铜墙铁壁,使危害国家安全的行为、人员无处遁形。

2.单位的国家安全领导小组办公室主要职责

(1)制定本单位的国家安全工作工作制度和工作流程。根据单位的不同情况制定相应的工作制度和流程。如国家安全领导小组例会制度,重大国家安全事项报告制度,重要涉密会议,活动安全保卫制度,涉密人员出国(境)审查制度,国家安全教育培训制度,信息收集、分析、传递制度等。

(2)制定本单位的年度工作计划和工作要点。

(3)建立与国家安全机关的联系工作机制,协助配合国家安全机关调查本单位涉及国家安全的事件。国家安全工作的许多内容具有一定的隐蔽性、敏感性,因而把握工作尺度十分重要。与国家安全机关建立密切的工作联系机制,接受国家安全机关的工作指导,对于做好单位内部国家安全工作尤为必要。对于涉及在本单位的国家安全事件,国家安全领导小组办公室应根据国家安全机关的需要,提供人力、物力等必要资源,并严格保守调查过程中所知悉的工作秘密。

(4)开展国家安全宣传教育。维护国家安全的宣传教育,是提高单位人员国家安全意识、发挥人民防线作用的有效方法。宣传教育应根据对象的不同而采取不同的形式。如对单位人员普遍性的宣传教育,可以通过内部报刊、网络、广播等宣传媒体进行;而对单位领导、重要涉密人员的宣传教育则应采取集中授课的方式。此外,宣传教育的内容也应有所差异,普遍性宣传教育应以法律法规为主,结合一些公开、半公开的事例使单位人员了解危害国家安全的常见行为和辨别常识;对单位领导、重要涉密人员的宣传教育层次应更加深入,着重提高工作警惕和自我防范意识。

(5)单位国家安全的日常工作。日常工作包括信息的收集与管理、涉密事项的国家安全工作等。日常工作是单位内部国家安全工作的基础,反映一个单位防控体系的总体水平。

第三节　单位的国家安全信息收集与管理

一、单位的国家安全信息收集内容

1.信息的概念和特征

信息就是感知的事物运动状态和变化方式。信息具有以下特征:

(1)载体依附性。信息只有通过语言、文字等载体表达出来才能体现其价值；

(2)传递性。传递是信息的基本要素和显著特征,没有传递就没有信息。

(3)时效性。信息的作用、效力存在于一定的时间范围内,超出这个范围,其作用就会削弱甚至完全失去价值。

(4)可处理性。信息可以通过裁剪、拓展、压缩等方法进行处理,以增强传递者的目的性。

(5)可共享性。信息可通过传递媒介来达到多人共享的目的。

2.单位的国家安全信息的特点

单位的国家安全信息具有下列特点:

(1)信息内容的特定性。只限于涉及国家安全方面的内容。

(2)传递对象的特定性。信息的传递仅限于上级主管部门、国家安全机关或公安机关,因而不具有广泛的共享性。

(3)传递的方式具有一定的隐秘性。一般不通过公共媒介进行传递。

3.信息收集内容

信息的收集分为涉外信息收集和内部信息收集两个方面,两个方面并没有十分明确的收集范围,而是应根据国际、国内、地区及单位的实际或上级部门的要求来确定。总体讲,应包括以下几个方面:

(1)涉外信息收集的重点内容。

1)合作单位外方人员的活动信息。主要指涉密单位与国外合作单位中的外方人员情况。随着全球经济一体化的不断深入,不同国家单位之间的交流合作越来越频繁,许多涉密单位也参与其中。单位为了自身的发展,积极开展多方合作,从而提升企业综合实力,确立竞争优势,这本是单位正常工作,但对涉及国家秘密的单位而言,不仅仅是发展的问题,还涉及国家安全和国家利益的根本性问题。因此,涉密单位开展对外交流合作应秉着真诚合作、内外有别的原则,对外方人员超出范围的"关注"须留心观察,及时反馈,确保国家秘密的安全。

2)单位周边外籍人员的活动信息。随着科学技术的快速发展,信息获取的方法和手段也愈加先进和多样化,而这些先进技术往往最先运用于秘密信息的窃取。此外,对一些重要涉密单位来讲,周边围墙并不能有效确保国家秘密的安全,如飞机试飞、导弹试射基地等。所以,在单位周边或试验场所一定范围内,泄密的隐患依然存在。重点单位国家安全机关机构应经常或在特定时间段内了解、收集单位周边外籍人员的活动信息并及时向国家安全机关报告。

3)驻外机构外方人员来往活动信息。及时了解、收集单位驻外机构外方人员来往的目的、交流内容等信息,并提供给相关部门分析。

4)外籍人员与单位人员及其亲属交往信息。重点关注外籍人员与单位重要岗位领导、重要涉密人员及其家属,具有广泛影响的群众性组织负责人等群体的人员交往情况。

(2)内部信息收集的重点内容。

1)民意关注焦点信息。民意关注焦点信息是指能够引起民众对国际、国家、地方及单位发生的一些社会现象、行为普遍关注且反映强烈的信息,如近两年发生的中日钓鱼岛纠纷、官员贪污腐败、高房价、医患纠纷等。民意关注焦点的信息收集是单位国家安全专职机构长期、经常性的工作。信息收集的来源不是特定人员,而是单位内部不同层次的群体,如单位管理人员、科研人员、普通员工、教师、学生等。民意关注焦点信息的收集应客观的反映民众的感受和想法,为相关部门分析、判断社会结构的现实状况和可能产生的后果提供参考。

2)重大措施、决策出台前后的信息收集。近年来,一些地方发生的较大规模的群体性事件,相当一部分事件的起因是因为部分群众对当地政府的某项决定不了解或不满意所引起的。一项举措、一个政策可能产生怎样的社会影响,带来什么样的后果,对决策者来讲,准确的预测和判断是非常重要的,而预测、判断的基础是对大量的信息收集和分析。此类信息具有非常强的时效性,因此,国家、地方重大决策出台前后,单位国家安全主管部门要迅速组织了解和收集单位人员的反应和看法并及时进行信息传递,为决策部门预判形势提供信息支持。

3)特殊群体活动信息。特殊群体、人员主要指:①利用合法宗教外衣从事超出宗教范围的煽动、敌视、对抗社会和政府的嫌疑人员。②参加极端宗教、邪教的嫌疑人员。③因历史等原因,诉求未得到满足而形成的带有全国性、区域性的自发性群体组织成员。④其他可能影响国家安全和社会稳定的群体和人员。单位国家安全主管部门应了解掌握特殊群体人员的活动信息,对于前两种人员,如果发现异常情况的,应及时向国家安全部门、公安部门报告,并配合做好相关工作;对于第三种人员,如有异常活动的,除向主管上级、业务部门报告外,单位还应配合政府相关部门做好参与人员的解释、疏导工作;对于其他可能影响国家安全和社会稳定的群体和人员,发现异常情况的,应及时向单位安全领导小组负责人和国家安全机关汇报,并配合国家安全机关做好预防、控制工作。

二、单位的国家安全信息收集方式与管理

1.信息的收集方式

(1)公开收集。公开收集主要是针对民意类的信息收集。收集的方式可以通过单位人民防线组织、信息员、内部网络论坛、员工之家等人员聚集场所收集信息，也可以通过基层党组织寻找不同层级的不特定人员通过座谈、答卷等方式收集信息，专职人员还可以利用现代通信工具，例如微信、微博等收集相关信息。总之，公开收集的方式多样，形式灵活。专职人员应该多管齐下，多头并举，以获取一定数量的、可供分析参考的相关信息。

（2）定向收集。定向收集是对特定的人和事的活动情况进行信息收集。定向收集主要是通过目标单位的信息员、党组织以及居住地的居委会等了解获取特定人员的相关信息。这些信息包括目标人员的出勤情况、人员交往情况、关注重点和谈话内容、家庭背景、个人爱好、经常性活动区域和活动场所、经济状况等。对于一些临时性的可能涉及国家安全的涉外小型重要活动，安全领导小组负责人或单位国家安全主管部门负责人可以根据参加人员的具体情况，选定一名或几名政治可靠、国家安全意识较强的人员作为临时信息员，通过他们了解活动过程的情况信息。这些信息包括活动的接待情况（含参观游览）、外方参加人员身份和专业技术水平、交流的主要内容（含非正式场合的交流内容）、交往过程中的非正常情况等。定向收集的信息收集人和提供信息的信息员、基层组织等必须遵守工作纪律，不得随意向他人透露相关情况。

（3）非公开渠道收集。非公开渠道信息收集是指通过建立隐秘身份的信息员队伍了解特定目标的活动情况的信息收集方式。建立非公开渠道信息收集应特别注意以下五点：

1）信息员必须政治可靠，国家安全意识、组织纪律性较强并且愿意从事此项工作。

2）具备接近目标人的条件并且具有一定的沟通、协调、社交能力。

3）必须经过严格的审批程序。对一般目标人员拟定设立的秘密信息员由单位专职机构负责人审批，对有一定身份、层次的人员拟定设立的秘密信息员由单位国家安全领导小组组长审批。

4）隐秘身份的信息员一般情况下只与专职机构中的对应管理人员发生工作联系，而不与其他人员进行相关工作联系。

5）对于某些特殊群体的人员，可以通过非公开渠道和定向收集渠道两种方式同时获取目标人员的活动信息，起到相互印证、相互补充的作用。

（4）收集信息的方式必须合法。《国家安全法》第21条规定：任何个人和组织都不得非法持有、使用窃听、窃照等专用间谍器材。根据此条规定，单位在收集信息时，不得采取法律禁止的方式。对于急需了解的重大情况，应及时向国家安全或公安部门报告，并配合做好相关工作。

2.信息分析与管理

信息收集只是工作的第一步,接下来要对收集上来的信息进行分析、归纳。大体分为以下几个步骤:

(1)整理归类。专职人员要对收集的信息进行整理,并按照信息类别进行归类。

(2)分析处理。这是信息管理的重要环节。收集上来的信息可能是零碎的、分散的。专职人员要对这些信息进行分析,对同一主题的信息按照不同的标准进行归纳。例如对一项重要举措的民意调查信息分析,可以设定不同的年龄段,然后对相同年龄段的人员提供的信息进行分析归纳;也可以按照不同的职业岗位对收集的信息进行分析归纳。在分析归纳的基础上,要对信息进行文字处理,形成条理清晰、层次分明文字体裁。需要注意的是,在进行文字处理时,不能擅自改变信息的原本意思。

(3)呈递留存。经过分析处理后的信息,认为重要且有使用价值的,根据需要,按照单位相关制度和流程,向上级主管部门、国家安全机关或公安机关进行呈递;重要程度不大、暂无使用价值的,归档留存。

第四节 单位涉密事项的国家安全工作

国家秘密是关系到国家安全和利益的重人事项,它直接或间接影响着一个国家的政治稳定、国防安全、经济发展和科技进步。根据《保守国家秘密法》第9条的规定,国家秘密的基本范围包括国家事务重大决策中的秘密事项;国防建设和武装力量活动中的秘密事项;外交和外事活动中的秘密事项以及对外承担保密义务的秘密事项;国民经济和社会发展中的秘密事项;科学技术中的秘密事项;维护国家安全活动和追查刑事犯罪中的秘密事项;经国家保密行政管理部门确定的其他秘密事项。依据基本范围,中央国家机关各业务主管部门会同国家保密行政管理部门对本系统内的国家秘密具体范围进行规定。单位数量众多,业务覆盖面极广,集中了大量的国家秘密,几乎涵盖了国家秘密范围的各个方面。因此,确保国家秘密的安全,自然成为单位的国家安全工作的重要内容。

一、单位涉密事项的内容

单位的涉密事项的内容主要包括下述几个方面。

1.涉密载体

涉密载体是指以文字、数据、符号、图形、图像、视频、音频等方式记载国家秘密信息的纸介质、光介质、电磁介质等各类物品。磁介质载体包括计算机硬盘、软盘、U盘和录音带、录像带等。涉密载体按照所记载的内容分为绝密级、机密级和秘密级。

2. 密品

密品是指直接含有国家秘密信息的设备或产品,通过观察或者测试、分析等手段,能够获得该设备或产品的国家秘密信息。比如新型军用航空发动机,专业人员通过外形观察就可能大致推算出它的推力、推重比等重要技术参数。密品按照涉密等级分为绝密级、机密级和秘密级。

3. 保密重要部门和部位

保密重要部门是指单位内部涉及绝密级或者较多机密级、秘密级国家秘密的机构。

保密重要部位是指单位集中制作、存放、保管国家秘密载体的专门场所。

4. 涉密计算机信息系统

涉密计算机信息系统按照其存储和传输内容的涉密等级分为绝密级信息系统、机密级信息系统和秘密级信息系统。

5. 涉密人员

涉密人员是指合法制作、接触、使用、经管国家秘密的工作人员。涉密人员按照涉密的程度分为核心涉密人员、重要涉密人员和一般涉密人员。

6. 涉密会议和涉密活动

涉密会议和涉密活动根据地点、场合及参加人员的不同要求也有所不同。

涉密事项的六项内容中,前四项涉及的对象以物为主,后两项则以人为主要对象。

二、单位的国家安全与保密、保卫的关系

在单位的涉密事项的安全管理中,国家安全与保密、保卫之间是一种相互配合、互相补充的关系,共同的目的是确保单位国家秘密事项的安全。但它们之间又存在着一定的差别,主要体现在以下三点:

(1)法律法规依据不同。保密工作主要是依据的是《保守国家秘密法》《保守国家秘密法实施条例》以及相关行业的保密规定。《保守国家秘密法实施条例》第6条规定:机关、单位应当根据保密工作的需要设立保密工作机构或者指定人员专门负责保密工作。保密工作的内容也主要是根据上述法律法规及行业要求,结合单位实际确定的;保卫工作主要依据的是《企业事业单位内部治安保卫条例》。《企业事业单位内部治安保卫条例》第 6 条规定:单位应当根据内部治安保卫工作需要,设置治安保卫机构或者配备专职、兼职治安保卫人员。治安保卫重点单位应当设置与治安保卫任务相适应的治安保卫机构,配备专职治安保卫人员……。第 14 条规定:治安保卫重点单位应当确定本单位的治安保卫重要部位……,并实施重点保护;国家安全工作的主要依据是《国家安全法》及《国家安全法实施细则》。《国家安全法》第 15 条规定:机关、团体和其他组织应当对本单位人员进行维护国家安全的教育,动员、组织本单位人员防范、制止危害国家安全的行为。

(2)工作的侧重点有所不同。保密工作主要是侧重于防止失泄密事件的发生。保密部门通过制定制度、落实防范措施、开展保密检查等方法,加强对涉密载体、密品、保密重要部门部位等的管理,通过保密教育和培训提高单位人员特别是涉密人员的保密意识;保卫工作主要是根据保密的要求,具体落实保密重要部门部位的人防、物防、技防措施,对出入单位的涉密载体、密品进行检查,负责重要密品的押运等;国家安全工作的重点在于防窃密、防策反、防渗透等方面,可以讲,"隐"性工作占得比重较大,对人的关注重于对物的关注。

(3)业务指导的主要政府部门不同。单位的保密、保卫和国家安全工作除了接受本单位上级主管机关的指导之外,还要接受政府相关部门的指导和检查。按照相关法律法规的规定,单位保密工作须接受政府保密行政管理部门的检查和指导;公安机关对单位的治安保卫工作负有检查、指导的职责,单位开展国家安全相关工作时,应当接受国家安全机关的指导。由此可见,单位的保密、保卫和国家安全工作的政府指导部门是不尽相同的。

三、单位涉密事项的国家安全管理

1.保密重要部门、部位的国家安全工作

保密重要部门、部位是单位大量接触、使用、制作、存放国家秘密事项的场所,是密品、涉密载体的集中之地。国家安全工作的重点在以下两个方面:

(1)安全检查。国家安全专职部门应定期会同保密、保卫部门对保密重要部门、部位进行安全检查。检查的内容包括人防、物防、技防的整体状况,如警卫人员的履职情况,技防、物防设施是否完好,是否存在防范漏洞等;涉密载体、密品的使用和存放是否符合规定等。对检查中发现的问题要督促单位及时整改。

(2)调查摸底。国家安全专职管理人员要经常深入保密重要部门部位,对进出重要人员进行摸排。重点关注非因工作必须而经常进出重要的人员。如非经所在单位安排经常私自进行检查的人员,与本人业务无关而借口咨询、指导的人员,非

因公事经常借口找人的人员等。对上述人员可进行调查了解,落实情况。对个别真实意图不明的人员,应跟踪了解,确有可疑的,须向国家安全机关报告并配合调查。

2.涉密计算机信息系统的国家安全工作

涉密计算机信息系统具有信息量大、传输速度快的特点,一旦被外方情报机关利用,容易造成大量泄密。涉密计算机信息系统的安全是保密部门的重点工作,国家安全工作应主要放在系统的电磁辐射安全问题上。重点单位的国家安全专职部门应积极与国家安全机关联系,对安全距离外的涉密信息系统的电磁辐射和传导辐射进行测试,对超出安全距离的,协调保密部门进行技术处理,确保安全。由于涉密信息系统上中的设备存在老化、更换等原因,因此,每年应当至少存在对靠近单位周界边缘的涉密系统检测一次。

3.涉密会议、涉密活动的国家安全工作

(1)在单位内部举办的具有涉外性质的涉密会议和活动。针对此类会议和活动,单位国家安全专职部门应做好以下几方面工作:

1)了解外方参加人员的基本情况并报国家安全机关进行审查;

2)界定涉密范围。单位国家安全专职部门要会同保密、接待和其他相关部门共同确定会议、活动的涉及内容和范围,经单位领导审批同意后,以书面形式明确告知所有单位参加人员;

3)对涉及的涉密场所进行检查。单位国家安全专职部门、保密、保卫等部门要对会议、活动可能涉及的场所进行检查,对不涉及会议、活动的其他国家秘密事项应根据具体情况确定责任人进行转移、收藏或掩盖;

4)参与会议、活动的全过程。参与的目的有两个:一是对我方人员因疏忽大意等原因超出界定范围的行为进行提醒;二是对外方人员可能超出界定范围的行为进行制止。

(2)在单位以外的涉密会议、活动的国家安全工作。单位主办,在单位以外预备举办涉密会议、活动时,国家安全专职部门应做好以下几方面工作:

1)对拟定场所进行检查。国家安全专职部门、保密部门须对拟定场所的周边情况、场所内通信设备等进行安全检查。按照规定,涉密会议、活动不得在涉外场所举办,同时应远离涉外设机构和其他涉外场合;涉密会议、活动中不得使用无线通信设备。如有必要,可请求国家安全机关对拟定场所周边人员进行调查,对拟定场所外围进行电磁辐射测试。

2)密切关注会议、活动期间周边人员的活动情况,制止无关人员接近涉密场所。对有嫌疑的人员应跟踪了解,有重大嫌疑的,应及时向国家安全机关报告。

4.对涉密人员管理中的国家安全工作

涉密人员是单位涉密事项的重要一环,加强对涉密人员,特别是重要以上涉密人员的管理,是单位涉密事项安全管理的重要方面。从国家安全工作角度出发,在对涉密人员管理中,主要以防策反为中心开展以下工作。

(1)开展国家安全教育,提高涉密人员维护国家安全和自我防范的意识。教育的形式主要采取以下两种方式:

1)集中教育。集中教育就是将涉密人员集中起来进行国家安全的教育培训。教育的内容包括国家安全形势、国外情报机构、敌对势力窃取我国家秘密、策反我涉密人员的方式和方法、正反典型事例、对国家安全造成的危害和投敌行为的后果等内容。集中教育主要针对核心涉密人员和重要涉密人员两类人员。对于一些涉密人员较多的单位,可采取分期、分批集中教育的方式。集中教育应当接受国家安全机关的指导,对教育内容进行审查,也可请国家安全机关的相关工作人员直接授课。集中教育每年应至少进行一次。

2)出国(境)前教育和返回后的回访。涉密人员因公、因私出国(境)前,单位国家安全专职部门工作人员须对相关人员进行国家安全教育。教育的内容包括所去国家或地区的安全形势、对中国公民的总体看法、自我防范注意事项等。涉密人员回国后,应及时进行回访,了解在国外活动的总体情况,是否遇见过非正常的情形,是如何应对的等。对发生的非正常情况,要翔实记录并向国家安全机关汇报。

(2)配合国家安全机关做好关键岗位涉密人员的安全预防工作。涉密人员,特别是一些关键岗位的重要、核心涉密人员、高知名度专家,一旦被国外(境外)情报机构控制,将对国家安全造成非常严重的损害,而这种事例也并非罕见。从对已经发生的相关事例分析结果看,涉密人员被外方情报机关策反主要有两种情形:①主动投靠。涉案人因种种原因对国家体制、政治制度或社会现状等严重不满,寻机投靠国外(境外)情报机构,并自愿为其提供所知悉的国家秘密;②被引诱、胁迫控制。涉案人因自身短处被国外(境外)情报机构掌握,通过引诱、胁迫等方式逼其就范,成为间谍。无论何种情形,都会对国家安全造成严重的后果。为防止发生类似情况,单位国家安全专职部门须开展以下几方面的工作:

1)涉密人员政审。单位国家安全专职部门应会同组织、人力资源、保密等部门对涉密人员进行政审。政审包括上岗前政审和在岗期间政审。对于什么人不适合在涉密岗位工作,法律法规并没有专门的规定。从工作实践看,应从以下几方面因素考虑:①有无刑事、治安违法犯罪;②是否参加过邪教等非法组织、团体;③政治倾向是否与执政党严重对立;④直系亲属中是否有人定居国外且在背景不明的机构工作,或者其他海外关系背景复杂且来往密切;⑤本人是否曾经较长时间在国外工作,工作经历复杂;⑥本人是否有严重的不良嗜好;⑦其他不适合的原因。对于不适合在涉密岗位工作的人员要及时建议进行调整。

2)人员报备。单位涉密人员特别是重要以上涉密人员的名单及相关事项要及时向国家安全机关、公安机关报备。

3)活动掌控。单位国家安全机关专职机构工作人员要通过各种渠道经常了解重要、核心涉密人员,高知名度专家的工作、生活情况,发现重大异常情况应及时向国家安全领导小组负责人和国家安全机关汇报。非常重要的涉密人员或高知名度专家因公、因私出国前,单位国家安全专职部门须提前向国家安全机关报告,以便相关部门落实国外安全预防措施。

思 考 题

1.单位的国家安全工作的含义和基本内容是什么?

2.信息收集分为哪两个方面? 每个方面又都包括哪些具体的内容?

3.单位的国家安全信息的收集,应采取什么方式? 如何对于收集到的信息进行管理?

4.在单位的涉密事项的安全管理中,国家安全与保密、保卫之间是一种什么样的关系?

第八章

重点单位、重要部位的保卫工作

━━━━━━━━━━━━━★━━━━━━━━━━━━━

重点单位、重要部位的保卫工作,是单位内部治安保卫的重中之重,是《企业事业单位内部治安保卫条例》明确的规定。认真做好重点单位、重要部位的安全保卫工作具有重要意义。

第一节　重点单位的保卫工作

一、保卫重点单位的含义和主要范围

所谓保卫重点单位,是指关系全国或者所在地区国计民生、国家安全和公共安全的单位。保卫重点单位由县级以上各级人民政府公安机关提出,报本级人民政府确定。根据《企业事业单位内部治安保卫条例》的规定,其范围包括广播电台、电视台、通讯社;机场、港口、大型车站;国防科技工业重要产品的研制、生产单位;电信、邮政、金融单位;大型能源动力设施;水利设施和城市水、电、燃气、热力供应设施;大型物资储备单位和大型商贸中心;教育、科研、医疗单位和大型文化、体育场所;博物馆、档案馆和重点文物保护单位;研制、生产、销售、储存危险品;国家重点建设工程单位;等等。

二、保卫重点单位的主要特点

1. 性质重要

这是保卫重点最突出的特点。具体而言有以下几个方面:

(1)保密性强。如承担国防科技工业重要产品的研制、生产单位,掌握着大量的国家秘密,关系到国家的安全和利益,保密要求很高。

(2)贵重性高。如金融单位、大型物资储备单位、博物馆、重点文物保护单位,都是国家的重要财富,具有极高的经济价值。

(3)危险性大。如研制、生产、销售、储存危险物品或者实验、保藏传染性菌种或毒种的单位,都直接关系到国家财产和人民生命的安全。

2.作用大

如机场、港口、大型车站等重要交通枢纽,大型能源动力设施,水利设施和城市水电燃气热力供应设施,教育科研医疗单位和大型文化、体育场所等单位,在国家经济建设、文化建设中起着举足轻重的作用,对生产、科研等业务活动具有决定性的影响。

3.影响大

作用大与影响大是两个不同的侧面,前者是正面影响,后者的影响是负面的。两者的作用是相辅相成的,作用大的单位,一旦发生问题其不良影响必然也大。

(1)直接危害。一旦发生问题,直接造成人员伤亡和财产毁损。

(2)间接危害。现代生产和管理的社会化程度越来越高,某一部分、环节发生问题,都可能出现一系列连锁反应,影响到其他部分、行业和环节。社会化大生产的程度越高,其影响面愈大,后果愈烈。

(3)潜在危害。其危害后果在目前还没有显露出来,只是存在着客观的危害性可能。但一旦条件具备后,危害可能性即转化为危害现实。

三、保卫重点单位治安保卫特别规定

保卫重点单位的保卫工作不仅要遵守《企业事业单位内部治安保卫条例》对单位治安保卫工作的一般规定,还应当遵守该条例对保卫重点单位的特别规定,具体有以下三个方面要求。

1.保卫重点单位应当设置必要的保卫机构、配备专职保卫人员

(1)机构设置和人员配备。保卫重点单位,应当建立健全安全保卫组织,如成立安全保卫工作处、综合治理(社会管理)处、防火安全委员会等,安全保卫任务较重要的单位,应当设置专门的安全保卫工作机构,配备与工作任务相适应的安全保卫人员,包括保卫管理人员和专业技术人员。设置保卫机构,应遵循需要、相适应、精干高效、运转灵活的原则,积极开展并加强保卫工作。需要原则就是要根据单位保卫工作的实际需要,设置相应的组织机构,负责单位内部保卫工作;相适应原则

就是保卫机构设置与人员编制基本适应现实保卫工作的需要;精干高效原则要求保卫机构设置、人员配置应该精干和高效,工作效率高;运转灵活原则就是治安保卫机构和人员要增强服务于经济文化建设的观念,根据单位实际需要,灵活扩展保卫组织的职能任务,为单位生产经营活动提供更全面、更直接、更有效的服务,不必拘泥于原来计划经济体制下规定的保卫的职能工作。

(2)保卫工作机构和人员的主要职责。单位内部各部门是本部门安全保卫工作的责任主体,在安全保卫工作委员会(领导小组)领导下,在安全保卫工作机构的指导、监督下,负责本部门安全保卫工作。单位安全保卫工作机构是单位内部安全保卫工作的具体管理机构,在安全保卫工作委员会(领导小组)领导下,在上级主管部门和属地公安机关的指导下,组织、协调、监督、检查单位内部安全保卫工作。单位内部保卫机构、保卫人员的职责是开展治安防范教育,并落实本单位的内部保卫制度;根据需要,检查进入本单位人员的证件,登记出入物品和车辆;在单位范围内进行治安防范巡逻和检查,建立巡逻、检查和治安隐患整改记录;维护单位内部的治安秩序,制止发生在本单位的违法行为,对难以制止的违法行为以及发生的治安案件、涉嫌刑事案件应当立即报警,并采取措施保护现场,配合公安机关的侦查、处置工作;督促落实单位内部治安防范设施的建设和维护。

(3)保卫人员任职条件。《企业事业单位内部治安保卫条例》没有对单位保卫组织机构人员任职条件作出规定,但对保卫人员的培训和考核提出了要求。《企业事业单位内部治安保卫条例》第9条规定:单位内部保卫人员应当接受有关法律知识和治安保卫业务、技能以及相关专业知识的培训、考核。倒过来看,保卫人员应当具有法律、治安保卫和相关业务知识,具备安全保卫相关技能。《国有企业治安保卫工作暂行规定》第9条规定:年满18周岁的中华人民共和国公民,身体健康,品行良好,具有高中以上文化程度,志愿从事保卫工作,其中,重要岗位保卫人员须按公安机关制定的保卫人员上岗标准,经过培训,取得上岗合格证书,方可从事保卫工作。有违法记录的人员不得从事保卫工作。综合以上信息,结合重点单位保卫工作的重要性质,专职保卫管理人员应当符合以下条件:

1)拥护党的领导,热爱祖国。

2)思想进步,作风正派,品行端正,热爱安全保卫工作。

3)具有一定的组织协调能力。

4)具有大学文化程度,掌握一定的法律法规、保卫、保密知识和技能。

5)通过政府认定的单位或教育培训机构组织的培训和考试,才能获得上岗资格。

6)身体健康,反应敏捷。

7)熟悉单位科研生产业务工作和保卫工作情况。

2.保卫重点单位应当确定本单位保卫重要部位,并按照国家有关标准实施重点保卫

《企业事业单位内部治安保卫条例》第14条规定"治安保卫重点单位应当确定本单位的治安保卫重要部位,按照国家标准对重要部位设置必要的技术防范措施,并实施重点保护";保卫重点单位应当根据保卫重要部位的判定标准和原则,结合单位具体情况,按照一定的步骤和方法,确定本单位的保卫重要部位。根据保卫重要部位安全防范工作的实际需求,按照国家标准和地方政府有关规定,设置必要的技防设施,实施重点保护,确保保卫重要部位的安全。

安全保卫重要目标的保卫工作。安全保卫重要目标是指对国家安全、公共安全和国防科技工业起决定性作用或有重要影响的部门、部位,依据其重要程度,由高到低分为一级、二级、三级。国家对安全保卫重要目标实行分级管理,单位根据安全保卫目标级别实行分类管理。安全防范措施未达到分级管理要求的,不得取得相关生产许可,也不得开展相关业务生产活动。

部分国家、行业标准:

——公安部《军工产品储存库风险等级和安全防护级别的规定》。1992年3月,公安部颁布《军工产品储存库风险等级和安全防护级别的规定》,由全国安全防范报警系统标准化技术委员会归口。适用范围包括军工产品的科研、试制、生产及使用单位。该规定分为主题内容和适用范围、术语、风险等级、防护级别、报警系统要求、组织措施和认定、审批与验收等7部分。该《规定》对保卫重要部位划分出风险等级,并根据级别的不同设置不同等级的防护措施,把人防与技防结合起来,确保保卫重点部位安全。

——国防科学技术工业委员会《国防科技工业安全防范工程技术要求》。2008年2月,原国防科学技术工业委员会《国防科技工业安全防范工程技术要求》,对国防科技工业武器装备科研生产单位以及承担武器装备科研生产任务单位的重要部门、部位、重要建筑目标和有特殊使用功能的高风险建(构)筑物(及其群体)的安防工程建设提出具体要求。

——公安部《银行营业场所风险等级和防护级别的规定》和《金融机构营业场所、金库安全防护暂行规定》,确定银行保卫重要部位防护等级和防护级别,采取相应的防护措施标准,严格组织实施。

——公安部《文物系统博物馆风险等级和安全防护级别的规定》。该规定对文物系统博物馆风险等级的划分标准、防护级别、报警系统的要求、组织措施等方面

做出了明确的规定,是文物系统博物馆建设安全防范系统工程、采取相应防护措施、监督检查的依据。

3.保卫重点单位应当制定单位内部治安突发事件处置预案,并定期演练

《企业事业单位内部治安保卫条例》第 15 条规定:治安保卫重点单位应当在公安机关的指导下制定单位内部治安突发事件处置预案,并定期开展演练。治安突发事件,是指为了达到某种目的,针对重要目标和重点部位突然进行攻击的违反治安管理,破坏公民正常的生产、生活秩序,危害公民人身安全和公私财产安全的人为事件。制定突发事处置预案,是为了指导治安保卫人员应对各类治安问题的措施准备和具体实施所进行的一系列预先设计和安排。制定治安突发事件预案,应当遵循严密性、针对性和可行性原则,要充分考虑到突发事件可能遇到的问题、涉及的环节、可能影响的工作以及造成的后果和相应的补救措施,尽量减少损失和危害;预案的制定要有针对性,要明确具体,要针对某一类事件,不能脱离具体情况;预案要可行,制定的处置预案一定要既严密,又符合实际、具有可操作性。由于预案具有超前性和预测性的特点,因此,定期地对处置预案进行模拟演习,有助于找出预案的不足之处,对这些不足之处进行改进,可以使处置预案更具有现实操作性。关于定期演练,《企业事业单位内部治安保卫条例》并没有做出严格的要求,从实际经验看,重点部位一年演练两次为宜,其他部位,至少一年演练一次。演练次数多了影响生产,少了起不到效果。

第二节 重要部位的保卫工作

一、保卫重要部位的含义和类型

保卫重要部位是指对一个单位业务活动的全局起关键作用的部位。一般分为秘密部位、生产关键部位、危险物品部位、重要供给部门、重要设备部位以及其他重要部位等六个类型。

(1)秘密部位。它是指单位内部涉及国家秘密,单位重要商业秘密或者其他内部重要事项的部位。

(2)生产关键部位。它是指对一个单位生产、科研等业务活动起关键作用,一旦发生事故或遭受破坏,会使该单位生产、科研等活动瘫痪或者局部瘫痪或者将使其生产的产品质量受到影响的部位。

(3)危险物品部位。它是指生产、使用、保管易燃、易爆、剧毒、放射性化学危险物品部位,以及存放枪支、弹药和管制刀具等物品的部位。

(4)重要供给部门。它是确保单位生产、科研等业务活动正常运转而所必需的后勤保障供给部位。

(5)重要设备部位。它主要是指价值昂贵、国内稀少、在生产和科研活动中起关键作用的机器、仪器等设备。

(6)其他重要部位。

上述类型不能穷尽重要部位的所有类型。

二、保卫重要部位确定的原则和方法

1.保卫重要部位确定的原则

重要部位确定的原则主要包括坚持调查研究的原则、坚持实事求是的原则、坚持服从全局的原则、坚持宽窄适度的原则、坚持确保重点的原则、坚持稳定性与灵活性的原则。

(1)坚持调查研究的原则。确定重要部位,要深入各项业务工作的第一线,了解和掌握本单位生产业务活动的各种实际情况,对照保卫重要部位的判定标准,进行筛选鉴别。

(2)坚持实事求是的原则。保卫重要部位的确定有着严格的标准和要求,因此,单位类型不同,保卫重要部位构成要素也有所不同。由于各地区所处位置和社会发展的水平不同,单位类型不同,地点环境的差异,保卫重点部位的密集程度和保卫重要部位的表现形式也有所不同,保卫重要部位所占的比例数和绝对数也可能有所不同。因此,在保卫重要部位的确定过程中,一定要从本单位、本地区的实际出发,实事求是地予以确定。

(3)坚持服从全局的原则。服从全局就是要照顾到全局的利益,在划定保卫重要部位时,常常遇到有的部位从局部来看比较重要,但从全局来看,其作用和影响不大,或从局部看似不太重要的,但从全局看其作用和影响却很大。

(4)坚持宽窄适度的原则。保卫重要部位划得过多,范围过宽,就会失去重点,划得过窄,有可能漏掉。因此,在这项工作中,要坚持宽窄相适应的原则,即质量原则。"质"就是保卫重要部位的本质特征,"量"就是保卫重点重要部位在全局和整体中所占的比重。划分保卫重点部位,必须把保卫的质和量有机统一起来,综合考虑。

(5)坚持确保重点的原则。保卫工作必须分清主要和次要,区别重点和一般,否则,就会陷于顾此失彼、穷于应付的被动局面。因此,在保卫重要部位确定过程中必须牢记"确保重点"方针,找出全局性的关键所在,只有这样才能达到保卫重要部位的保卫目的。

(6)坚持稳定性与灵活性的原则。坚持稳定性与灵活性的原则,就是要求保卫重要部位的确定应当从时间、地点、条件出发,具体情况具体分析。不可轻率地改变保卫重要部位的范围,也不可因循守旧、墨守成规。对已经确定的保卫重要部位,情况没有发生根本性变化的,不能随便取消,要保持稳定;对于已经发生了质的变化,失去了作为保卫重要部位条件的,应当进行调整,并根据实际情况增加保卫重要部位。

2.保卫重要部位确定的一般步骤和方法

确定保卫重要部位是单位内部治安保卫工作的首要环节,在保卫工作中有着重要的意义。保卫重要部位的确定方法一般如下:

(1)统一安排,周密组织。单位内部治安保卫重要部位划定工作,要在单位党政部门的统一领导和安排下进行,具体组织形式可根据单位实际情况而有所不同。一般是单位保卫部门牵头,吸收单位保密部门、生产部门、物资管理部门、动能供应部门、设备管理部门有关人员参加,组成单位保卫重要部位划定工作小组,负责具体工作。

(2)调查研究,掌握情况。在划定保卫重要部位时,事先必须进行充分的调查和研究,摸清单位内部各个部位在全局中的地位,在科研生产业务活动中的重要程度和影响大小,有关决定产品质量、科研成果或掌握重要秘密的部位、关键性环节和重要事务,摸清各个部位容易发生的问题及其可能带来的危害的大小等情况,以此作为划定保卫重要部位的依据。在掌握情况的基础上,单位保卫部门要结合重要部位的类型情况,提出拟划定的保卫重要部位的初步意见。

(3)填写"保卫重要部位审批表",上报审定。"保卫重要部位审批表"是单位保卫部门卫确定治安保卫重要部位,而履行有关规定程序、报主管领导审批的一种表格式文书。"保卫重点部位审批表"一般由重要部位的单位(或单位保卫部门)填写,有关业务管理单位(保密部门、生产部门等)、保卫部门签署审核意见,上报主管领导审批,并报主管公安机关备案。

"保卫重点单位(部位)审批表"通常包括基本信息和审核信息。基本信息包括单位名称(部位名称)、单位负责人(重点部位负责人)、治保队伍、值班形式、等级、类型、审定时间、确定重要依据、治安保卫措施等;审核信息包括业务主管部门审核意见(如某部保密重要部位,拟确定为保卫重要部位,应有单位保密管理部门的意见)、保卫部门审核意见和主管单位保卫部门的领导批准意见。

(4)正式公布。单位内部可以以红头文件的形式下发关于确定保卫重点部位的通知,公布单位保卫重点单位(部位)确定结果,按照保卫重要部位保卫要求,针对各个保卫重点部位不同的业务特点,制定各项保卫重要部位保卫措施,并切实实行,切实做好重要部位的保卫工作。

第三节　重要部位的安全防范措施

单位内部的保卫重要部位应得到重点保护。所谓重点保护,是指单位内部的重要部位要有切实可行的安全防范保卫措施,确保重要部位的安全。保卫重点单位应根据本单位的保卫重要部位安全防范工作的实际需求、重要目标分级及建设投资等,综合运用人力防范(人防)、实体防范(物防)和技术防范(技防),科学规划、合理设计,构成先进可靠、适用配套的安全防范系统。

一、人力防范措施

人力防范措施,主要是通过人的主观能动作用来防人、防地、防物、防事,从而对社会治安进行有序的管理。重要部位人力防范措施主要包括预防管理措施和治安保卫措施两部分。预防管理措施包括依靠职工保卫重要部位安全、建立健全安全保卫责任制、做好日常安全检查、加强对保卫重要部位人员的管理等措施;治安保卫措施包括门卫执勤、治安巡逻和守护等三项措施。

1.预防管理措施

(1)依靠职工保卫重要部位安全。做好保卫重要部位保卫工作,紧紧依靠保卫人员是不行的,只有宣传、动员广大职工共同参与,充分调动职工群众重视保卫重要部位安全,在科研生产业务活动中自觉维护重要部位安全的积极性,才能搞好重要部位保卫工作。

(2)建立健全安全保卫责任制。建立健全保卫重要部位的安全保卫责任制,落实部门和人员安全保卫责任制,有利于堵塞漏洞和消除隐患,严密的安全保卫责任制,能堵塞犯罪分子可以利用的漏洞以及排除事故隐患,在一定程度上可起到预防犯罪分子不法侵害事故发生的双重作用;有利于增强职工的治安保卫意识。有严格的安全保卫责任制,并通过不断的检查和落实有助于强化职工的治安保卫意识,调动他们保卫重要部位的积极性。相反,如果没有责任制,职工逐渐淡化安全意识,以致发生各种问题。建立健全安全保卫责任制,有利于增强职工治安保卫的责任感。责任明确、责任到位,势必使职工增强责任感。实践证明,凡是安全保卫责任制严密并能很好地贯彻执行的单位,职工的责任心就强,重要部位的安全就有保障。

（3）做好日常安全检查工作。经常性地开展安全大检查，是单位保卫部门的一项日常重要工作，一般每周对重要部位检查1～2次，每月或每季度会同单位技安环保部门联合检查1次，节假日安排专项重点检查。

1）安全检查的主要内容。检查制度的制定和执行情况；检查重要部位各项安保卫制度是否健全，是否很好地贯彻执行，制度的执行还存在哪些问题和漏洞；检查关键设备的运行及保养情况；检查重要部位重要机器、仪器、设备以及贵重器材、物资的保护、使用情况，有无事故隐患和其他不安全因素；检查危险物品的管理情况；检查易燃、易爆、剧毒、放射性物品生产、运输、存储、使用是否符合安全要求，有无安全保障；检查安全防护措施的落实情况；检查重要部位是否安排值班守护，守护人员的责任心如何，是否能严守制度要求，守护的形式是否科学合理；检查消防设备的设施和维护、保养情况；检查防雷装置的设施和维护、保养情况；检查安全技术防范设施的设置和维护情况；检查有关重要部位是否按规定安装了安全防范技术设施，种类的选择是否得当、有效，安装是否科学合理，是否处于良好运行状态，是否建立了守机值班制度并能严格遵守，是否制定防爆预案，并经过演练，使有关人员熟练掌握。

2）安全检查的方法。在保卫工作的实践中，通常采用的安全检查方法有：经常性的检查与节假日检查相结合的方法；重点检查与普遍检查相结合的方法；本部门检查与同类部门检查相结合的方法；临时抽查的方法；安全检查分析法。

3）加强对不安全因素的整改，及时反馈情况。保卫部门要将检查出来的问题及时报告党政领导，通知有关部门，重大问题还应向公安机关有关部门反映，并提出整改建议。对检查出来的问题，保卫部门应主动与有关部门协商，提出整改建议，并按部门分工，请有关部门制定整改方案。方案中需要定人员、定时间、定措施，把整改方案落到实处，并及时检查整改的进展情况。保卫部门要经常了解整改方案的执行情况，督促有关部门抓紧整改。对于短期内难以解决的问题，要有临时性的安全措施；安全无保障的，要将情况如实报告党政领导和公安机关有关部门，请求帮助。

（4）加强对保卫重要部位人员的管理。

1）了解和掌握重要部位人员情况。重要部位人员是否可靠，直接关系到重要部位的安全。因此，经常了解和掌握重要部位人员的政治情况，保持重要部位人员纯洁，是保卫部门的经常性工作，也是重要部位保卫的一项措施。保卫部门要经常通过组织、人力资源部门和基层党政领导，了解重要部位人员的现实政治表现。经常积累材料,逐步达到人员底数清、工作表现清、思想动态清。了解熟悉重要部位人员的情况要循序渐进,不断积累材料、不断扩大、不断深入、不断进行分析研究。在普遍了解的基础上,重点掌握表现不好的人员情况,配合有关部门积极做好工作。对党的路线、方针、政策和重大措施不满的,有严重抵触情绪的人,要及时建议有关领导做好思想教育工作;对因个人问题或在民事纠纷中可能引起矛盾激化的人,要依靠基层组织做好思想疏导工作;对与犯罪分子关系密切,可能被拉拢利用的人,要协同有关部门加强教育,并注意密切掌握动态。

2)不适合在重要部位工作的人员。被依法判处管制、缓刑、假释、监外执行及剥夺政治权利的人员;有进行破坏或进行其他犯罪嫌疑的人员;刑满释放后表现不好或有重新犯罪嫌疑的人员;被依法采取取保候审、监视居住强制措施的人员;对党的路线、方针、政策不满的人员;对某些涉及个人利益,不能正确对待,情绪对立、行为反常,有可能铤而走险的人员;工作不认真、不负责,经常违反规章制度,不能正确地履行本职职责的人员;精神病人(主要是间歇性精神病人)和其他呆傻人员。除此之外,还应根据重要部位岗位的具体情况,对重要部位工作人员的身体条件提出必要的要求,如视力、辨色力、听力、嗅觉灵敏程度等,以保证有关人员在生产、科研中正确地进行操作,保障重要部位安全。

3)把好进人关。对新进入重要部位工作的人员,要把好进人关,先审后用,从源头上保证重要部位人员的纯洁性。单位情况不同,保卫部门把好进人关通常有以下两种做法:一是批准调入。调配到重要部门工作的人员,要事先征得保卫部门的同意。二是协商调入。保卫部门根据重要部位具体情况,对新进入人员政治条件提出要求,有关部门负责把关。

2.治安防范措施

由于保卫重点单位的特殊性,在治安防范措施中应该努力做到以下四点:①人员的专职性;②门卫措施的严格性;③巡逻措施的严密性;④守护措施的周密性。以上四个方面的要求相辅相成,缺一不可。为此,就如何强化对单位内部保卫重要部位的治安保卫工作,国务院、中央军委《关于重要目标警卫问题的规定》要求,省、自治区、直辖市级的广播电视台、国家金库、造币厂、少数国防尖端企业的重要部位及特别重要的研究单位,国家万吨以上的火炸药库、油料库以及国家战略物资储备库,30万千瓦以上的发电厂等重点单位和重要部位,由武装警察部队负责警卫守护工作。由武警守卫的重要目标所在单位应当会同武警部队制定守卫方案,落实安全防范措施,共同做好安全保卫工作。

(1)守护措施。是指对单位某一重点部位,进行定点护卫的一项安全管理活动。保卫重要目标必须配备经过专业培训的专职警卫人员昼夜守卫;配备相应的警械,安排夜间巡逻。报警中心控制室应昼夜值班,建立使用管理制度,值班人员接到报警信号后,应及时采取相应有效的措施,并报告保卫部门。单位对内部某一场所、部位定点护卫一般有以下几种方法:①设立固定哨守护。根据单位守护的需要,把护卫人员配备在固定的位置上。其职责是通过查验、盘查和观察,防止无关人员进入,防范违法犯罪分子的破坏活动。②设立瞭望守护哨。瞭望哨就是根据单位保卫的安全需要,在守卫区域内选择便于观察的制高点,配置护卫人员,以便随时发现可疑情况。③设立游动哨守护。游动哨通常是在节假日、社会情况复杂、夜间气候恶劣、守护设施薄弱以及地形复杂等情况下设置,以弥补固定哨不足。

(2)巡逻措施。巡逻是指对单位内部的某一重点部位,进行巡查、检查、警戒,发现、纠正影响内部安全的各种因素的一项安全管理活动。巡逻职责和任务一般包括维护巡逻区域内和保护目标周围的正常的治安秩序;预防、发现、制止各种违法犯罪行为;及时发现各种可疑情况,抓捕现行违法犯罪分子;保护犯罪现场和治安灾害事故现场;检查、发现和堵塞防范方面的漏洞,防止各种治安灾害事故发生;平息巡逻中发现的突发事件和各种意外事件。

二、实体防范措施

所谓物防,是指用于安全防范目的,能延迟风险事件发生的各种实体防护手段(包括建(构)筑物、屏障、器具、设备、系统等)。通过采取各种手段,增强治安目标的坚固程度,在靠近目标或目标本身设置屏障,从而达到增加犯罪代价和风险、减少犯罪机会、使犯罪分子无所遁形的目的。重点单位、重要保卫部位实体防护配置,应当与防护目标保卫目的相适应,符合国家实体防护标准。具体防范措施通常有以下几个方面的要求:

(1)重要部位的门、窗应坚固并具有防盗、防火功能。

(2)重要部位周界应设置实体防护设施(铁栅栏,砖、石或混凝土围墙等),实体防护设施沿区域周界封闭设施。

(3)涉密文件(载体)档案馆(室)内,应配备密码文件柜和密码保险柜。

(4)报警监控中心或控制室应有防入侵设施和自卫器具,执勤岗哨内应安装视频安防监控或胁迫报警装置,配制当地公安机关专用有线或无线两种通信设备。

(5)露天场所和其他重要区域应有周界报警装置,重要通道应有出入口控制设施。

(6)存放放射性物质的储存库,必须根据地形在库房周围划出一定范围的安全控制区,建立两道按国家有关规定要求的完整可靠的实体屏障,中间地带必须安装周界报警装置。

（7）存放易燃易爆产品的场所必须安装易燃易爆气体安全检测报警装置和灭火、防爆设施，安装防静电接地装置。

三、技术防范措施

1. 技术防范措施的概念和作用

（1）概念和产品目录。所谓安全技术防范措施，是指利用有效的技术手段，有针对性地采取安全技术防范产品，对保卫重要部位、容易发生治安案件的场所等所采取的预警、监控和其他技术防范措施。根据国家质量技术监督局和公安部联合发布的《安全技术防范产品管理办法》规定，安全产品目录包括：①入侵探测器，包括开关探测器、震动探测器、声波测器、超声波探测器、电场探测器、微波探测器、激光探测器、被动红外探测器、主动红外探测器、光纤探测器、双技术探测器和智能化探测器等；②防盗报警控制器；③汽车防盗报警系统；④报警系统出入控制设备；⑤防盗保险柜（箱）；⑥机械防盗锁；⑦楼宇对讲（可观）系统；⑧防盗安全门；⑨防弹复合玻璃；⑩报警系统视频监控设备。

（2）作用。安全防范技术设备及其系统具有探测、发现、证实、记录入侵状态的功能，其主要作用有以下几个方面：一是使用安全技术防范技术，可以大大降低刑事案件，特别是盗窃案件的发生，起到预防犯罪的作用；二是使用安全技术防范技术，可以提高防范工作快速反应能力，及时破获案件，打击犯罪；三是使用安全技术防范技术，安装报警器可以有效地预防火灾等自然灾害事故的发生，减少国家和集体财物的损失；四是电子监控在单位内部交通管理、保卫工作和安全管理等方面发挥越来越重要的作用。

2. 安全防范系统的建设和管理要求

（1）安全防范系统的建设要求。安全防范系统建设必须符合国家有关法律、法规、标准以及地方政府有关规定；安全防范产品必须经专业检测机构检验合格；新建、改建、扩建工程，应当将安全防范系统建设纳入建筑工程规划及预算，并与建筑工程同时设计、同时施工、同时投入生产和使用；安全防范系统应当由符合国家有关规定的单位设计和承建，其中，涉及国家秘密的安全防范工程需由具有涉密资质的单位设计、施工和监理等。

（2）安全防范系统管理的基本要求有以下几点：

1）安全防范系统投入使用后，应加强对设备设施的检查和维护，确保正常运行；

2)单位安全防范系统的值机、管理人员,应遵守相关保卫和保密规定,并参加技术防范业务培训,取得合格证后方可上岗；

3)单位监控中心应当设 24 小时双人值班,并与公安机关、安全保卫工作机构保持信息畅通。

思 考 题

1.保卫重点单位有几个特点？每一个特点又是如何表现的？

2.保卫重要部位的含义和类型是什么？

3.重要部位的安全防范措施分为哪几个方面？每一个方面的具体内容又是什么？

第九章

高校、银行与文物单位的保卫工作

─────── ★ ───────

高校、银行与文物单位的保卫工作,是单位内部治安保卫的一个重要方面,需要引起单位内部治安保卫机构和保卫工作者的高度重视。

第一节　高校保卫工作

一、高校保卫工作的对象和原则

高校是普通高等院校的简称,是通过教学培养专门人才,进行科学研究和为社会提供服务的单位。高校是进行高等教育的专门机构。在我国,高校通常包括大学、独立设立的学院和各类专科院校。我国的高校担负着培养具有高水平专业知识与创新精神的高级专业人才,发展高水平科学技术,提高全社会科学研究水平,促进社会主义现代化建设的重要任务。

1. 高校保卫工作的对象

高校的日常工作中涉及教学、科研、生产、生活等方面。高校保卫工作包括了诸多内容。①人身与财产安全是落实高校保卫工作的基础。高校师生的生命及人身安全是高校保卫工作的第一要务,是实现教职员工和学生能够有序开展教学科研活动的基本条件。②科研安全是高校保卫工作的中心。高校是我国的基础科研单位,担负着重要的教学与科研任务,保障科研活动能够顺利正常的开展,是实现国家科学、技术、文化进步发展的重要基础。科研安全的内容十分丰富,它涉及国家与地方技术攻关项目、高新技术的自主研发项目以及其他涉及技术秘密与核心科技与国家安全的技术信息的安全保卫工作。③高校重要文献、图书、情报资料与文物安全是科研安全的延伸。高校的情报资料就其性质与作用而言，既是资产的组成部分，又是教学科研的必备资料，也是国家科技、文化发展信息和历史遗产，如果由于管理不善造成的损毁、遗失、泄露等，将对高校教学科研产生直接的影响。

2.高校保卫工作的基本原则

高校安全保卫工作的基本原则，是高校安全保卫工作应当遵循的准则，是长期工作经验总结和概括，对现实中的安全保卫工作具有建设性、指导性与约束性。结合高校管理人口密度大、信息传播快、集体活动多的特点，高校安全保卫工作应当遵循积极预防为主、常规安全教育为辅的基本原则。

坚持预防为主是由高校活动的性质和内容决定的。高校在实施教学科研活动过程中，保护广大师生的安全是高校实现其各项职能的重要前提。高校一旦发生安全问题，不仅会造成财产方面的损失，也会使高校内的广大师生失去安全感，从而影响教学与科研活动的正常开展，同时也会损害高校的社会声誉。

坚持常规安全教育为辅，是为了实现安全防范的保卫工作总目标，以在校师生为对象，以普及知识、强化意识、传授技能为内容，开展经常性的教育活动。在高校管理中，学生与教学及行政管理人员分工不同，在缺少教育和引导的状态下，其安全保卫知识与技能掌握的程度难以达到应有的水平，安全防范意识也不会自然地增强。因此，在高校的日常管理中，以教职员工和在校学生为对象，开展常规安全教育是很有必要的。通过常规教育活动，对高校所有人员发挥影响和引导作用，不断强化防范意识，形成相对稳定的心理定式，将安全保卫工作纳入各自活动之中，积极自觉地完成防范工作。

在以上基础上，还应当对高校的日常生活与日常教学科研工作实施综合治理，有效管控各类安全风险。在实际工作中注重安全保卫工作的相互配合与协调，力求发挥综合效力。

二、高校安全保卫工作的主要任务

根据国家教委和公安部发布的《高等学校内部保卫工作规定（试行）》规定的精神，高校内部保卫工作的主要任务是：

（1）对师生员工进行法制、国家安全、维护社会政治稳定和治安保卫工作的宣传教育，增强师生员工的法治观念、政权意识和安全防范意识，预防和减少违法犯罪行为。

（2）做好动态信息工作；严防国内外敌对势力、非法宗教势力、民族分裂势力对高校的渗透、煽动和破坏活动；及时处置各种不安定事端和突发性事件；协助国家安全、公安机关制止危害国家安全的行为。

(3)落实安全保卫责任制和安全技术防范措施,防止盗窃、破坏和治安灾害事故的发生。

(4)调解处理学校内部治安纠纷;维护教学区、生活区和其他公共活动场所的治安秩序。

(5)对校内有轻微违法但尚未构成犯罪的人员进行帮助、教育。

(6)及时向公安机关报告校内发生的刑事、治安案件,治安灾害事故和其他严重危及治安的情况;保护发案现场并协助公安机关查破校内发生的刑事案件和治安案件。

(7)管理在校园内务工、经商、从业的暂住人口和流动人口。

(8)参加所在地区组织的社会治安综合治理工作。

(9)依据有关规定对扰乱校园秩序的人员进行处理。

(10)高校应当根据有关法律、法规和规章,结合本校实际,建立健全下列校园秩序管理和内部保卫工作制度:

1)门卫、值班、巡逻、守护制度;

2)教学楼、实验室、图书馆等重点部门和部位的保卫制度;

3)防火安全制度;

4)易燃、易爆、剧毒、放射源等危险物品的管理和使用制度;

5)秘密产品、材料、文件、图纸、资料、印章等的保密和管理制度;

6)现金、票证、物资、设备的安全管理制度;

7)学生宿舍、教学区、运动场等公共场所及校内文化、商业、服务网点的治安管理制度;

8)校内集会、讲座、布告栏、学生社团、勤工助学、社会调查活动的管理制度;

9)校内计算机及电化教学设备的管理制度;

10)外籍教师、留学生的安全保卫和管理制度;

11)安全技术防范设备的使用、保养、维修和更新等保证安全技术设备处于良好戒备状态的制度;

12)内部保卫工作的检查、考核、奖惩制度;

13)对师生员工进行各种安全教育的制度;

14)其他需要制定的保卫工作制度。

三、维护高校安全稳定

1.影响高校安全稳定的因素

(1)信息网络传播的影响。高校是教书育人和传播知识的场所,汇集了大批高级知识分子,形成了信息高密度大流量的传播状态。在信息传输过程中,一方是传播者,另一方是接受者,双方均积极努力去收集和加工各种信息。无论是来自课堂的内部信息,还是属于社会的外部信息,都会被快速收集和传播。高校当中对信息格外敏感,特别是学生方面,对新事物的接受能力极强,来自各方面的积极与消极信息都将快速反应。在传承人类历史和现代文化、科技、知识的同时,一旦遇到消极信息,则会产生一定的消极后果。

(2)极端宗教与极端思想的影响。高校汇集了大量来自各地的学生,他们来自不同的地区,也有着不同价值观与宗教信仰。近年来在境外敌对分裂势力的煽动下,极端宗教思想与其他类别的极端思想在高校学生当中产生了一定的影响。一些学生和高校教职员工受到上述思想的洗脑,对高校内的师生和日常教学科研活动的安全构成了威胁,严重地干扰了学校的正常教学活动与学生的正常学习生活,在社会上也产生了不良的反映。

(3)境内外敌对势力的影响。境内外敌对势力和敌对分子利用国际互联网大肆散布和传播政治信息,攻击我国的社会主义制度和人民民主专政政权,攻击中国共产党、中国政府与党和国家主要领导人,传播西方的政治思想,煽动推翻我国的政权和社会制度。高校学生是我国网民的主力军,因此,国际互联网的有害因素对高校的安全稳定的影响不可忽视。

(4)社会治安的总体形势影响。高校周边的社会治安总体形势在一定程度上也影响着高校内的安全稳定局势。从总体上看,我国高校的治安形势是稳定的,基本面是安全稳定的。一般而言,如果一个时期的社会治安尤其是高校周边地区的治安形势较好,则高校的治安形势相对来说也就比较平稳。如果一个时期的社会治安形势不好,尤其是高校周边地区治安秩序混乱,必然会对高校造成冲击,进而影响高校的安全稳定。近年来,高校周边环境日益复杂多变,其对高校内部安全稳定的影响应当继续引起重视。

2.维护高校安全稳定的主要措施

(1)明确指导思想。高校安全保卫工作的指导思想是:在党中央、国务院和各级党委与政府的领导下,认真贯彻落实安全保卫的各项方针政策,依据保卫工作的法律法规要求,以维护高校的教学、科研和管理工作为抓手,以维护高校师生员工的人身安全和财产安全为宗旨,营造高校稳定、有序、安全的整体良好环境,推动高校教学、科研和管理等各项活动的顺利发展。

(2)制定切实可行的安全保卫管理制度。高校的安全保卫工作是单位内部治安保卫工作的重要组成部分,有其自己独特的要求和特点。在高校的安全保卫工作中,要从这些要求和特点出发,制定切实可行的安全保卫管理制度,其主要内容有:①高校师生的人身安全保卫制度。高等院校承担着为国家培养后备建设人才的历史使命,因此,高校师生的人身安全是高校保卫工作的重中之重和出发点,要让全体师生员工在一个稳定、有序、安全的环境中教书育人,学习知识,完成高校肩负的光荣职责。②高校公共财产和私人财产的安全保卫。由于历史的原因,我国高等院校的公共财产有其独特的属性,同时教职员工大多数都在高校居住,他们财产的安全应该成为保卫工作一个重要的内容。③高等院校教学科研秩序的维护。高等院校是一个相对独立的社区,安全保卫工作任务繁重,工作量很大,因此高校的安全保卫工作要从门卫工作开始,从巡逻、守护防止各种违法犯罪事件的发生等方面认真抓起,以维护高校稳定、有序、安全的环境。以上任务的实现,离不开相关制度的建设,这是高校保卫工作的基础与前提,因此,高校要在认真贯彻执行党和国家的保卫工作的政策方针、认真执行相关法律法规的前提下,依据高校不同的情况实事求是的制定相关的管理制度是必须而且可能的。

(3)落实相关管理制度,制定各项有效的措施。高等院校的安全保卫工作是实实在在的事,首先要制定相关的管理制度,更重要的在于这些相关的管理制度转变为有效的措施,才能使管理制度落在实处,起到应有的作用。为此,落实相关管理制度、制定有效措施应体现在以下几个方面:①机构的落实。在保卫工作中,相关机构的设立是内保条例明确的规定,是法定的东西,不是可有可无的,因此,对高校保卫机构的落实和健全应该是各项措施中的首要环节。没有机构,保卫工作就没有开展的基础,就没有发挥作用的前提,因此建立健全高校保卫机构的设置是高校保卫工作的重中之重。②人员的配置。在建立健全保卫机构的基础上,配备保卫工作中足额的保卫工作人员,是保卫工作各项措施得以落实的基本保证。③财力的保证。财力的保证是高校保卫工作得以顺利开展的经济基础,没有财力的保证,高校的保卫工作就缺乏了后劲,就会逐渐地被淡化,因此,给保卫工作以应有的财力保证,是做好保卫工作的必要条件。④保卫工作各项职能的措施保障。高校保卫工作涉及方方面面,从门卫到巡逻,从静态保护到动态保护,从一般目标的保护到重点目标的保护等都有不同的要求,因此在高校保卫工作中,要针对这些不同的要求,在管理制度制定的前提下,把这些制度具体化为各种有效的保障措施,这是做好高校保卫工作最重要的步骤和保证。

第二节　银行保卫工作

一、银行安全概述

1.银行

银行是依法成立的,经营货币信贷业务,充当债权人和债务人之间信用中介的金融机构。银行是经营货币信用的金融机构,按类型可分为中央银行、商业银行、投资银行、政策性银行和世界银行等,虽然它们的职责各不相同,但都是以资金作为纽带,通过存款、放款、汇兑结算等货币业务,连接整个社会经济活动的运转。

银行根据分类不同具有不同的职能,总结起来,银行的基本职能是吸收存款、发放贷款、创造信用流通工具和办理资金结算业务等。随着我国社会主义市场经济的繁荣发展,银行在我国国民经济体系中的枢纽地位越来越明显,它是信贷中心、现金出纳中心和汇兑结算中心,具有国家赋予的管理、监督国民经济运行的重要职能,是国家重要的管理机构,对于国家经济的管理具有举足轻重的作用。

2.银行安全

银行安全是指银行的现金资产和预期收入足以偿还本期和预期的债务,能够消除来自内部和外部的各种隐患,将风险控制在偿付能力以内,使银行不受现实或可能的危害。而本书所指的银行安全,是指银行能够正常运作,处理金融业务,不受来自人为的违法犯罪以及相关触犯法律的行为的干涉而影响其安全的问题。银行安全的范围非常广泛,包括银行资产的安全、银行员工和客户的人身安全、银行数据信息的安全、银行信誉的安全以及银行窗口、现金押送、信贷、结算、行政等各环节的安全。总之,危及银行各环节顺利运行的安全问题均属于银行安全的范畴。银行安全与否的衡量标准要从危及银行安全的案件数量、性质,银行的保卫设备、人员培训成果,银行安全的认知度等各方面综合分析。从刑法的角度讲,涉及银行安全的犯罪行为主要包括针对银行的盗窃、抢劫、诈骗犯罪,银行内部的信息犯罪等,这些犯罪不仅会危及银行的资金和运作,还会给银行的工作人员以及客户带来生命安全的威胁。

二、银行保卫的主要任务

1.银行内部保卫的任务

(1)切实加强主管人员的责任意识。银行的主管领导不仅要负责自身的安全健康,也要注意抓好本单位的安全防范工作,正确处理业务发展与安全保障之间的关系,制定相关规范,统筹安排,将银行安保工作纳入整体管理的工作中,形成体系化。同时,切实贯彻《基层金融单位治安保卫工作暂行规定》等规章制度,将银行安保工作规范化,实现"三防一保"(即防诈骗、防盗窃、防抢劫),保银行资金平安的目标。

(2)加强银行内部人员犯罪的预防工作。危及银行安全的犯罪行为应防患于未然,相较于银行外部人的防范工作的较大难度,应先做好银行内部员工的安全教育工作。首先要引导员工树立正确的人生观和价值观,加强对其的思想政治教育和法制教育,严于律己,守住自己的基本原则和道德底线。其次,加强对重点岗位职能人员的严格把关和管理考核,发现行为不善者,应依其行为的严重程度采取相应措施,严肃处理。

(3)完善各项银行安全保卫的相关制度规范。首先,从职工考核制度入手,规范考核职工的标准和内容,提高银行内部职工的安全意识。同时,完善行业规章制度,严格整顿各银行网点的纪律,使内部管理有章可循。其次,做好监督工作,确立完善的监督机制,捕捉漏洞,及时整改,防止各类案件的发生,奖惩分明。最后,建立可疑资金向公安机关的报告制度,将银行资金的流失尽可能降低,同时也利于公安机关对犯罪行为的控制和对犯罪分子的打击。

(4)加强金融机构信息系统的安保工作。随着互联网时代的繁荣、现代社会信息技术的发展,银行业对于计算机的依赖越来越大,信息系统的疏漏严重者将会给银行带来灾难性的后果,甚至威胁到国家的金融安全。因此,银行必须切实贯彻《金融机构计算机信息系统安全保护工作暂行规定》,重视计算机系统的信息安全保护,加强制度建设,实现规范化管理。

2.公安机关对银行的安全保卫

首先,公安机关最重要的任务就是严厉打击危害银行安全的各种犯罪行为,应当根据案件的发生时段、性质、数量等综合因素进行专项部署,提高公安机关打击相关案件的效率。其次,公安机关应发挥其优势,指导银行完成各类规范性工作,包括建立并完善银行安全防范措施、建立治安联防网络、向银行推广安全防范的相关经验等,增加银行和公安机关之间的对话,共同研究银行安全保卫的对策。再次,银行网点的外部环境对银行的内部安全也起着至关重要的作用,因此,公安机关应加强对银行网点周围环境秩序的优化,这也是降低银行安全犯罪的有效措施之一。最后,公安机关应构筑高效的防控系统,当有群众或银行人员举报时能保证线路的畅通,同时加强监控网络的布局,保护运钞车辆的安全等。

三、银行主要工作场所与工作环节的保卫

1.银行营业场所的保卫

银行的营业场所是指各银行机构经营、办理现金出纳、有价证券业务、会计结算业务的物理区域,包括交易所、储蓄所、办事处、营业厅(室)以及与营业厅(室)相通的库房、通道、办公室等相关设施。

首先,银行营业场所具有覆盖面广的特点。银行网点遍布城市各处,有的基层网点甚至地处城乡接合部或农村的乡镇地区,地点相对偏僻,设施相对简陋,安全漏洞较多。

其次,银行营业场所现金量较大。银行是面向社会大众进行公开服务的,营业网点的业务量较大,人流也比较复杂,现金、有价证券都相对集中,容易被不法分子掌握营业网点工作的规律性而实施犯罪行为。

(1)营业场所的基本设施应符合相关安全要求。公安部颁布的《银行营业场所风险等级和防护级别的规定》中将营业场所的风险等级划分为三个级别,由低到高为三级风险、二级风险和一级风险,同时也将安全防护的级别由低到高划分为三级防护、二级防护和一级防护,防护级别的确定原则上跟风险等级是对应的。因此,各银行网点应严格贯彻规定,根据其要求来确定本网点的风险单位级别,并采取相应的防护级别的措施。

(2)严格执行各项规章制度。具体详尽的规章制度是保证银行业务顺利开展与银行安全有效保卫的依托。在营业期间,应严禁非工作人员入内,营业室内不准私会宾客;保护好现金、有价证券、公章、账簿等文件资料的安全,严防遗失;值班看守的人数应至少两人以上,轮班值班应做好相关记录;营业工作人员应具备基本的安全防卫知识,会正确使用防卫工具;提高银行员工防骗识假的能力,做好业务培训,强化防范意识;每天营业结束应做好检查工作,对营业网点的各个角落进行全面检查,不放过任何一个安全隐患。

(3)加强银行网点内部与周边的安全巡逻工作。银行内部和周边的巡逻工作对于防范银行的犯罪行为具有至关重要的作用。银行营业场所每天的业务量大,人员流动性大且现金集中,保卫人员应加强巡逻监视工作,及时发现可疑车辆和可疑人员,预防犯罪的发生。

2.银行运钞过程的保卫

现金的调配是金融业务正常运作的重要一环,运钞的金额通常十分巨大且运钞沿途情况复杂,不安全因素较多,因此,应做好运送现金的安全保卫工作,不仅要保证所运送的大量现金、金银等的全数抵达,也要保护运钞驾驶员、出纳员、押运员的生命安全。

(1)使用性能良好的运钞车,建立报警通信系统。调运现金、金银及有价证券必须使用专用的运钞车而非其他普通车辆,运钞车的质量必须严格把关,否则,选择使用运钞车就失去了其原本的意义。运钞车的选用应符合银行和公安机关定点厂商要求的安全标准,车体具有防弹、防破坏等性能。同时,为保证在运钞过程中遇到紧急状况时能够及时联络警方,应逐步实现运钞车与公安110指挥中心联网的GPS卫星定位系统,提高运钞过程中的安全系数。

(2)实行武装押运,提高运钞员的专业水平。运钞员的职责就是保卫所运送的现金、金银以及有价证券的安全,与危及运钞安全的犯罪行为相抗衡,因此,运钞员应至少两人以上携带防卫武器。若长途运送,应增加运钞员的人数以及防卫器械的数量并设立指挥小组,保证运送过程的安全。现今,犯罪分子的犯罪手段日渐多变,因此,应在平日里严格训练运钞员的专业技能,提高运钞业的专业化服务质量。

3.银行金库的保卫

银行的金库应设在银行的建筑群内部,金库的底部不能有公共设施或银行内部人员无法控制的地下室。库门应由主门和辅门组成,主门是办理主业务的通道,辅门即安全通道,且金库门应采用国家定点厂生产的银行专用库门,具有防盗、防爆、防切割等功能。金库与守库采用封闭式结构,通风口离地面高度不低于2.5 m,方形边长或圆形直径不超过15 cm,呈双拐弯内高外低形状。

(1)做好金库的安全管理工作。金库的安全管理包括了对金库人员、钥匙、密码及库内现金、金银、有价证券的管理。禁止一人单独管库,应双人共管,同进同出;进出金库的人员一律登记记录,经严格验证方可入库,上级主管部门也不例外,必须持有专门的查库令才能进库检查。金库的密码和钥匙必须分属不同的管理员管理,尽到妥善保管的义务;且工作结束后应保存于专属的保险柜,不得带出单位。库内现金、金银及有价证券必须账目清楚,出入金库必须凭有效凭证,经过严格验证、仔细核对数量后方可出入库。金库管理人员应严格遵守各项规章制度,上级领导主管部门应定时检查工作,保障金库的财物安全。

(2)做好守库的人员管理工作。应在通向金库的唯一通道上建立守库室,使金库在守库人员的有效控制范围内,且守库室设施应完备且牢靠,通信便捷,在金库发生危险侵害时既能抵抗犯罪分子的攻击,又能及时联络警方。守库人员必须严格挑选,对其政治素质、思想品德及业务水平进行系统测试,且随时掌握守库人员的思想状态,做好教育引导督促工作,建立定期考核制度、值班勤务制度以及周密的守库应急预案。守库人员应按时到岗,准确交接,熟记预案规定,各司其职,密切配合,能果断制止犯罪、消除险情。

第三节 文物保卫工作

一、文物与文物管理

1.文物的概述

《左传·桓公二年》记载:"夫德,俭而有度,登降有数,文物以之,声明已发之;

以临百官,百官于是乎戒惧而不敢易纪律。"这是现有史料记载中"文物"二字首次一起使用。《辞海》中对文物的解释是:"遗存在社会上或埋藏在地下的历史文化遗物。"《现代汉语词典》所称文物是:"历史遗留下来的在文化发展史上有价值的东西,如建筑、碑刻、工具、武器、生活器皿和各种艺术品。"目前,各个国家对文物的称谓并不一致,其所指含义和范围也不尽相同,因而迄今尚未形成一个对文物共同确认的统一定义。本书所称文物是指人类在历史发展过程中遗留下来的具体的遗物、遗迹。

根据《中华人民共和国文物保护法》第 2 条的规定,在中华人民共和国境内,文物的范围包括以下几方面:

(1)具有历史、艺术、科学价值的古文化遗址、古墓葬、古建筑、石窟寺和石刻、壁画;

(2)与重大历史事件、革命运动和著名人物有关的以及具有重要纪念意义、教育意义或者史料价值的近现代重要史迹、实物代表性建筑;

(3)历史上各时代珍贵的艺术品、工艺美术品;

(4)历史上的各时代重要的文献资料以及具有历史、艺术、科学价值的手稿和图书资料等;

(5)反映历史上各时代、各民族社会制度、社会生产、社会生活的代表性实物。

此外,具有科学价值的古脊椎动物化石和古人类化石同文物一样受到国家的保护。

2. 文物管理

新中国成立后,从中央到地方的文物管理分别隶属于不同的文物管理部门,这些管理部门是我国文物管理部门的主体,承担着管理文物的行政职责,承担着文物保护的艰巨任务,是我们国家文物保护的重要的保证和依靠。

各级人民政府应遵循"保护为主,抢救第一"的文物保护原则,正确处理发展社会经济和推进文化事业发展的关系,重视文化遗产保护工作的开展。若涉及文物保护与文物利用方面,应毫不犹豫选择保护优先,这并不是孰轻孰重的问题,而是先后次序的原则性规定。公安机关等国家机关应严格贯彻相关规定,管理并监督文物的保护工作。

此外,通过合法有效的途径取得了文物并对其进行收藏,收藏者对文物的所有权受法律保护。博物馆、纪念馆、国家机关、国有企事业单位等收藏文物的专门收藏机构或单位,都属于文物收藏单位的范畴。文物所有者必须遵循国家有关文物保护的法律规定。

二、文物保护的法律依据

1.《中华人民共和国文物保护法》

为了加强对文物的保护,继承中华民族优秀的历史文化遗产,促进科学研究工作的开展,进行爱国主义和革命传统教育,建设社会主义精神文明和物质文明,我国制定了《中华人民共和国文物保护法》。该法规由第五届全国人民代表大会常务委员会第二十五次会议于 1982 年 11 月 19 日修订通过,自 1982 年 11 月 19 日起施行。2002 年 10 月 28 日,第九届全国人民代表大会常务委员会第三十次会议修订通过了《中华人民共和国文物保护法》,由原来的 33 条扩展为 80 条。2015 年 4 月 24 日,中华人民共和国第十二届全国人民代表大会常务委员会第十四次会议通过了《全国人民代表大会常务委员会关于修改〈中华人民共和国文物保护法〉的决定》,自公布之日起施行。该决定对《中华人民共和国文物保护法》作了如下修改:

(1)将第 34 条第 2 款修改为:"考古发掘的文物,应当登记造册,妥善保管,按照国家有关规定移交给由省、自治区、直辖市人民政府文物行政部门或者国务院文物行政部门指定的国有博物馆、图书馆或者其他国有收藏文物的单位收藏。经省、自治区、直辖市人民政府文物行政部门批准,从事考古发掘的单位可以保留少量出土文物作为科研标本。"

(2)删去第 41 条中的"交换馆藏一级文物的,必须经国务院文物行政部门批准"。

(3)删去第 53 条第 1 款中的"国务院文物行政部门或者"。

(4)将第 54 条第 1 款中的"国务院文物行政部门"修改为"省、自治区、直辖市人民政府文物行政部门"。修订后的现行《中华人民共和国文物保护法》有总则、不可移动文物、考古发掘、馆藏文物、民间收藏文物、文物出境进境、法律责任以及附则共 8 章 80 条内容。

《中华人民共和国文物保护法》是我国文物保卫最主要的法律依据,本法的制定使得文物保护管理工作有法可依、有章可循,有力地推动了我国文物保护法制建设的发展。

2.我国其他法律、法规、规章、规范性文件涉及文物保卫的相关规定

《中华人民共和国刑法》关于文物犯罪的界定包括走私文物罪(刑法第 151 条),盗窃罪(刑法第 264 条),故意损毁文物罪(刑法第 324 条),非法向外国人出售,赠送珍贵文物罪(刑法第 325 条),倒卖文物罪(刑法第 326 条),非法出售,私赠文物藏品罪(刑法第 327 条),盗掘古文化遗址、古墓葬罪和盗掘古人类化石、古脊椎动物化石罪(刑法第 328 条)以及失职造成珍贵文物损毁、流失罪(刑法第 419

条）。此外,刑法中也规定了抢劫文物、侵占文物等行为的犯罪与处罚。

我国涉及文物保卫的行政法规包括《中华人民共和国文物保护法实施条例》《中华人民共和国考古涉外工作管理办法》《中华人民共和国水下文物保护管理条例》《风景名胜区管理暂行条例》《文物行政处罚程序暂行规定》。与文物保卫有关的部门规章和规范性文件包括《古建筑消防管理规则》《博物馆安全保卫工作规定》《文物系统博物馆风险等级和安全防护级别的规定》《文物保护工程管理办法》《文物藏品定级标准》《依法没收、追缴文物的移交办法》以及国务院关于加强和改善文物工作的通知。

三、文物安全管理

1. 文物安全管理的基本要求及措施

(1)文物安全保护工作需要全社会的参与。文物是人类社会发展中积累和遗存的宝贵物质和精神财富。文物安全保卫工作需要全社会的参与,要提高广大人民群众文物保护思想觉悟和积极性。国务院批准设立的"文化遗产日"的纪念活动,围绕"保护文化遗产,守护精神家园"主题所展开的形式丰富的活动,使全社会的文化遗产保护意识不断增强。各类各级文化遗产保护机构应经常举办宣传教育、讲座等活动,使群众了解到更多关于保护我国文化遗产的内涵。同时,文物保卫的知识应走进校园,教育部门应将优秀文化遗产的保护知识纳入教学计划,激发青少年热爱祖国优秀传统文化的热情。

(2)注重馆藏文物的安全管理。博物馆是馆藏文物的主要收藏场所,博物馆应特别加强安全保卫工作,有计划地进行具体工作的安排,定期进行检查评比,积极总结各项工作的经验,认真贯彻国家和地方政府颁布的安全保卫工作的政策法令,以及公安机关的相关规定和部署。博物馆保卫组织应认真执行国家有关保卫处、科的规定,研究确定本馆的重点重要部位,认真贯彻"预防为主,确保重点"的方针,执行《中华人民共和国消防条例》和《古建筑消防管理规则》,对文物库房等重点重要部位安装必要的防盗报警设备,并建立健全以安全岗位责任制为中心的各项安全管理制度。对馆藏文物的安全管理应做到制度健全、保管妥善、账目清楚、查用方便。

(3)加强对不可移动文物的管理。不可移动文物(或称古迹、史迹、文化古迹、历史遗迹)是在历史、文化、建筑、艺术上的不可移动的具体遗产或遗址,以弥补文字和历史等纪录不足之处,包含古建筑物、传统聚落、古市街,考古遗址及其他历史文化遗迹,涵盖政治、军事、宗教、祭祀、居住、生活、娱乐、劳动、社会、经济、教育等多方面领域。国有不可移动文物不得转让、抵押,非国有不可移动文物不得转让、抵押给外国人。针对不可移动文物的保护首先应明确相关法律法规和专项规章;

其次要保证资金渠道,鼓励引导社会投资;最后是要时刻掌握文物资源的分布状况和保护现状,文物保护单位应建立登记档案,设专门机构进行档案的更新及管理。

(4)规范民间收藏文物的安全行为。民间收藏文物的渠道十分广泛,有的是通过祖辈继承,有的是从文物商店或文物市场购买取得,有的是通过拍卖拍得等,这样多样的渠道给民间文物收藏的管理工作相应地带来了难度。除国家允许外,不得对国有文物进行买卖,如出土文物;除国家另有规定外,民间发现的出土文物不能据为己有。国家禁止出境的文物,不得转让、出租、质押给外国人。文物商店和进行文物拍卖的拍卖企业都必须经国务院文物行政部门批准后方可设立或应当取得国务院文物行政部门办法的文物拍卖许可证。民间的文物收藏应按照国家标准配备防火防盗等措施,确保收藏文物的安全。

(5)文物保卫的具体措施。在文物保卫工作中,重点注意文物保卫的防火、防盗及技术防范措施。国家文物局要求在"十五"期间,80％以上的一级风险单位博物馆和50％以上的二、三级风险单位博物馆要完成消防供水、避雷设施建设;80％以上全国重点文物保护单位古建筑、50％以上的省级文物保护单位古建筑要完成消防供水、避雷设施建设。确立各文物保管单位的负责人为消防安全的第一责任人,明确消防重点配备灭火器具和报警设施,并定期检查,发现有重大火险隐患的,在火险消除前应制定灭火方案,并建立立案、销案制度。在文物展厅、库房等建筑内的防盗措施同样必不可少,工作人员和警卫人员应忠于职守,认真填写值班记录,做好交接班工作。应特别加强文物的展出、文物库房的搬迁休整环节的安保工作,因为此时的人流量较大,犯罪分子进行盗窃文物的机会较多,因而要特别进行专人检查、明确分工,保障文物的安全。除了防火、防盗措施之外,文物保护的技术防范同样至关重要。对文物进行科学的挖掘与提取、科学的诊断与分析、科学的处理与保存是文物科技发展的几个重要方面。技术防范的标准是根据博物馆藏品的数量和价值决定的。技术安装设备的种类、数量、性能和安装的部位、电缆的走向、信号的使用及值班人员的规章等均属机密,不得泄露,并应建立技术档案。最后,应加强重点重要部位的安全保卫工作,认真组织实施各项文物安全保卫措施,加强执法力度,严厉打击盗掘、盗窃和走私文物等犯罪活动。

思 考 题

1.高校保卫工作的基本原则和主要任务是什么?

2.银行保卫工作的主要任务有哪些?

3.文物保护的基本要求和主要措施是什么?

第十章

门卫执勤与巡逻检查

———— ★ ————

门卫执勤与巡逻检查,是单位内部治安保卫的基础性工作和不可缺少的环节,看似平常的门卫执勤与巡逻检查对做好单位内部治安保卫工作有着重要的意义。

第一节　门　卫　执　勤

一、门卫执勤的概念、作用和特点

1.门卫执勤的概念

门卫执勤,是指执勤人员依据国家法律和单位规章制度,对单位内部的职工以及外来人员、车辆进出必经的大门,进行严格把守,实施登记验证、检查的一项勤务活动。

2.门卫执勤的作用

(1)通过门卫执勤,规范出入单位大门的人员、车辆和携带物品,运输物资的行为,以保障单位各项业务活动的顺利进行。

(2)通过门卫执勤,使治安防范的方针、政策和基本制度得到贯彻,发现和排除危及单位内部治安的各种不安定因素和险情,以维护单位内部良好的治安秩序。

(3)通过门卫执勤,及时发现、查处各种犯罪嫌疑人和违法人员,防止破坏、盗窃、爆炸、诈骗、火灾等案件事故的发生,确保内部职工人身安全和公共财产的安全。

3.门卫执勤的特点

(1)门卫职责的重要性。加强门卫执勤是单位进行正常工作和业务活动的关键,也是防止违法犯罪分子实施破坏、盗窃等活动的必要手段。门卫一旦失职,将会给国家、集体和个人造成重大损失,严重影响整个单位生产、科研、教学和生活秩序。

(2)门卫执勤的独立性。门卫执勤大多是单人独立执行任务,有的哨位相对偏僻,统一指挥和管理难度较大,特别是需要单独处置各种突发事件时,工作难度更大。

(3)门卫处置工作的复杂性。承担门卫处置的执勤人员,虽在一个单位内部执行任务,但勤务内容千差万别,与外界联系广泛,出入单位人员、车辆频繁。在实施登记、验证、检查的勤务中,会遇到各种情况和问题,处置工作十分复杂,必须严格按照法律、制度的规定进行。

(4)门卫执勤的连续性。门卫执勤要求常年不懈,昼夜不断,而勤务的基本内容相同或者相似,在一些特定哨位相对平安的时期,执勤人员极易产生疲劳或厌倦情绪。因此,在执行门卫执勤时,要严肃认真,一丝不苟,确保单位治安保卫的第一道防线安全可靠。

二、门卫执勤的任务

保卫工作的基础环节和主要内容之一就是门卫执勤。门卫执勤就是保卫工作人员在定点的执勤岗位上履行着保卫工作的职责,完成保卫工作相应的任务要求。总体而言,门卫执勤有以下几个重要的环节:

(1)门卫执勤人员负责对进出单位的有关人员进行基本的信息核对和相关证件的检验。比如,对来本单位办事人员的身份证件、介绍信件等进行认真的登记和检查,同时,对他们到单位办事的理由、原因等进行认真的询问,对他们要见的相关人员要有明确的信息记载。

(2)门卫执勤人员负责对进出本单位有关人员携带的物品进行认真的检查和登记,以防止不利于安全事件的发生。比如,对来本单位办事人员乘坐的车辆、携带的通信、摄影设备等都要进行严格的核实和登记,特别是重点保护单位和重要保护部位更应如此。

(3)门卫执勤人员还要通过静态的岗位值班与动态的流动巡查,负责单位的安全保卫工作。在门卫执勤中,如果发现单位内部有无关的人员或车辆出入、停留等,要及时地予以疏导和分流,防止出现不利于单位内部安全事件的出现。

（4）门卫执勤人员在静态的岗位值班和动态的流动巡查过程中，如果发现一些可疑的人员或可能出现的违法犯罪现象应该及时地按照相关规定报告有关部门，以得到及时的处理。

三、门卫执勤的主要方法

1. 执勤中的观察方法

执勤中的观察方法就是指执勤的保卫人员运用视觉的功能或借助一定的技术手段对客观对象进行观察、判断、分类和定位的方法。这既是门卫执勤人员的基本功，也是执勤中观察的重点所在。

直接进行观察，是由观察者感知客观对象，获得的情况一般比较真实、可靠。但是，这大多是人、事、物的表面或外部的现象，并且有时在一定条件下带有偶然性。因此，对观察到的现象，要进行分析判断并及时报告单位保卫组织处置。

执勤中通过观察的方法能够大致分辨出哪些是本单位的员工，哪些是外来办事的人员，这是门卫执勤人员一项基本功，他们通过长期的工作实践和积累，能够很好地做到这一点。更为重要的是，通过执勤中的观察方法，执勤人员能够辨别出哪些是非本单位的人员，尤其是对其中一些身份可疑、行为可疑等人员进行观察，这就为后面的保卫工作奠定了基础。对那些身份可疑的人员、行为可疑的人员，通过观察、甄别、定位后，应该及时地报告保卫部门，请求他们派人支援或进行相应的后续工作，这就为保卫工作消除了很大的一个隐患。具体而言，对身份可疑人员的观察主要是通过其身份证件等相关证件的验证和登记，看这些可疑的人员所提供的身份证件或相关证件是否属实，以及信息是否对称等，从而做出准确判断，并告知保卫部门及其领导。对行为可疑的观察，主要是通过执勤保卫人员长期的工作积累，看可疑人的言谈、举止、表达是否和正常人有所区别，是否看到保卫人员以后有神情紧张、言行慌乱等特点。此外，还可以从可疑人携带的物品以及他们身上所透露出的痕迹信息等，通过门卫执勤的观察来判定他们是否属于可疑人员，从而采取相应的措施。

2. 执勤中的验证方法

执勤中的验证方法，顾名思义就是对进出单位的人员进行证件的查验。这种查验大致有三个要点：①看证件的图像是否与所持证件人相似；②证件所载的信息是否真实有效、清晰可辨；③碰到证件上的图片、信息、公章等有疑问的时候，要及时通过相应的手段予以核实。根据门卫范围和人员、车辆出入情况，不同的时机和对象，使用逐个查验或重点查验的方法实施验证。

（1）逐个查验。在一般情况下，当来人距门卫1～2m时，执勤人员应请其止步并出示证件，接过证件后先看证件的封面，再翻看主页的身份情况。要着重查验照片与持件人的外貌是否相符，印鉴单位与签发单位是否相符，有效日期是否已过。查验证件的同时，要注意对方的神态举止。夜间验证时，应注意自身的安全防范，防止发生危险。

（2）重点查验。在人员车辆出入比较集中时，特别是上下班流量高峰时保卫人员应站在大门一侧提示人们出示证件，并仔细观察人员、车辆的动态，注意发现异常迹象。对熟悉并主动出示证件的人员、车辆示意放行。对陌生人而又未出示证件的人员、车辆，请其先在一边等候，待高峰过后再行查验。

（3）免于查验。对于单位内部车辆或上级事先通知的免检对象，应根据车号和特殊的免检标志，免验放行。

3.执勤中检查方法

对出入大门的物资进行检查是执勤人员的主要职责之一。对携带进入的人员，重点检查是否有违禁物品。对进入车辆，一要检查是否装有易燃易爆等危险物品；二要检查车上有无无关人员，如发现无正当理由需要进入者，应动员其下车在外等候。对携物外出的人员和车辆，仔细检查携物证件或出库单据，重点查验实物的名称、规格、数量与证件是否相符合。检查时要让对方动手开车门和包装物，视情况实施逐件清点或重点抽查。要与对方保持一定的安全距离，注意观察其神态表情，防止其弃物逃跑或突然驾车逃跑，还要提高警惕，防止受到伤害。

四、突发事件的处置

在单位治安保卫工作中，所谓的突发事件，通俗地讲就是人们事先预料不到或预料不足而突然发生的影响治安保卫的事件。突发事件有几个显著的特征：①突发性，事前未曾预料或者预料不到；②会给单位的员工造成心理上的恐慌，影响人们的工作的情绪；③结果的不可预料性。一些突发事件如果处置不当，采取的措施不力，或者缺乏提前的预案，往往会造成严重的后果，对单位的生产、教学、科研以及员工的生命财产造成很大的损害。在单位治安保卫工作中，这些突发事件主要包括火灾、群体事件等。

（1）火灾的发生及采取的措施。在现实生活中，我们经常说的一句话叫"水火无情"，这里的"火"就是指火险、火灾。在单位治安保卫工作中，门卫执勤的重要内容和职责之一，就是突然发生火险的时候应该做出正确的判断和必要的措施，以便把火灾控制在最小的范围以内，不至造成大的损失。这就要求在门卫执勤当中，门卫执勤的保卫人员要恪尽职守，及时发现情况，做出相应的反应：①迅速拨通火警电话119,向有关部门和领导报告,报告的内容包括火灾发生的部位和详细地址,同时要报告可燃物的名称、火势和范围,以及回答消防部门的相关询问。②负责门卫执勤的保卫人员,应该充分发挥其职能,及时地切断与火灾相关的电源、天然气以及其他易燃易爆的气体阀门,及时地转移易燃易爆物品。在情况允许时,应当尽量的利用身边的灭火器材进行灭火。③负责执勤的安全保卫人员在火灾发生的时候,应积极地做好现场的维护,为后续的火灾控制创造条件。比如,及时的关闭生产车间、库房、教学科研馆所的大门等。

(2)群体事件发生时执勤人员应采取的措施。在单位内部治安保卫工作中,群体事件的发生有时是不可避免的,其带有明显的突发性和人数众多的特点,而且参与群体事件的人员都有不同诉求。突发事件的出现会给正常的单位治安保卫工作造成一定的冲击和影响,增加了治安保卫的风险因素。在单位治安保卫工作中,门卫执勤往往是处在群体事件发生的现场,这就要求负责执勤的保卫工作人员应该保持清醒的头脑和判断能力,及时地采取力所能及的措施,尽量群体性事件可能造成的影响,为此就要求门卫执勤人员要努力做到以下几点:①及时地向单位保卫部门和领导报告群体事件的有关信息,比如,参与群体事件的大致人数,主体有哪些,有什么样的要求等。②在向单位保卫部门和领导报告的同时,经过批准,可以向公安机关及时地报告相关的信息,并在单位领导、保卫部门以及公安部门未到现场时,要首先做好劝阻工作,不得擅离职守,或隐瞒不报。③当群体事件参与人员开始冲击单位大门的时候,负责执勤的保卫工作人员,有义务迅速地关闭单位大门,以防止不法分子对单位内部进行破坏活动,对已进入单位内部的人员要采取有效措施,动员或强制离开。

(3)单位员工携带可疑物品时执勤人员应采取的措施。①发现单位员工携带可疑物品时,应先礼貌地要求其说出物品的名称、数量、来源及用途,请员工自行拿出物品检查核对,核对无误后,予以放行。如果核对发现有可疑之处,要明确记载予以备查。②对于不予配合门卫检查工作的员工,应在教育说理的基础上,让他们晓之以利害和后果,并及时地向单位主管部门报告,等待处理意见。③凡发现员工有盗拿单位的公有财产,如产品、仪器、辅料等,没有特殊情况不能对嫌疑人进行搜身,如果确有必要,应请当地派出所民警依法进行检查。

(4)门卫执勤中对员工不出示证件等应采取的措施。证件是证明员工为本单位工作人员的基本证件,对做好保卫工作有着重要的基础性作用。按照门卫执勤的一般要求,单位的员工应该是在进入本单位的大门之前主动的出示自己的证件,以表明自己的身份,配合门卫执勤人员做好保卫工作。但是,在门卫执勤的实际工作中经常碰到的问题是,单位有些员工进入单位的大门时,不愿意出示相关的证件,这就容易和门卫执勤人员发生矛盾和纠纷。遇到这种情况,门卫执勤人员应该忠实履行自己的职责,从单位治安保卫工作的宗旨出发,努力做到以下几点:①对拒不交验证件、证明的人员,执勤人员要严格门卫制度,无出入证件或证明的不准入内,无出门证明的物资不准放行。②发生纠纷时,应首先执行门卫制度,并及时向单位有关部门报告情况,请有关人员前来查办。③在纠正违章人员时,一定要讲究文明礼貌,以理服人。

(5)门卫执勤中对于车辆强行闯入闯出时应采取的措施。①掌握其车辆的基本信息,如车牌号、车辆颜色、车辆型号等,同时报告保卫部门,以备查找。②对那些不顾门卫劝阻,不计后果,强行闯入单位的车辆,应通知保卫部门及其有关人员设卡拦截。

(6)当遇有报警或报告情况时,执勤人员应采取的措施。在单位内部治安保卫工作中,会经常碰到报警或报告的情况,这说明发生了一些可能危及单位员工人身财产安全或公共财产安全的违法犯罪事件。遇到报警或报告事件,门卫执勤人员应做到以下几点:①当遇到有报警或报告人员使用电话时,应详细记载报警人或报告人的姓名、地址、电话等,并协助其报警。②执勤人员应对报告的具体情况进行认真分析,确认情况较为重大时,应及时向有关部门报告。③执勤人员在进行协助报警或报告时,应避免空岗现象出现,需及时联系其他保卫人员进行处置。

五、门卫执勤的要求

(1)熟记单位内部的人员、制度规定、出入手续、使用的各种证件标志以及本单位车辆的颜色、式样和牌号。

(2)了解掌握门卫区域内的安全防范情况和安全措施,并针对实际情况,做好门卫执勤工作。

(3)熟悉和掌握单位内部机构的分布情况、位置、联系方式和电话号码等。

第二节　巡逻检查

一、巡逻检查的概念

巡逻检查,是指保卫人员对特定区域、地段和目标定期或临时进行的巡查、警戒,以维护其正常的秩序,保证其安全的一项动态式的保卫活动。

二、巡逻检查工作的基本要求

巡逻检查是保卫中的经常性工作,与门卫执勤工作相比较而言,它有着动态的特点,这样便于发现保卫工作中的盲点和容易疏忽的地方,通过门卫工作静态的执勤和巡逻检查工作动态的执勤,可以形成相对完整的治安保卫工作机制,以及时地发现那些可疑的人、事件等,从而增加保卫工作的主动性和前置性。按照保卫工作相关规章制度的要求,在巡逻检查工作中,保卫工作部门及其工作人员应该做到以下几点:①认真贯彻"预防为主,确保重点,加强协作,确保安全"的原则,切实将巡逻检查的工作落在实处。②对需要巡逻检查的重点部位、时间要求、路线安排、巡逻目标等,要做周密的部署,切忌出现空白点,努力做到点面结合,万无一失。③巡逻检查要做好详细的信息记录工作,尤其是重点部位,重要单位是否出现异常情况,是否有陌生人出现,是否有不明信息源的干扰等,都要做到一一记载,并予以认真的研判,同时将研判的结果及时告知相关的部门。④要克服麻痹松懈思想,在巡逻检查中要时时提高警惕,对重点的目标要做深入细致的观察,对发现的可疑情况要做及时的记录和记载,以提高保卫工作的精细化程度。

三、巡逻检查的任务

1. 维护单位内部良好的治安秩序

通过巡逻活动,将单位内部的重要部位、重点目标及公共场所置于经常的、直接的监视控制之下,防止各种危害治安秩序的行为发生。一旦发生危害治安秩序的行为则及时采取有效措施,坚决制止、纠正,以维护良好的生产、工作和科研秩序。

2. 防范和打击违法犯罪活动

在单位内部实施巡逻,能够及时发现、抓获现行犯罪嫌疑人,并将其移送单位保卫部门或公安机关处理。同时做好犯罪现场保护工作和必需的先期处置,以利于公安部门侦查破案,打击犯罪活动。

3. 及时处置各种突发的治安事件

在单位内部巡逻警戒时,一旦发生突发性治安事件或意外事故,应最先赶赴现场,迅速进行先期处置,要全力保护现场,维护好现场秩序,疏导围观人员,抢救伤员和公共财物,最大限度地减少各种损失。

4. 检查发现安全防范方面的漏洞

违法犯罪嫌疑人的犯罪活动之所以能够得逞,治安灾害事故之所以能够发生,在很大程度上是在安全防范方面存在漏洞。因此,在执行巡逻任务时,要注意发现安全防范方面的漏洞,及时通知单位保卫部门和其他有关部门,并协助进行整改,以保证单位人、财、物的安全。

5.及时劝解、制止在单位内部发生的各种治安纠纷

在单位内部治安保卫工作中,会碰到各种各样影响治安环境的纠纷,当这些纠纷出现的时候,作为单位内部的保卫机构及其工作人员,有义务对发生的这些纠纷进行及时的劝解、疏导和制止,使单位员工在发生纠纷时,在心平气和的状态下处理好纠纷,维护好单位的和谐。

6.发现犯罪嫌疑人及时抓获

在单位内部治安保卫工作中,执行巡逻检查的保卫工作人员,其中一个很重要的任务就是及时的发现可能对单位内部治安造成危害的犯罪嫌疑人。如果在巡逻检查中,保卫工作人员发现犯罪嫌疑人,应该认真地做好跟踪和抓获工作,并注意收集其相应的证据,在将犯罪嫌疑人抓获以后,按照法律的规定,及时送交公安机关、保卫部门处理。

四、巡逻检查的组织与实施

1.巡逻检查的组织工作

(1)制定巡逻方案。单位应根据内部的实际情况和安全防范方面的需要,在哪些区域、地段实施巡逻,设置多少巡逻人员,分为几个组等,制定出简明扼要、切实可行的巡逻实施方案。

(2)实地察看,明确任务。单位保卫部门对巡逻区域进行实地察看,熟悉掌握巡逻区域的地形、地物和重要部位、重点目标的分布等情况,通过实地察看,选择便于巡逻,并能有效控制巡逻区域的最佳路线,避免盲目性。

(3)建立与有关部门的联系方法。保卫人员要求熟悉巡逻区域内可供使用的电话位置及使用方法,特别是熟练地掌握110、119、120以及单位内部保卫部门的电话号码和使用方法,以便在发生问题时,能够迅速取得联系或紧急报警。

(4)了解情况,预设对策。保卫人员要了解掌握单位的外部环境和治安状况,学习与巡逻检查有关的政策、法规和内部规章制度,设想在执行勤务时可能出现的问题及处理方法,以提高巡逻人员处理各种情况的能力。

2.巡逻检查的实施

(1)巡逻前的准备。担任巡逻任务的保卫人员要按规定着装,携带经批准可使用的警戒器具。有条件的要携带无线电对讲机。夜间巡逻还应携带照明工具。为

了记录巡逻中发生、发现的情况和处理结果,保卫人员应备有巡逻登记簿,并按规定做好勤务登记。

(2)巡逻检查的形式和方法。徒步巡逻是保卫人员实施巡逻检查的基本形式。在巡逻范围内根据具体情况实施,不受时间、气候、地形的限制和影响,机动灵活,有利于观察和发现可疑人和可疑事;往返巡逻适用在同一路线上,采取一次或多次的不定时折返式巡逻方式,适用于治安情况比较复杂、经常发生各类刑事案件、治安案件或偏僻的区域;循环巡逻是对某一目标或区域,采取有重点地、反复多次地循环进行巡逻,这种方法适用于巡逻区域内重要部位、重要目标分布较多的外围地区。

(3)各类情况的处置。保卫人员在巡逻中发现可以人和可疑事应认真观察,严密监视,视情况采取守候、尾随的方法,将其控制在视线之内,并及时报告单位保卫部门处理。保卫人员在巡逻中遇有犯罪嫌疑人正在实施现行犯罪活动时,应迅速制止,并将其扭送单位保卫部门或公安机关。力量不足时,保卫人员可动员现场职工协助,途中要提高警惕,防止嫌疑人行凶或逃跑。

五、巡逻检查制度

(1)检查登记制度。为了掌握保卫人员的执勤情况,发现和解决勤务中的问题,单位保卫部门的主要负责人员要对保卫人员的巡逻工作进行检查,并对检查的情况进行详细的记载,总结经验教训,不断地提高服务质量。

(2)交接班制度。保卫人员要严格遵守交接班制度,按规定时间、地段进行巡逻。因故不能执勤时,必须提前办理请假手续。交班者应将当班的情况详细向接班者交代清楚。接班者未到或未办理交接班手续,当班者不能离开。交接班时要互相签字备查,以明确各自的责任。

(3)请示报告制度。保卫人员在执勤中,遇到不明的事项或责任重大的事项,都要向有关部门请示,征得意见后,再行处理。在工作中发现的重大问题和处理的重大事项,都必须详细进行汇报,不得隐瞒,更不得弄虚作假。

六、巡逻检查的要求

(1)遵守法律,坚持原则。在巡逻中,保卫人员会遇到各种各样、形形色色的问题,既有违法犯罪的问题,又有违反规章制度的问题。因此,在处理这些问题时,必须按照法律或规章制度的规定进行处理。属于职权范围的按规定处理,不属于职权范围的事项,必须移送公安机关或单位保卫部门处理,不得擅自处理。

(2)文明值班,尽职尽责。在巡逻中,保卫人员必须着装整齐,仪表端正,处理问题时要摆事实,讲道理,耐心开导,以理服人,不得欺压、刁难职工和其他人员。在巡逻中,要尽职尽责,不放过任何疑点和漏洞。

(3)遵守法律,保守秘密。保卫人员要严格遵守单位内部的各项规章制度,对属于单位内部的机密事项,不得随意打听、记录和传播。

思 考 题

1.门卫值勤的作用、特点各是什么?

2.巡逻检查的任务是什么?

3.巡逻检查应该如何组织和实施?

第十一章

押运安全保卫工作

———————— ★ ————————

押运是许多单位保卫部门的一项经常性的工作,由于押运是脱离了单位的控制区域的动态行为,对于保卫工作而言具有一些特殊的要求。本章主要探讨押运过程中的安全保卫问题。

第一节　押运的概念和范围

一、押运的概念

押运是指受人之托,依据受雇双方约定,在将财物送到指定地点的过程中所实施的一种看押护送的安全活动。

押运工作贯穿于运输计划、装载、运行、卸载、交付等环节,涉及单位和部门诸多,押运环境和途中情况复杂,对于人员自身的综合素质和专业技能要求高,任何一个细节出现纰漏,都会影响运输的安全。

二、押运的特点

押运具有如下特点:

(1)押运是发货人、接收人、承运人或其他主体要求实施的一种看押护送的安全活动。所需押运的物品对于发货人、接收人或其他主体来说具有一定的价值,为了保障其货物在运输途中的安全,这些主体需要指定、选派或雇佣专人对其货物在运输途中的安全进行护卫。

(2)押运活动必须是由一定专业技能的人员负责实施。押运人员是整个押运活动的实施主体,要承担运输过程中的货物安全的职责。

三、押运的主体

(1)中国人民解放军。中国人民解放军负责大批量军用物资的武装押运。

(2)公安武警部队。保卫工作是我国公安保卫工作的一部分,公安机关依法对机关、团体、企业、事业单位内部的治安保卫工作进行指导与监督。公安机关、人民武装警察还具有指导、监督、检查、协助国防工业单位对尖端产品的守护、押运职责。

1994年4月11日,解放军总政治部、公安部、国防科学技术工业委员会颁布了《大型国防科研试验安全保卫工作规定》。其中第19条规定:大型试验的产品、设备、推进剂在港口装卸、储存(含交通系统水路运输)期间的安全保卫工作,由交通公安机关负责,物品单位保卫部门协助。在公路或水上运输中的安全保卫工作,由物品单位和沿线地方公安机关共同负责。第20条规定:大型试验的产品、设备、推进剂的空中运输、在机场停留期间的保卫工作,由民航、机场公安机关或空军保卫部门负责,当地公安机关协助。第21条规定:大型试验的产品、设备、推进剂在试验基地铁路、公路专用线上运输中的安全保卫工作,由试验基地保卫部门负责,铁路公安机关、当地公安机关协助。

(3)军工系统单位。国防科技工业企事业单位的安全保卫工作,是保障国防科技工业科研生产正常进行,保护国家财产和公民人身财产安全的重要手段。因此,作为国防科技工业企事业单位的安全保卫工作机构肩负着组织协调科研、生产、实验运输的安全保卫工作职责。

根据相关文件的规定,对一般军品产品的公路运输,由各军工集团公司保卫部门开具军工产品运输介绍信,并负责做好军工产品运输的押运和途中安全保卫工作。产品的运输任务,需委派专职保卫干部负责保卫保密工作,押运人员应严格执行有关押运的规定。押运保卫干部要随身携带介绍信及本人工作证件。

军工单位应当做好承担军品运输押运人员的选派和考核工作,确保其政治可靠、业务熟悉、身体健康,能够胜任军品押运任务。军品押运单位应当指定1名人员全面负责押运任务期间的安全保卫管理工作。执行押运任务的人员应当是本单位专职保卫人员或公安干警、武警官兵,押运人员应当经过专门培训,取得押运资格证书。

在押运工作中,下列国防科技工业企事业单位需要设置守护、押运队伍:

——国防武器装备生产、科研、储存单位的保卫部门设置守护、押运队伍。

——国家核原料等重要资源勘探单位的保卫部门设置守护、押运队伍。

——国防和民用核设施以及核材料生产、储存、科研单位的保卫部门设置守护、押运队伍。

(4)保卫押运公司。保卫公司的押运系统,是由原来的银行内保体制转变成现在的护卫体制。经省、自治区、直辖市人民政府公安机关批准,提供武装守护、押运服务的保卫服务公司设置专职守护、押运队伍。主要项目包括依法武装押运货币、金银、有价证券及重要空白凭证等,确保其绝对安全。

(5)其他单位。是指依照国家法律、法规或规定必须指派押运人员对运输物资进行押运护送的单位。

四、押运的分类

(1)按照押运对象的不同分为军事押运、军品押运、秘密档案文件资料押运、危险品押运、金融押运、重要民用物资押运。

1)军事押运。军事押运通常指军事装备物资运输中,军事装备物资发送或接受单位指派熟悉装备物资性能的人员,乘坐其所押运的交通工具,全程负责装备物资的安全警卫和技术检查工作。军事押运是押运工作中的重点内容和关键环节,它不同于一般的押运工作,要求时间紧、节奏快、安全程度高。军事押运要求军队利用相应的方式和方法监督保卫输送的人员和运输工具,将军事装备物资安全运抵目的地。

军事押运的对象有国防尖端保密物资、特种装备、精密仪器武器、弹药;军用的油料、车辆、军需、器材、药材、机械设备、营(装)具、军马(犬)和保障前方作战的装备物资;国防科研、援外、进口的军用物资和抢险救灾的物资。

2)军品押运。军品押运工作就是选派一定数量的专职保卫人员,采取一系列安全防护措施运送,确保国防科研重大工程、重大型号产品和军用核材料、核产品等国防科研产品安全抵达目的地的安保活动,并对从事或参与国防武器装备科研生产的各军工集团公司及其成员单位、地方军工单位、民口配套单位及非公有制单位的军品运输工作作了明确规定。

3)秘密档案文件资料押运。秘密档案文件资料押运的对象是指以文字、符号、图形、图像、声音等形式载有国家秘密的文件、资料。

4)危险品押运。运输危险化学品的车辆必须配备押运人员,与危险品车辆驾驶员一起承担运输过程中的货物安全保障责任。在我国现阶段,道路运输危险货物配备押运人员,是保证危险货物运输安全的重要举措。国务院《危险化学品安全管理条例》中第 43 条规定:通过公路运输危险化学品,必须配备押运人员,并随时处于押运人员的监管之下,不得违规超载,不得进入危险化学品运输车辆禁止通行的区域。

《道路危险货物运输管理规定》(2005 年交通部令第 9 号)第 36 条规定:在道路危险货物运输过程中,除驾驶人员外,专用车辆上应当另外配备押运人员。押运人员应当对运输全过程进行监管。

国家公布的危险化学品在运输时全部实行押运。押运人在押运过程中要对所运剧毒品的品名、数量、件数、包装、封印、装载方案和运输安全负责。

5)金融押运。押运业务所保护的对象一般是现钞、文物、艺术品、有价证券、金银珠宝等具有较高价值的金融实体。

6)重要民用物资押运。重要民用物资押运的对象主要是指关系国计民生的国家重要仓储物资和大型水利、电力通信工程、交通枢纽的重要物品等。

(2)按照押运路途的长短分为长途押运、短途押运和市内押运等三种。

(3)按照押运的工具分为铁路押运、公路押运、水路押运和航空押运等四种类型。

第二节　押运的组织管理

对于一些规模大、押运任务多的企事业单位,如大型军工、石化等单位,为了确保押运物品的安全,应当成立相应的组织机构,负责本单位押运运输的安全管理。组织机构由押运领导小组和办公室组成,并赋予其相应的职责。办公室设在单位保卫部门。

一、押运领导小组构成

《企业事业单位内部治安保卫条例》第 2 条规定,单位内部治安保卫工作贯彻"预防为主,单位负责,突出重点,保障安全"的方针。这里讲的"单位负责"并非指的是某个承担押运任务的部门或具体的押运人员,而是指具有法人性质的单位。因此,军品押运领导小组的主要负责人应由单位主管保卫工作的领导担任。领导小组成员包括保卫、运输、技安、技术、任务下达部门等负责人。押运产品涉及国家秘密的,还应吸收保密部门负责人为领导小组成员。办公室负责押运的日常管理,具体工作由保卫部门专人负责。

二、职责

1. 领导小组职责

(1)贯彻落实有关押运的法规、规定,如军品押运的相关规定、化学危险品押运的相关规定等。

(2)组织制定本单位押运制度与工作流程。

(3)协调、配合处置押运过程中的突发事件。领导小组在接到运输过程中发生突发事件的报告后,应立即对事件的性质、危害程度及可能造成的影响作出判断。对于一般性的事件,领导小组负责人可直接与押运负责人联系,对事件的处理进行指挥、指导,必要时可以协调本地或事件发生的政府相关部门、同系统单位协助。对于重特大突发事件,领导小组负责人须立即向单位主要领导报告。在单位主要领导决定启动单位应急预案后,领导小组相关成员应在单位应急指挥部的领导下开展救助、处置、事故处理等工作。

(4)制定大型、重要物品运输押运保卫方案及应急预案。重要、大型物品运输由于本身的特点及性质决定了其对保卫、运输条件等有着非常高的要求,涉及部门、人员众多,协调难度大。因此,领导小组要全面梳理运输过程中的各种因素及可能存在的各类风险,认真制定运输保卫方案及应急预案,配合单位及政府相关部门做好运输过程中的安全控制,确保万无一失。

2. 押运领导小组办公室职责

(1)制定、修改军品押运的相关制度及工作流程。办公室应根据领导小组的意见及实际制定单位及本部门押运管理制度及工作流程,并对制度和流程的执行情况进行检查,及时收集执行过程中存在的问题及意见,提出修改建议。

(2)组织对押运人员的培训与考核。除组织参加专业部门押运培训外,办公室每年要自行组织一次本单位押运人员的业务培训。同时,对押运人员的押运工作进行考核。对培训不合格或在押运过程中违规、违纪的押运人员提出取消押运资格的建议。

(3)选派押运人员。根据押运任务的性质选派符合条件的押运人员,确定押运负责人。

(4)制定押运保卫方案及应急预案。办公室负责制定一般军品押运保卫方案及应急预案,重要军品的运输由领导小组组织制定。

(5)对押运过程进行监督检查。办公室管理人员应每日至少一次通过电话、北斗卫星定位系统等方式对押运过程进行检查监督,及时了解和掌握押运动态。

(6)押运文档管理。押运文档管理包括台账数据库管理和档案管理两个部分。台账数据库一般采用计算机管理模式,包含了历年押运军品的单次时间、地点、品种等信息及各类统计数据。为防止丢失,台账数据库须定期拷贝。押运档案包括单次押运方案、检查日志、押运总结等内容,管理人员应及时整理并进行归档。

第三节　押运员的条件与职责

本节从押运人员的身体条件、业务技能、政治思想及法律法规掌握和职业资格等方面的条件,以及不适合担任押运员工作的人格类型及特点等几个方面进行阐述。

一、押运员条件

1.身体条件

押运员必须经过严格挑选,一般要求男性,且年龄在 20~50 周岁,身体健康,无心脏病、高血压病以及不能控制自己行为能力的疾病病史等。参照公安部《保卫人员职业标准》体能测试、考核内容的规定,专职保卫人员体能训练项目主要包括100m 跑、10m×4 往返跑、引体向上、俯卧撑、仰卧起坐和 400m 障碍跑。押运工作是一项特殊工作,要求押运员必须具备良好的身体素质。所以,对年龄和身体条件的要求相对较高,必须具备长途奔波的体力和应对突发事件应急反应的基本能力。

2.能力条件

具有较高的观察、理解、表达、判断、应变、自卫、自控、沟通、指挥、协调能力,同时还应具备相应的技能。参考公安部《保卫人员职业标准》,押运员还应具备的技能见表 11-1。

3.取得相应资质

对许多行业来讲,押运员除了要具备上述条件外,还应取得相应的资质,如军工产品的押运,押运员必须经过专业培训,并取得军品押运资格证书后方能从事军品押运任务。危险化学品的押运人员必须经过专业培训,并且取得交通部门颁发的资格证书。

表 11-1 押运员专业知识与技能

职业功能	工作内容	技能要求	专业知识要求	比 重
人力防范	押运	1.会对护送对象进行警戒 2.会全程监控护送对象的活动 3.在护送中会检查、排除安全隐患 4.会发现护送中的异常情况并及时报告 5.在护送中会徒手或使用保卫器械进行防护 6.会处置护送押运中发生的抢劫和火警 7.会使用无线通信设备报告情况 8.会识别报警信号并报警 9.会文字表述押运工作程序和内容 10.武装押运时会使用防暴枪支 11.会先期处置武装押运中遇到的紧急情况 12.会办理武装押运的各种押运交接手续、组织人员清点物品 13.会按武装押运操作规程进行警戒,按要求设置、检查警戒哨位	1.了解护送押运的特点 2.熟悉押运操作规程与标准的内容 3.押运安全隐患的处理方法 4.报告和报警的程序和方法 5.各类护送物品交接手续、清点方法 6.监控、报警设备使用和维护方法 7.消防、报警设施的启动常识 8.在护送中制止不法侵害的手段和方法 9.押运易燃、易爆、腐蚀等危险品的注意事项的内容 10.常见押运工作安全隐患的检查和排除方法 11.常用通信器材和保卫器械的使用方法 12.防暴枪支使用方法和注意事项的内容	

二、不适合担任押运员的人格类型和特点

1.智力落后型

智力落后是指通过智力测验获得的智商数低于正常人应达到的水平。智力落后可以是先天的,也可以是后天因素造成的。根据科学的智力测验,智商在 130 分以上,属于智能超常;智商在 120～129 分,智能属于优秀;智商在 110～119 分,智

能属于中上;智商在 90～109 分,智能属于中等;智商在 78～89 分,智能属于低能边缘;69 分以下属于轻度智能落后乃至极端智能落后。凡是智商在 90 分以下的人不适合从事押运工作。

2.人格变态的类型及症状特点

这种类型是指人格发展上具有明显缺陷,形成了多种多样的、缺少统一协调的人格标准,其重要类型及症状如下:

(1)偏执型。主要表现为猜疑固执,无法接受各种来自其他人的建议;心胸狭窄,嫉妒心强;富于幻想和空想,骄傲自大,目空一切。

(2)无情型。主要表现为对他人冷酷无情;情绪、情感控制一切,极易冲动;利己心强。

(3)分裂型。主要表现为喜欢人少的工作环境,不喜欢人多的工作环境;不喜欢和他人交往,孤僻、退缩、沉默寡言,性格乖僻,富于幻想。

(4)情绪型。主要有两种极端表现,或者情绪高涨,或者情绪低落,情绪状态占主导地位。

1)情绪高涨型。精神振奋,乐观、急躁,不知疲惫,好与人交往,常有宏图之志。

2)情绪低落型。精神不振,抑郁悲观,沉默寡言,缺少信心。

(5)强迫型。表现为极强的自我控制能力;追求完美主义,常产生不满足感;墨守成规,无法灵活的对待所发生的事情;遇事犹豫不决,难以做出决策。

(6)疾病型。表现为过分夸张表现自己,以引起他人的注意,暗示性和依赖性强;易激动,情感容易变化,富于幻想。

此外,还有一些人格变态类型,诸如暴力型、衰弱型等。

3.精神异常的类型及症状特征

精神异常是指在外因作用影响下,大脑活动出现紊乱,心理活动出现障碍。

(1)精神分裂症。个性发生明显改变,感知觉、思维、情绪情感出现障碍,行为活动出现障碍。思维活动脱离客观现实,逻辑推理发生混乱,富于幻想和妄想。

(2)癫痫。癫痫是一种特殊的精神异常,主要表现为病人发病期间与非发病期间交替出现,发病时会出现不同程度的意识障碍和明显的知觉、情绪情感和行为异常。发病时有多种形式,其中最具代表性的症状是僵直,发病时意识完全丧失,出现全身抽搐。

(3)躁狂抑郁症。该类病人的明显特点是情绪、情感活动过分高涨和过分低落。处于狂躁时期,病人情绪情感高涨,兴高采烈,容易引起激烈情绪状态;思维活跃,自我评价高,富于幻想,有明显的外部行为。处于抑郁期,病人情绪低落,无精打采,过于抑郁;思维迟钝缓慢,逻辑混乱,外部行为较少。

三、押运员职责

押运员应该履行下列职责:

(1)押运员必须妥善保管随身携带的产品资料、交接手续等资料。

(2)押运员负责对产品押运前、押运途中、住宿地的安全检查及保卫。

(3)监督驾驶员在运输过程中按规定路线、车速行驶,防止疲劳驾驶,确保行驶安全。

(4)负责协调、处置押运过程中的突发事件。

(5)押运过程中(含住宿)严禁从事旅游观光、探亲访友、饮酒娱乐等活动,押运产品不得脱离视线控制范围。

(6)押运员每天须向单位主管领导汇报押运情况。

(7)涉及国家秘密时,须遵守保密规定,不得向其他人透露押运产品的名称、数量、押运地点等相关情况。

(8)配合驾驶员做好押运产品的固定、加固及装卸工作。

(9)铁路押运途中遇不明原因停车时,不得擅自离开押运车厢。

(10)负责押运产品的交接及返回手续的办理,做好押运工作总结。

第四节　押运环节的控制管理

押运环节包括出发前的准备、押运途中的检查与防范、押运物品交接等三个环节,不同环节有着不同的要求。

一、出发前的准备

1.确定押运人员

押运任务下达后,保卫部门要根据押运物品的性质、体积、目的地等因素选派符合要求的押运员。下列几种人员暂不适宜派出押运:

(1)大病初愈或近期身体状况欠佳未查出病因的;

(2)关系紧密的亲属中有身患重病的;

(3)因家庭、工作等原因产生较大矛盾尚未平息的;

(4)其他不明原因造成精神、心理出现较大异常的;

(5)相互间存在较大矛盾和隔阂的几个人也不应同时派出执行同一押运任务。

2.制定押运方案和应急预案

(1)押运方案的内容包括以下几个方面。

1)押运物品及目的地。本项内容主要填写所要押运的军品名称、数量及送达目的地。如果因为涉密原因不便写出军品名称或目的地的真实名称,也可用代号代替,但名称代号须与备案一致,即具有可追溯性;

2)押运人员。主要内容包括押运人员姓名、单位、职务、人数、本次押运指定负责人及各自职责;

3)押运路线的确定。主要内容包括途经省市、主要休息地及沿途是否有需重点关注的情形。对于公路运输来说,当有数条路线通往目的地时,应首选其中最高等级的公路作为押运路线;

4)通信联络及检查要求。主要内容包括押运人员相互之间的联络方式、向单位汇报主管回报方式和要求、安全检查内容和时间要求等;

5)押运装备的配备。内容包括武器配备、防身器材及照明配备、睡袋、睡垫等保障物资的配备;

6)押运要求及规定。对押运员执行押运任务的要求和规定。

(2)应急预案的基本内容包括以下几个方面。

1)组织领导。由于押运均处于远离本单位的位置,因此押运应急预案的组织领导应该包括两个部分:一是押运现场组织领导,一般由押运负责人担任,主要负责现场指挥及与现场所在地相关部门的联系、协调。二是单位的组织领导,一般是由单位领导或单位的上级部门领导(根据突发事件影响的大小而定)担任,主要负责远程指挥及与本地相关部门联系、协调;

2)报警方法(火警、110、急救、交通事故等);

3)自卫反击措施(擒拿、扭送、鸣枪警告、射击等);

4)转移标的措施;

5)自救措施(初起火灾扑救、伤员自救等);

6)报告方法;

7)现场保护措施;

8)应急预案执行完毕后的恢复。

3.相关文件资料和装备的准备

(1)身份证明。包括押运人员个人身份证、押运证(如军工产品押运证、危险化学品押运证等)、介绍信(例如涉密军工产品的免检、介绍信等)。

(2)押运物品相关资料,有些押运要附带押运物品的技术资料,由押运员随身携带一并交给客户。如一些军品交付客户单位时,都要附带交付产品的相关资料。包括产品的名称、数量、检测记录、试验数据、装配记录等。这些资料非常重要,相当于产品的身份证、户口本,并且有些资料无法复制,一旦丢失,产品将无法使用。

(3)领取押运装备。押运员在办理完相关手续后,根据押运方案领取相应的押运装备。领取押运装备应该注意以下几点:

1)照明、防卫器材,应当场测试器材的使用功能是否正常。

2)武器装备必须检查的项目:持枪证是否有效;验枪。枪支领取后先退出弹匣,进行验枪。验枪时枪口务必朝向无人处,确定安全后再推进弹匣,关闭保险。

3)急求物品(包括心血管类药品、绷带、碘酒等)。查看是否在有效期内。

4)其他装备器材也应进行检查,如有损坏,及时更换。

4.产品、车辆的检查

(1)押运物品的封箱、固定检查。检查内容包括标的箱内固定是否牢靠;包装内壁有无破损;包装内是否装有非押运标的的其他物品;包装外观是否完好,有无破损;是否铅封;涉密物品,有无可能涉及失密的标识、文字;捆绑固定是否牢固。该项对押运过程非常重要。无论是公路押运还是铁路押运,在高速行驶中都有可能因突然情况而紧急刹车,如果捆绑固定不牢,所押运标的就有可能因惯性而产生移动,情况严重,就可能造成标的损坏,甚至造成人员伤亡。

(2)运输车辆的检查。为了确保运输过程的安全、顺利,押运员出发前须对运输车辆进行必要的检查。由于押运人员并不一定懂得机动车辆的专门知识,因此,运输车辆的检查重点在于证件、手续及安全器械方面的检查。

1)证件。驾驶员的驾照、车辆的行驶证是否符合、有效。

2)手续。车辆是否经过年审并在有效期内、车辆保险是否有效;押运标的超高、超宽、超长时是否办理了相关手续;如果是危险品要查验公安机关签发的《危险物品运输证》。

3)安全器材。消防器材是否合格、有效;必要的维修工具。若是冬季运输,还应该检查是否携带防滑链等。如果所押物品是化学危险品,还应检查储存器有无泄漏、报警安全装置是否有效等。

二、押运途中的检查与防范

押运过程中的安全检查及安全防范工作,是押运的关键环节,对能否顺利完成押运任务起着至关重要的作用。公路运输和铁路运输是最常见的两种押运方式,确保运输途中的安全是保证所押物品完好交付的重要方面。

1.公路运输途中的检查与防范

(1)车辆行进中的检查与防范。

1)监督驾驶员遵守交通法律法规。为了保证所押物品的安全,押运员要提醒驾驶员自觉遵守交通法规,按规定车速行驶,保持安全距离,避免疲劳驾驶。遇到交通复杂情况时,应提醒驾驶员注意来往车辆、行人,防止发生交通事故。

2)时刻保持警惕,注意物品安全。遇到堵车、错车、过桥爬坡、转弯车辆减速时,押运人员要特别提高警惕,要做到耳聪目明。耳聪,要听车辆是否有异常响动,须留意押运物品是否移动、散落,是否有人爬车造成押运物品的损坏或丢失。目明,就是要密切观察车辆四周的情况,防止不明人员靠近。

3)及时规避风险。行驶途中遇到重大交通事故、山体滑坡、道路损毁时,应及时变更行驶路线并向单位主管领导汇报,以规避可能带来的风险。

(2)中途临时休息时的检查和防范。长途押运中的临时休息也是保证押运安全的一项措施,为保证临时休息期间物品的安全,押运员应与驾驶员配合做好检查和防范工作。

1)选择停车地点。停车地点应尽可能选择正规停车场;无正规停车场时,应选择远离繁忙公路、危险品场所的较空旷地带。

2)车辆停好后,押运员要对物品进行检查,查看包装是否完好,有无损坏丢失。

3)临时休息时,不得远离所押物品,不能超出视力范围。押运重要涉密物品时,押运员要轮流守护,不得离开涉密物品。

(3)住宿时的检查与防范。押运途中需要住宿时,最好选择封闭的、有专人值班的停车场。押运危险物品时,选择停车位应与其他车辆保持一定安全距离。重要涉密物品须安排守护值班,有条件的,应安装便携式报警技防装置。严格遵守保密规定,不得向他人透露所押物品的涉密信息。

2.铁路运输途中的检查与防范

(1)列车行进中的检查与防范。列车行进时检查与防范的重点是当列车通过铁路桥梁、岔口、涵洞、弯道、进出站,或遇到施工减速时,押运人员要特别关注所押物品车厢周边情况,发现有人扒车、跳车时,要立即制止、驱赶,但不宜穷追不舍。情况比较严重时,应向当地铁路公安机关报警。

(2)临时停车和重新编组时的检查与防范。遇到临时停车时,押运员在原因不明的情况下不得擅自离开列车,防止发生掉车事故。对物品的检查,主要通过目测观察周边情况并随时做好应急准备。铁路部门重新编组时,押运员要首先与铁路调度联系,了解编组的大致时间,同时要注意观察编组情况,防止错编、漏编。其次,要进行安全检查,查看物品的固定、包装是否完好。押运重要涉密物品时,要进行警戒,防止外人接近。

三、几种紧急事件的基本处置方法

由于各种主、客观原因,押运途中有可能发生各种紧急事件,当紧急情况发生时,押运员应依据应急预案沉着应对,妥善处理,尽可能避免或减少押运物品的损失。

1. 车辆故障

(1)押运车辆发生故障,押运员首先要指挥司机尽可能将车驶离公路,无法驶离时,尽量靠公路边停车并迅速放置警示牌,打开警示灯。

(2)向主管领导汇报并加强现场警戒,防止发生意外。

(3)组织押运车驾驶员尽快抢修,排除故障。

(4)在押运车辆短时间不能排除故障的情况下,押运员协助驾驶员与当地交通管理部门或车辆维修单位联系,请求帮助。

(5)在车辆维修期间,押运物品不得脱离押运员监管范围。重要涉密物品,押运负责人须安排守护,必要时,可与当地公安、保密部门联系,将涉密物品转移到安全可靠场所临时存放。

2. 交通事故

(1)押运车辆发生交通事故,车辆仍能正常行驶的情况下,押运员应协助驾驶员报警并配合交通管理部门处理事故,在处理事故期间不得放弃对所押物品的看护。押运涉密物品,交通部门需暂扣车辆时,押运员要向交通管理人员出示证件,讲明情况,力争押运任务完成后再进行专门处理。

(2)发生重大交通事故后,如遇人员伤亡,须在第一时间内报警求救并放置警示牌,防止发生二次事故。在等待救援期间,尽可能采取相互自救措施,防止伤情加重;条件许可情况下,应及时向单位主管报告,以便单位启动应急预案,迅速支援。所押物品涉及国家秘密时,须向处理事故的交警、路政说明情况,请求协助保护、迅速转移并保障安全。现场处理完毕后,应及时与当地公安、保密、部队(军工产品)等部门联系,请求对涉密物品的存放和保护。

3. 火险与火灾

(1)押运途中火险的处理方法。火险是指在实施押运过程中出现的各种火灾隐患或潜在的火灾危险。火险不是已经发生的火灾,而是出现了可能发生火灾的一些迹象。此情况在押运过程中时有发生,如及早发现通过合理处置可有效避免火灾的发生。

在押运实施过程中,突然发现发动机或车体某处冒白烟,虽未发现有明火,但冒白烟这种迹象显示了可能发动机温度过高,或者押运车辆内其他物质在高温的作用下冒出白烟,拖延下去可能发生火灾。在这种情况下,应立即命令驾驶员将押运车及时停靠路边停车检查,查明冒烟的原因。

押运员在命令驾驶员停车检查的同时,自己要手持灭火器做好灭火准备,以防火险增大形成火灾。停车后,押运员要配合驾驶员迅速查明冒烟原因,如果比较容易解决,就应及时采取措施排除火险。若一时查不清原因,应采取措施先排除火险;如车辆不能正常行驶,押运员要及时向上级主管部门汇报,按上级要求就近维修或等待押运车辆予以接应。

(2)押运途中火灾的处理方法。发现火险应迅速采取一切有效措施组织扑救,最大限度地减少火灾损失。如果见火势蔓延或扩大,在尽力扑救的同时要立即报警,以求得有关方面和人员的援助;在孤立无援的情况下,应协助驾驶员将押运车辆,停靠在不妨碍交通的地带或路段进行扑救;如果着火押运车在建筑物密集区或市场附近及人员密集的地方,需迅速指挥驾驶员将车辆转移到空旷地带,以免引起其他房屋和物品的燃烧,给国家和人民的生命财产造成更大的损失;如果车上装运的是爆炸危险物品,应迅速组织人员疏散,或指挥驾驶员迅速将车辆开出市区,采取一切应急补救措施,尽量缩小和减少损失;如果受条件限制,扑救无效或确有困难,应迅速组织人力抢救物资,能救出多少算多少,将损失降至最低限度;如果是带拖挂车的汽车和火车厢,应迅速采取措施将火车车厢或拖挂车厢分离,以断绝火源,防止火势蔓延造成更大的经济损失。

4.盗窃

押运途中发生盗窃时的处理方法。押运途中,发现不法分子盗窃押运物资时,要迅速采取以下措施:

(1)报告。将有人扒车、有盗窃嫌疑的情况立即用通信工具向押运小组负责人报告,同时,准备制止。负责人应迅速集结车队,并停车制止。

(2)立即停车制止。单车押运员在押运途中发现有人扒车、跳车时,应立即停车,坚决予以制止。制止无效时,应立即报警,同时,设法周旋并取证。

(3)追缉。如扒车人员携盗劫得手的物资跳车逃跑,押运员应予以追缉,力争追回被盗物资。如扒车人员跳车已经跑远,且盗窃未遂,押运员也不必穷追不舍,要适可而止。

5.抢劫

押运途中遭遇抢劫时,应采取以下措施:

(1)立即报警。押运途中遇到犯罪分子有明显抢劫意图或已实施袭击押运人员、抢劫物资或其他财物的紧急情况时,押运员应立即向 110 报警,押运负责人应迅速通知全体押运人员,迅速做好处理突发事件的准备,并适时指挥司机驾驶押运车尽快脱离犯罪分子。

(2)正当防卫,制止犯罪。劫匪持凶器实施抢劫时,军品押运员要运用所携带的防卫器材和擒拿格斗技能制止劫犯的犯罪行为。武装押运时,当押运人员、司机及其他工作人员受到暴力袭击,严重危及生命或所押运物品可能遭受严重损失时,押运人员应果断使用武器进行还击;如果敌众我寡,应积极寻找机会脱险,占据有利位置固守待援。押运员一定要机智、灵活地处置,避免不必要的牺牲,尽最大可能制止抢劫犯罪,保护押运物资和押运人员的安全。

(3)抢救伤员。在劫匪实施抢劫犯罪行为过程中,造成人员受伤的,要协助有关部门抢救伤员。

(4)收集相关证据。当抢劫犯罪活动被制止或劫匪抢劫后逃跑,押运员要尽可能记清劫匪的人数、性别、身材、面部特征、发式、衣着、语言、所持凶器,以及所用交通工具的型号、品牌、特征及逃跑方向,以便向警方提供相关信息,协助警方追捕劫匪。押运员要保护好抢劫现场,劫匪遗留的凶器、作案工具等不要触摸,不要让无关人员进入现场,以免破坏相关证据。

6.自然灾害

在押运途中遭遇自然灾害,如地震、洪水、塌方、泥石流、暴雪等,交通受阻或道路损坏时,押运负责人要立即将灾情向上级押运主管部门汇报。启动事先制定的突发事件处置预案,迅速根据现场情况指挥驾驶员将押运车辆移至安全地带,保证参与押运工作的所有人员和被押军品物资的安全。如条件受限无法向其他区域转移,应尽量选择安全地点停车,押运员要提高警惕,与驾驶员密切配合,加强对押运车辆的警戒,防止物资受损。押运重要涉密物品时,如条件允许应就近向当地政府机关、公安机关、当地驻军、武警部队寻求帮助,协助转移至安全地点。在征得单位主管领导同意后,及时改变行车路线,避免可能造成的风险。

7.危险物品事故处置

(1)押运危险物品的车辆发生事故后,押运人员应及时采取妥善措施,减少和控制事故的危害和影响,并立即向当地公安机关和主管部门报告(最迟不得超过 1 小时)。报告内容包括事故发生的时间、地点,造成事故的原因、危害程度和范围。

(2)处理事故时应首先采取措施保护自身和公众的生命安全,保护环境不受污染;事故发生时应立即撤离周围公众,封锁现场;切断一切可能扩大危险范围的途径,防止事故的扩大蔓延,严防对食物、禽畜及水源造成污染。

(3)保护好现场。在采取紧急措施时,应尽量保护好现场,禁止无关人员进入,必要时用明显标志划出禁区,设立岗哨。

(4)处理事故要及时、迅速、彻底,不留后患。发现事故后,押运单位要密切配合相关部门处理事故,迅速组织人力、物力采取果断措施进行处理,而且必须处理彻底,不留后患。

(5)处理较复杂的事故必须在有资质和经验丰富的安全防护人员指导下进行。

(6)及时收集与事故有关的物品和资料,以便为相关部门分析事故原因、确定事故性质、判断事故级别提供参考。

四、押运物品的交接

押运物品的交接是指将清点后的押运物品,按规定与接收方共同办理交付与接收手续的活动。物品的交接是押运的最后环节。交接过程中,押运员要与接收方共同做好相关工作。

1.物品清点

押运物品清点是指押运负责人与物品接收人员,共同当面盘点押运物品的数量,以及确认物品安全情况。押运员要特别关注以下几点:

(1)全程监督卸货过程,防止接收方在卸货过程中因操作不当造成物品损坏,从而引起纠纷。

(2)检查标的包装、铅封是否完好。

(3)开箱后产品位置有无移动。

(4)标的物有无明显损坏等。如果在卸货过程中发生问题,押运人员要及时记录,如果问题比较严重,应立即向本单位发货部门、保卫部门报告,由上述相关部门及人员协商解决。协商完毕,需要押运人员协助工作的,押运人员应该执行但须向自己的主管领导汇报。必要时,要求客户单位在事故记录上签字确认。

2.物品交接

押运员与接收方对物品清点无误后,由接收方在交接单上签字、盖章,携带物品相关资料的,一并验收交接。需要强调的是,交接手续一定要清晰、完整,妥善保管,返回单位后立即上交任务下达部门。

本章从押运的组织管理、押运员的条件和职责、押运环节的控制等三个方面对单位保卫部门押运工作的管理内容、押运员的身体和技能要求以及押运的过程中各个环节的主要工作进行了阐述,以期望对单位保卫部门押运工作的规范化管理和保卫人员押运业务技能的提高有所帮助。

思 考 题

1.押运的主体一般有哪些?

2.对于押运,一般将之分为几类?

3.如果想成为押运员,必须要满足什么样的条件?

4.如果在押运之中发生了车辆故障、交通事故、火险火灾、盗窃与抢劫这样的不安全事件,应该如何处置?

第十二章

消防安全工作

──────── ★ ────────

消防安全工作是单位内部治安保卫工作的重要内容,认真做好消防安全工作,对单位内部人、财、物的安全至关重要。

第一节　消防队伍建设

一、企事业单位专职消防队

1.企事业单位专职消防队组建原则

依照《中华人民共和国消防法》第 39 条规定,下列单位应当建立专职消防队,承担本单位的火灾扑救工作:

(1)大型核设施单位、大型发电厂、民用机场、主要港口;

(2)生产、储存易燃易爆危险品的大型企业;

(3)储备可燃的重要物资的大型仓库、基地;

(4)除(1)(2)(3)规定以外的火灾危险性较大、距离公安消防队较远的其他大型企业;

(5)距离公安消防队较远、被列为全国重点文物保护单位的古建筑群的管理单位。

企事业单位专职消防队在业务上接受当地消防监督机关的指导。除做好本单位的防火、灭火工作外,需要时协同公安消防部队扑救外单位火灾。专职消防队的建立,应当符合国家有关规定,并报当地公安机关备案。

2.企事业单位专职消防队职责

(1)灭火职责。专职消防队是单位内部发生火灾时将火灾消灭在初起阶段的重要力量。专职消防队在业务上接受当地消防监督机关的指导。除了做好本单位的灭火工作外,需要时应协同公安消防部队扑救外单位火灾。

(2)执勤备战职责有以下几方面:

1)熟悉本单位的平面布置、建筑结构和交通道路、水源设施、储存物资、生产设备和工艺流程及其火灾危险性。

2)确定消防重点部位,制定消防重点部位的灭火预案,根据预案组织实地演练,充分做好灭火准备。

3)严格按照有关法律法规的规定,明确纪律要求,加强规章制度建设,提高业务水平,坚持训练和实战相结合的原则,有组织、有计划地开展消防技术训练和战术训练。

4)各种消防器材是消防工作的物质基础和基本保证,如消防车辆的保养、管理、维护等要认真做到有规章制度、有保障措施、有检查督促的纪律要求。

5)火警就是命令,火警就是动员令。消防工作的一切努力都是为了做好火灾的预防和消除工作。消防工作中一旦发现火警或接到火警,应在最短的时间内迅速做出反应并出动消防车辆和人员,予以及时的扑救,并同时向主管部门和公安消防监督机关报告。

6)根据公安消防监督机关的命令或应援参加其他单位的火灾扑救。

(3)防火职责有以下几个方面:

1)制定在单位的防火规划,建立并落实防火责任制度。

2)负责本单位防火安全委员会和主管领导交办的日常工作。

3)负责查处本单位发生的火灾事故。

4)负责审核本单位建设工程的防火设计和工艺流程的安全措施以及相关工作的管理。

3.企事业单位专职消防队人员编制

专职消防队的建立和人员编制,以单位的实际需要为原则,并报请编制部门批准。消防队员实行合同制或轮换制,所需经费由单位自行负担。干部的任免由单位领导决定,但应征求当地公安消防监督机关的意见。

(1)专职和兼职消防员应满足如下要求:

1)政治条件。思想品德优良,行为举止端正,热爱祖国,热爱党,热爱人民,热爱本职工作,能坚持坚定正确的政治原则,能认真贯彻党和国家颁布的消防工作的路线方针和政策,能认真遵守国家制定的相关法律法规。

2)业务条件。在文化程度上一般要大专以上的文化水平,系统地学习消防知识和消防技术,并有这一方面的实战训练和锻炼,能在消防工作中积极地开展预案的实施工作,在防火、防灾工作中有突出的表现,受到单位和同事们的肯定。

3)作风条件。热爱消防工作,忠于职守,作风正派,有使命感,有责任心,能认真执行党和国家的相关方针政策和纪律要求,敢于坚持原则,愿意为消防工作和消防事业的发展做出积极的贡献。

4)身体条件。身体健康,设有疾病,能胜任消防工作的要求。

(2)专职消防人员的职责有以下几个方面:

1)学习、熟悉、执行国家有关消防方面的法律法规。

2)为单位消防安全管理制度的制定,相关措施的落实及督促工作做出贡献。

3)积极地开展消防法律法规和专业知识的宣传教育,为提高单位员工消防意识的树立做出成绩。

4)按照法律法规的要求,积极开展消防工作检查,消除火灾隐患,积极创造条件,促进消防工作的开展。

5)协助主管部门对从事存在火险隐患风险比较高的工种、岗位进行消防知识的培训,对涉及这一方面的有关人员进行专业知识的考核和督导。

6)积极组织有关单位的义务消防队及其成员学习相关知识,进行相关训练,制定相关练习计划。

7)在日常工作中,以积极负责任的态度对管理、维修、保养各种消防器材,以备消防实战中的使用和应急。

8)当火险出现的时候,能够到现场做好相关的组织工作、扑救工作、原因调查工作等。

9)能够及时地制止违反消防法律法规的行为,并对这些行为提出处理意见。

4.企事业单位专职消防队执勤备战管理

专职消防队是国家消防力量的重要组成部分,是企事业单位消防工作的基本依靠,有了专职的消防队伍,不但当社会上的人民群众遇到火险、火灾的时候心中不慌,有了依靠;而且企事业单位内部出现了火险、火灾的时候,员工们也急切地盼望着专职消防队伍的出现。为了建设好专职的消防建设队伍,国家出台了许多政策和法规,同时也对专职消防队伍的建设提出了很高的要求。

(1)执勤力量必须予以保证,具体有如下几方面:

1)消防执勤人员和消防器材组成了专职消防队的执勤力量。

2)在专职消防队的人员配备上,每辆水罐消防车或泡沫消防车应配备不少于5名的执勤战斗员。

3)班长应根据每个执勤战斗员不同的业务水平、实战经验和身体素质来确定和分配战斗员的分工。

4)应对每位执勤人员配备常规的防护装备和工具。

5)执勤人员要分工明确,有分有合,认真检查、保养和管理消防车辆和消防器材。

6)每逢重大节日和火灾多发季节,为应对可能出现的特殊情况,应适当增加消防执勤力量,组织预备执勤队。

7)消防安全工作是专职消防队伍的神圣职责和工作重点,要做到从细节入手,从细处抓起,环环相扣,不留死角,在交接班制度等方面要有明确的要求和保证措施。

8)忠于职守,不离岗位是专职消防队伍的基本要求,为此,执勤人员必须坚守岗位,不得擅离职守。

9)执勤通信室禁止无关人员入内,不准擅自动用通信设备,做好门卫警戒任务,负责接待职工群众,保持车库门前畅通。

10)执勤力量不得用于非消防方面。

(2)明确以下责任职务:

1)专业消防队执勤的主要任务有做好灭火战斗准备,闻警立即出动或按上级命令处理重大灾害事故。

2)接到火警、火险后,消防人员应立即出动,在执勤队长的统一调度和命令下,立即登车前往火灾现场,迅速开展火灾的扑救工作,尽最大努力将火灾的损失降低到最小限度,保证国家财产和人民群众的生命财产安全。

3)执勤队长的职责。严格按照消防管理制度和程序要求,认真组织好执勤力量,定期检查执勤人员的情况、消防车辆的情况、消防器材的维护情况,以备火警、火险出现时能够迅速地调度人力和物力,迅速到达火灾现场,开展火灾扑救工作。同时,在平时的训练和备战时,要认真做好各种相关工作的信息记录和备查工作。

4)班长的职责。在消防安全保卫工作中,消防班长的职责非常具体,涉及消防工作能否落实到实处的问题,平时,消防班长的职责是在上级部门和领导的指挥下做好认真的训练备战工作,打好基础,以备战时队伍能够拉得出去,能够打硬仗、打胜仗。战时能够迅速地带领消防队员赶赴火灾第一线,及时有效地开展火灾扑救工作,最大限度地减少火灾造成的损害。

5)战斗员的职责。在消防安全工作中,战斗队员是消防预案的实施者,是火灾扑救的战斗员,平时应该加强业务训练,以出色的业务技能应对战时的严格考验。在火灾扑救的实战中,能够发挥战斗队员的积极性和主动性,以过硬的业务技能,出色地完成火灾扑救的工作。

6)驾驶员的职责。消防车是消防工作的物质保障和依靠,驾驶消防车的驾驶员应该有着精湛的技术和过硬的本领,同时要具备很高的思想品德修养和职业精神。平时的训练和备战中应该认真地做好消防车辆保养、管理、维护工作,以备战时使用。在火灾扑救的实战中,要发挥平时训练的水平,快速、安全、准确地到达救灾现场,保证火灾扑救的工作需要。

7)通信员的职责。通信员在火警、火险出现时,应该迅速及时的接收、转达相关信息,做好火灾扑救工作中出动的人员、车辆相关设备的登记工作,向执勤队长报告火警地点,并向上级主管领导报告火警情况。

二、志愿(义务)消防队

机关、团体、企业、事业单位,根据需要建立志愿(义务)消防队等多种形式的消防组织,培养消防安全工作骨干队伍,建立相关制度,开展群众性自防自救工作。单位不分大小,都应当建立志愿(义务)消防队。设有专职消防队的单位也应建立志愿(义务)消防队。

1.志愿(义务)消防队建队原则

人多的单位队员所占比例应少些,人少的单位队员所占比例应适当增大;火灾危险性较大的单位队员比例适当增大;一般情况下各单位队员按照本单位职工总数的20%左右配备,重点单位或单位内重点部位,队员按照本单位或本部位职工总数的30%左右配备。

2.志愿(义务)消防队人员构成

按照我国相关法律法规的规定,义务消防队由企事业单位人员组成,具体来说,由单位的生产车间、班组的员工组成。

3.志愿(义务)消防队任务

按照我国相关法律法规的规定,志愿(义务)消防队主要承担以下任务:

(1)认真学习、贯彻执行国家和地方制定的有关消防方面的法律法规。

(2)认真执行本单位制定的消防管理制度,参加消防业务训练和灭火演练。

(3)利用各种形式积极开展消防方面法律法规的学习宣传活动。及时发现、劝阻并制止违反消防安全规章制度的行为。

(4)定期、不定期地开展防火安全检查,督促整改火险隐患。

（5）当火灾发生时,及时赶到火灾现场,开展现场保护及火灾原因的调查工作。

（6）掌握消防器材的基本性能,熟悉火灾扑救的方法,懂得维护本岗位的设备和器材的重要性。

（7）当火灾出现时,有义务、有责任及时报警,并参加灭火工作。

第二节　单位消防安全管理

一、单位消防安全管理的内容

1.建立健全消防组织

《机关、团体、企业、事业单位消防安全管理规定》第15条规定,消防安全重点单位应当设置或者确定消防工作的归口管理职能部门,并确定专职或者兼职的消防管理人员;其他单位应当确定专职或者兼职消防管理人员,可以确定消防工作的归口管理职能部门。归口管理职能部门和专职、兼职消防管理人员在消防安全责任人或者消防安全管理人的领导下开展消防安全管理工作。

（1）消防（防火）安全委员会。单位消防（防火）安全委员会是由单位主要负责人或消防安全管理人任主任,相关部门负责人任成员的非定编常设机构,全面负责本单位的消防工作,定期组织会议研究本单位涉及消防安全的重大事项。

（2）单位消防安全责任人和消防安全管理人。

1）消防安全责任人是指对单位的消防安全工作全面负责的人。一般法人单位的法定代表人或非法人单位的主要负责人是单位的消防安全责任人。

2）消防安全管理人,一般由本单位分管消防安全、安全生产的领导担任,对消防安全责任人负责、实施和组织落实本单位消防安全管理工作。

（3）单位消防安全归口管理部门。消防安全重点单位应当设置或者确定消防工作的归口管理部门,负责本单位日常消防安全管理工作,一般为单位的保卫科（处、部）或者办公室、安全部门等。

（4）专职消防队。专职消防队的组建原则见本章第一节。

（5）志愿消防队。其职责及人员构成见本章第一节。

2.建立健全各项消防安全管理规章制度

根据《消防法》和《机关、团体、企业、事业单位消防安全管理规定》,贯彻"预防为主,防消结合"的方针,单位应当按照国家有关规定结合本单位特点,建立健全各项消防安全制度和保障消防安全的操作规程,并公布执行,确保全体员工人身安全和单位财产不受损失。

单位消防安全制度主要包括以下内容:防火巡查、检查制度;消防设施器材管理制度;安全疏散管理制度;消防(控制室)值班制度;火灾隐患整改制度;用火、用电安全管理制度;应急和疏散预案宣传制度;消防安全宣传、教育、培训制度;易燃易爆危险品及其场所防火防爆管理制度;专职和义务消防队组织管理制度;燃气和电气设备的检查和管理制度;消防安全工作考评和奖惩制度;其他必要的消防安全制度。

3.用火、用电安全管理

大量的火灾事例说明不少从事动火作业的人员由于缺乏必要的消防安全知识,致使违法违章操作,发生火灾后既不会报警,也不会扑救初起火灾,造成严重的后果;同时随着社会的不断发展,电的适用范围越来越广,用电量也越来越大,单位用电不规范、用电线路管理不规范,增加了火灾发生的概率,应当对动用明火、用电安全实行严格的管理。

4.消防安全检查

消防安全检查是做好消防工作的首要环节,目的在于及时发现火灾隐患和可能存在的各种不安全的因素,并在检查的基础上制定相应的改进措施,完善消防管理制度,保证消防工作环环相扣,不出现脱节的情况,以备火警、火险出现时能够及时应对,达到消防安全的目的。

5.消防安全教育

宣传教育的目的在于人们对消防安全工作在思想上要有足够的认识,牢固树立消防安全无小事的观念。在行动上,要主动积极地参加消防安全工作,配合消防安全部门做好消防安全工作。

6.灭火和应急疏散预案及演练

《机关、团体、企业、事业单位消防安全管理规定》第39条规定:消防安全重点单位应制定灭火和应急疏散预案并组织进行演,目的就是在单位突发火灾事故时,能快速准确地做出应急反应,实现统一指挥,避免火灾现场的慌乱无序,充分合理地发挥人力和消防设施、器材等资源的作用,及时有效地组织引导受火灾威胁的人员安全疏散,控制和扑灭火灾,最大限度地避免和减少火灾事故造成的人员伤亡和财产损失。同时,制定预案和组织进行演练的过程既是对单位全体人员进行消防安全宣传教育的过程,也是全面落实消防安全措施,提高单位自防自救能力的过程。企事业单位和部门均应制定本单位和部门的灭火和应急疏散预案,并按照预案内容进行演练。

7.消防档案

消防档案是翔实纪录消防工作第一手资料的珍贵文献,是做好消防安全工作的必备条件。因此,在消防安全工作中,积极做好消防档案的建立和管理工作是单位内部治安保卫的重要环节。通过对消防档案的建立、管理和查阅,可以发现消防安全工作中一些带有规律性的东西,可以提醒我们时刻保持对消防安全工作重要性的认识。

8.行为处罚

在单位消防管理中,对违反本单位消防安全管理制度的各种行为,由单位依照有关管理制度及规定追究责任,分别给予相应的处罚;对其中违反消防法律法规的行为,由公安机关消防机构或公安机关或司法机关分别依法追究责任,予以相应的行政或刑事处罚。

二、单位消防安全管理的措施

1.消防安全例会制度

(1)例会由消防安全责任人主持,每半年不少于一次。

(2)消防安全责任人、相关部门负责人和消防安全管理人员参加。

(3)例会任务是处理涉及消防安全的重大问题,研究、部署、落实本单位的消防安全工作计划和措施。

(4)例会由消防安全管理人提出议程,并应形成会议纪要或决议。

2.防火检查

(1)防火检查应定期开展,各部门应每周一次,单位应每月一次。

(2)防火检查应由单位消防安全责任人、消防安全管理人或职能部门负责人,各岗位负责人组织实施。

(3)防火检查应包括下列内容:

1)消防车通道、消防水源的完好情况。

2)安全疏散通道、楼梯,安全出口及其疏散指示标志、应急照明的完好情况。

3)消防安全标志的设置情况。

4)灭火器材配置及其完好情况。

5)建筑消防设施运行情况。

6)消防控制室值班情况、消防控制设备运行情况及相关记录。

7)用火、用电有无违章情况。

8)对消防安全重点部位的管理。

9)防火巡查落实情况及其记录。

10)火灾隐患的整改以及防范措施的落实情况。

11)易燃易爆危险物品场所防火、防爆和防雷措施的落实情况。

12)楼板、防火墙和竖井孔洞等重点防火分隔部位的封堵情况。

13)消防安全重点部位人员及其他员工消防知识的掌握情况。

(4)防火检查时应填写检查记录,检查人员及其主管人员应在记录上签名。

(5)防火检查发现的违反消防法规、单位消防管理制度的行为或火灾隐患应当责令有关人员或车间、部门立即改正,不能立即改正的应当通知限期改正,车间部门无力改正的,单位负责人应当研究改正。

3.防火巡查

(1)单位或部门明确专人开展每日防火巡查。

(2)防火巡查时应填写巡查记录,巡查人员及其主管人员应在记录上签名。

(3)巡查、检查中应及时纠正违法违章行为,消除火灾隐患,无法整改的应立即报告,并记录存档。

(4)巡查消防安全器材是否到位,安全出口是否通畅,消防安全重要部位人员是否在岗等。

(5)防火巡查时发现火灾应立即报火警并实施扑救。

4.消防器材、设施管理

(1)单位的工程或机电维修部门应为消防设施管理的责任部门,负责消防设施定期维护保养和日常维修。

(2)单位消防工作职责部门负责消防设施的定期专项检查,对发现的问题及时通知负责维护保养的部门。

(3)设有自动消防设施的单位应将消防设施委托专业单位维护保养,明确维保责任范围。

(4)消防设施所在部位的部门、车间、岗位是对应消防设施器材的日常管理责任部门、责任人,要严格遵守消防设施的使用管理规定。

(5)单位应按照消防设施管理制度和相关标准定期检查、检测消防设施,并做好记录,存档备查。

(6)自动消防设施应按照有关规定,每年委托具有相关资质的单位进行全面检查测试,并出具检测报告,送当地公安消防机构备案。

(7)消防设施管理应符合下列要求:

1)消火栓应有明显标识。

2)室内消火栓箱不应上锁,箱内设备应齐全、完好。

3)室外消火栓不应埋压、圈占;距室外消火栓、水泵接合器 2 m 范围内不得设置影响其正常使用的障碍物。

4)生产设备等的设置不得影响防火门、防火卷帘、室内消火栓、灭火剂喷头、机械排烟口和送风口、自然排烟窗、火灾探测器、手动火灾报警按钮、声光报警装置等消防设施的正常使用。

5)应确保消防设施和消防电源始终处于正常运行状态,自动消防设施除有人值班的控制室联动控制器可设于手动外,其余的末端设备必须处于自动位置。

6)需要维修时,应采取相应的措施,维修完成后,应立即恢复到正常运行状态。

(8)消防设施、器材检查维护、保养应符合下列要求:

1)室内外消火栓系统:每月对消火栓泵及消火栓管道阀门启动检查 1 次;每月对消火栓泵远距离启动按钮和消火栓检测 1 次;水带、水枪完好率每半年检查 1 次;每半年对室内外消火栓、水泵结合器检查、保养 1 次;喷淋泵接合器和消火栓接合器有明显区分标志。

2)消防安全疏散系统:安全疏散指示标志、事故照明灯每季全部检查 1 次;每日对本单位疏散通道、安全出口检查 1 次;对本单位应急广播每月测试 1 次。

3)消防设施其他方面:对配置的移动式灭火器材每天检查,每月清洁、保养 1 次,每年检测一次;对消防设施检查、测试后,认真做好记录,存档备查;及时修复故障和损坏的消防设施,检查情况及时向单位分管领导汇报。

5.安全疏散设施管理

(1)单位应明确消防安全疏散设施管理的归口责任部门或责任人定期维护、检查。

(2)将具体安全疏散设施的日常维护管理责任分解到具体部门和人员,明确管理和使用状态要求。

(3)安全疏散设施管理应符合下列要求:

1)确保疏散通道、安全出口的畅通,禁止占用、堵塞疏散通道和楼梯间。

2)人员密集场所在使用和营业期间,疏散出口、安全出口的门不应锁闭。

3)封闭楼梯间、防烟楼梯间的门应完好,门上应有正确启闭状态的标识,保证其正常使用。

4)常闭式防火门应经常保持关闭。

5)需要经常保持开启状态的防火门,应保证其火灾时能自动关闭;自动和手动关闭的装置应完好有效。

6)平时需要控制人员出入或设有门禁系统的疏散门,应有保证火灾时人员疏散畅通的可靠措施。

7)安全出口、疏散门不得设置门槛和其他影响疏散的障碍物,且在其 1.4 m 范围内不应设置台阶。

8)消防应急照明、安全疏散指示标志应完好、有效,发生损坏应及时维修、更换。

9)消防安全标志应完好、清晰,不应遮挡。

10)安全出口、公共疏散走道上不应安装栅栏、卷帘门。

11)窗口、阳台等部位不应设置影响逃生和灭火救援的栅栏。

12)各楼层的明显位置应设置安全疏散指示图,指示图上应标明疏散路线、安全出口、人员所在位置和必要的文字说明。

6.消防控制室值班管理及应急处置程序

(1)消防控制室值班人员应严格遵守单位各项消防安全管理制度和消防控制室的各项安全操作规程。

(2)报警联动控制设备需要设置在手动状态时,在有火灾发生时能迅速将手动控制转换为自动控制的可靠措施。严禁将自动喷水灭火系统和联动控制的防火卷帘等防火分隔设施设置在手动控制状态。

(3)消防控制室应当实行每日 24 小时专人值班制度,确保及时发现并准确处置火灾和故障报警。

(4)消防控制室工作人员每班不得少于 2 人,一名负责值班时报警部位的核实和紧急情况的处置,一名负责自动消防控制系统的操作。

(5)消防控制室值班人员应当每日检查火灾报警控制器的自检、消音、复位以及主备电源切换功能。

(6)消防控制室工作人员应按时上岗,并做好交接班工作,接班人员未到岗前交班人员不得擅自离岗。

(7)消防控制室工作人员应按时上岗,并坚守岗位,尽职尽责,不得脱岗、替岗、睡岗,严禁值班前饮酒或在值班时进行娱乐活动,因确有特殊情况不能到岗的,应提前向单位主管领导请假,经批准后,由同等职务的人员代替值班。

(8)应急处置。

1)应在消防控制室的入口处设置明显的标志;消防控制室应设置火灾事故应急照明、灭火器等消防器材,并配备相应的通信联络工具;

2)消防控制室的日常管理应符合《建筑消防设施的维护管理》的相关要求;

3)消防控制室应确保火灾自动报警系统和灭火系统处于正常工作状态;

4)消防控制室应确保高位消防水箱、消防水池、气压水罐等消防储水设施水量充足;确保消防泵出水管阀门、自动喷水灭火系统管道上的阀门常开;确保消防水泵、防火排烟风机、防火卷帘等消防用电设备的配电柜开关处于自动(接通)位置;

5)接到火灾警报后,消防控制室必须立即以最快方式确认;

6)火灾确认后,消防控制室必须立即将火灾报警联动控制开关转入自动状态(处于自动状态的除外),同时拨打119火警电话报警;

7)消防控制室必须立即启动单位内部灭火和应急疏散预案,并应同时报告单位负责人。

7.用电安全管理

(1)单位明确用电安全管理的责任部门和责任人。

(2)采购电气、电热设备,应选用合格产品,并应符合相关安全标准的要求。

(3)电气线路铺设、电气设备安装和维修应由具备职业资格的电工操作。

(4)对电气线路、设备应定期检查、检测,严禁长时间超负荷运行。

(5)不得随意乱接电线,擅自增加用电设备,确因生产经营需要拉接临时线路应履行单位内部审批手续,进行负荷核算后,由专业电工操作。

(6)电器设备周围应与可燃物保持0.5 m以上的间距。

(7)下班后应切断生产、办公场所的非必要电源。

(8)可燃物不能近距离堆放在照明电器的正下方。

(9)易燃易爆、化学危险品仓库安装照明电器时应符合电器防爆要求。

8.用火、动火安全管理

(1)禁止在具有火灾、爆炸危险的场所使用明火。

(2)因特殊情况需要动火需办理审批手续。

(3)各类动火应严格执行安全消防相关技术要求;做到"三不动火",即没有批准的动火许可证不动火,安全监护人不在作业现场不动火,防火措施不落实不动火。

(4)在危险性较大的场所,凡是可动可不动火的一律不动;凡能拆下来的一律拆下来,移到安全区域动火。

(5)凡在储存、输送可燃物料的设备、容器、管道上动火,应首先切断物料来源,加好盲板、关闭阀门,经彻底吹扫、清洗、置换后打开入孔,通风换气,并经检查合格后,才可动火。

(6)动火审批人必须亲临现场,落实防火措施后,方可签动火证。一张动火许可证只限当日一处作业地点有效,不得涂改。

(7)动火操作人和安全监护人在接到动火许可证后,应逐项检查防火措施落实情况,防火措施不落实或监护人不在场,操作人有权拒绝动火。

(8)生产设备(装置)进行大、中修时,因动火工作量大,对于易燃易爆等危险物质都应彻底清除,按规定进行处置并加盲板隔离。

(9)厂区内禁止流动吸烟;吸烟者可到指定吸烟处。

(10)生产作业场所一律禁止吸烟;吸烟者必须到指定地点吸烟。

9.灭火和应急疏散预案培训及演练

(1)编制预案的原则。在全面掌握单位建筑物基本情况、消防设施情况、人员情况和火灾危险源等各方面情况的基础上,从单位实际出发,明确各级人员处置火灾事故的责任,针对可能出现的各种火灾事故,明确处置火灾事故的程序和方法及预案培训和演练方法,确保预案的科学性和可操作性。

(2)预案的内容。预案的内容应包括制定的目的、依据、适用范围、组织指挥机构、火灾险情设定、灭火和应急安全疏散的程序与措施等。预案应做到简洁明了,图文结合,责任明确,突出重点,科学合理,便于操作。其中组织机构、火灾险情设定、灭火和应急疏散的程序与措施应重点明确以下内容:

1)单位基本情况:包括单位名称、地址、使用功能、建筑面积、建筑结构和主要人员情况说明等内容。生产企业单位还应包括生产的主要产品、主要原材料、生产能力、主要生产工艺、主要生产设施及装备等内容。

2)单位周边情况:预案应包括距本单位、本部门300～500 m范围内建筑地形地貌、道路和水源等情况说明。对重点单位,还应说明单位的工作性质、周围环境和交通运输、周边区域内重要基础设施和道路等情况。

3)平面布局图:应体现不同功能分区的布置,对于一个建筑内存在的多家单位应详细标明;对于生产企业,应标明生产、管理和生活区域;高温、有害物质和易燃易爆危险品布置区域;危险品的品名和储量;运输路线和附近水源。

4)指挥机构及职责:包括应急指挥部、灭火行动组、通信联络组、疏散引导组、安全防护救护组。各小组应明确其职责。

5)重点火灾危险源:生产企业应对其生产工艺、车间、仓库明确重点危险源以及危险源的位置、性质和可能发生的事故进行分析,明确危险源区域的操作人员和防护手段,对危险品的仓储位置、形式和数量进行有效说明。

6)消防设施情况:预案应明确企事业单位的消防设施类型、数量、性能、参数等内容。

7)各种火灾事故情况设定:企事业单位应设定和分析可能发生的火灾事故情况,包括可燃物的性质、危及范围、爆炸可能性、泄漏可能性以及蔓延可能性等内容。

8)火灾事故应急措施:单位应根据设定的火灾情况,制定报警和接警处置程序、疏散逃生方案、扑救初起火灾的程序和措施、灭火方案和通信联络、安全防护救护的程序和措施,并明确应急物资的保障情况。

(3)预案的培训。

1)培训的目的:通过培训,可以发现应急预案的不足和缺陷,并在实践中加以补充和改进;可以使培训人员了解火灾发生后如何去做以及如何协调各应急部门人员的工作等。

2)培训的内容:预案的培训应使参与应急救援行动的所有相关人员了解和掌握识别危险、采取必要的应急措施、启动紧急警报系统、安全疏散人群等基本操作。同时,培训要加强与灭火操作有关的训练,强调不同应急水平和注意事项等内容。具体培训内容有报警、疏散、灭火装置的使用、火灾应急培训等。

(4)预案的演练。

1)演练的目的:通过演练可以检查应对可能发生的各种紧急情况的适应性及它们之间相互支援及协调程度;检验应急救援指挥部的应急能力,包括组织指挥、专业队伍救援能力和人民群众对应急响应能力;通过演练可以发现预案中存在的问题,为修正预案提供实际资料。尤其是通过演练后的讲评、总结,可以暴露预案中未曾考虑到的问题,并提出改正的建议,这是完善预案内容、提高预案质量的重要步骤。

2)灭火和应急疏散演练要求:消防安全重点单位应按照预案每半年至少组织一次灭火和应急疏散演练;其他单位按照预案每年至少组织一次灭火和应急疏散演练;演练后对演练预案完善更新;单位组织演练,应精心组织安排,认真落实演练的安全措施,并事先向上级汇报和公告演练的时间、地点、内容,以防引起恐慌造成不良影响。

10.火灾隐患整改

(1)单位在防火巡查、检查中发现火灾隐患应立即改正,不能立即改正的,应报告上级主管人员。

(2)单位消防安全管理人或部门消防安全责任人应组织对报告的火灾隐患进行认定,并对整改完毕的进行确认。

(3)对于限期改正的火灾隐患应明确整改责任部门、责任人、整改的期限和所需经费来源。

(4)单位负责人应为整改火灾隐患提供经费保障。

(5)在火灾隐患整改期间,应采取相应措施,保障安全。

(6)对公安消防机构责令限期改正的火灾隐患和重大火灾隐患,应在规定的期限内改正,并将火灾隐患整改复函送达公安消防机构。

(7)重大火灾隐患不能立即整改的,应将危险部位停产停业并进行整改。

11. 消防安全宣传教育培训

(1)消防宣传教育。

1)企事业单位消防宣传教育的目的和意义。随着我国社会主义建设事业的发展,进一步加强和改进消防宣传工作,对于全面落实科学发展观,更好地贯彻落实科学发展观,贯彻各级政府加强消防安全工作的决策部署,促进社会主义社会和谐建设具有重大意义。具体地说,消防宣传教育能有效提高全民的消防意识,预防火灾发生,减少火灾危害,增强职工守法意识,减少消防违法行为。

2)消防宣传教育主要内容有:党和国家以及各级政府有关的消防工作方针、政策、重大决策部署和决定;消防法律法规、技术规范;重大火灾事故工作动态及事故分析;与本单位及职工群众密切相关的消防知识;本单位生产、经营、科研等领域的消防安全技能知识;公共聚集场所、居民家庭消防安全知识;初期火灾扑救知识;安全疏散及火场逃生知识;消防科普知识等。

3)宣传教育形式主要有:广播、展板、期刊、网络等媒体;组织职工参观消防队;"119"消防宣传日的宣传活动;组织职工参与消防讲座、消防知识竞赛等。

(2)消防安全培训教育。

1)培训教育的概念:指对从事与消防安全工作相关的行业、系统等岗位的工作人员、本单位重点部位重点岗位工作人员进行专门培训、训练的活动。

2)培训教育的内容:国家制定的相关的法律法规和方针政策;火灾的预防、扑救以及火灾现场人员疏散逃离知识;单位的火灾隐患、预防火灾的措施、消防安全制度和保障消防安全的操作规程;消防设施的性能和使用方法;灭火及应急救援预案。

3)培训教育的要求:其一,逐渐实现常态化,特别是消防安全重点单位,要从单位的安全保卫实际工作出发,应定期、不定期地开展对员工的消防安全培训,做到每年完成一到两次培训,对新上岗和进入新岗位的员工要分门别类的进行消防安全培训教育;其二,培训教育实现制度化,单位的安全宣传培训教育,要制定相应的制度,以制度保证培训教育的落实,尤其是以制度保证消防安全责任人、管理人、专职或兼职消防管理人员、电(气)焊工、化学危险品仓库管理人员应进行专门的消防安全培训;消防控制室的值班、操作人员应当取得《建(构)筑物消防员》国家职业资质。

12. 消防档案

消防档案是消防安全工作的真实记录,要做到真实、翔实、可靠、规范。通过消防档案,要能够反映出单位消防工作的真实情况、基本要求、经验教训等,并根据安全保卫工作的发展变化,及时在内容上予以充实和补充。

(1)消防安全基本情况内容。

1)单位基本概况和消防安全重点部位情况,包括单位名称、性质、规模、人数;单位消防安全责任人、消防安全管理人以及消防归口管理部门负责人和联系电话;消防安全重点部位的名称、概况、管理制度、责任人等。

2)建筑物或者场所是否依法通过消防验收或者进行消防竣工验收备案,公众聚集场所是否依法通过投入使用前的消防安全检查。

3)消防管理机构和各级消防安全责任人,包括单位消防安全委员会组成人员和各级各岗位消防责任人员。

4)消防安全制度。

5)消防设施、设备、灭火器材情况,本单位消防设施、器材的种类、名称、型号、数量以及购置时间,生产、安装和施工单位。

6)专职消防队、义务消防队人员及其消防装备配备情况。

(2)消防安全管理情况。

1)公安机关消防机构下发的各种法律文书、通知。

2)消防设施定期检查记录。

3)火灾隐患及其整改情况记录。

4)防火检查、巡查记录。

5)有关燃气、易燃易爆物品、电气设备检查(包括防雷、防静电)等记录。

6)消防安全培训记录。

7)灭火和应急疏散预案的演练记录。

8)火灾情况记录。

9)消防奖惩情况记录。

以上内容中的第2)3)4)5)项记录,应记明检查的人员、时间、部位、内容、发现的火灾隐患以及处理措施等;第6)项应记明培训的时间、地点、参加人员、培训内容等;第7)项应记明演练的时间、地点、人员、内容、参加部门和演练总结等。

13.消防安全工作奖惩

(1)对认真贯彻执行国家《消防法》及《机关、团体、创业、事业单位消防安全管理规定》成绩显著的部门或个人,有下列情形之一的,由单位给予精神及物质奖励:

1)认真开展防火安全工作,落实各项消防安全措施,在预防和防止火灾事故等方面成绩显著的。

2)发生重大、特大火灾,自然灾害时,不顾个人安危,奋力参加扑救、抢救国家、集体财产和保护职工人身安全成绩显著的。

3)勇于对破坏消防设施违法犯罪行为做斗争的。

4)防火安全工作成绩突出,受到上级表彰记功的。

5)经常组织本单位义务消防队学习和训练,成绩突出的。

(2)各部门、单位没有按照《机关、团体、创业、事业单位消防安全管理规定》落实开展防火安全工作,造成火灾事故的发生,尚不够负刑事责任的,部门或直接责任人给予一定的经济处罚和纪律处分。

有下列情形之一的处以警告:

1)私自将消防器材挪用。

2)故意损坏消防设施情节轻微的。

3)义务消防队组织不健全,机构不完善,不组织队员学习和训练。

有下列情形之一的,对部门责任人处以警告:

1)所属部门责任人不制定本单位消防管理制度,不制定防火预案。

2)对消防部门提出的消防隐患、整改意见,没有在整改限期内及时整改。

3)灭火器材缺失,没有及时配齐。

(3)违法行为。违法行为是指违反有关消防法律、法规和规章的行为的总称。企事业单位消防管理违法行为大致分为:

1)违反建筑工程消防管理的行为。

2)违反易燃易爆化学危险物品消防管理的行为。

3)违反消防产品质量、技术管理的行为。

4)违反公共场所消防管理的行为。

5)违反火灾事故调查处理规定的行为。

6)其他违反消防管理的行为。

(4)违法行为的处罚。

1)对消防违法行为,由公安机关消防机构或公安机关依据《消防法》及有关规定,分别给予警告、罚款、没收产品和违法所得、责令停产停业、行政拘留等行政处罚。对于触犯刑律,构成犯罪的消防违法行为,由司法机关依据《消防法》追究责任,给予刑事处罚。

2)在单位消防管理中,对违反本单位消防安全管理制度的各种行为,由单位依照有关管理制度及规定追究责任,分别给予相应的处罚;对其中违反消防法律法规的行为,由公安机关消防机构或公安机关或司法机关分别依法追究责任,予以相应的行政或刑事处罚。

第三节 火灾隐患的排查治理

一、火灾隐患的定义

火灾隐患有广义和狭义之分。广义上讲,火灾隐患是指在生产和生活活动中有可能直接造成火灾危害的各种不安全因素。狭义上讲,火灾隐患是指违反国家消防法律、法规有可能造成火灾危害的隐藏的祸患,具体包括以下三层含义:

(1)增加发生火灾的危险性,违反规定生产、储存、使用和销毁易燃易爆危险品;违反规定用火、用电、用气、明火作业等。

(2)一旦发生火灾,会增加对人身财产的危害。如建筑防火分隔、建筑结构防火、防烟排烟设施等随意改变,失去应有作用造成火灾蔓延;建筑物内部装修、装饰违反规定,使用易燃材料、电气线路敷设违规等;建筑物的安全出口、疏散通道堵塞,不能畅通无阻影响安全疏散;消防设施、器材不完好有效等。

(3)一旦导致火灾会严重影响灭火救援行动,如缺少消防水源,消防车通道堵塞,消火栓、水泵接合器、消防电梯等不能使用或者不能正常运行等。

火灾隐患绝大多数是因为违反消防法规和消防技术规范、标准造成的,所以确定一个不安全因素是否是火灾隐患,不仅要在消防行政法规上有依据,而且还应在消防技术上有标准,根据实际情况全面细致地考察和了解,实事求是地分析,注意区分一般工作问题和火灾隐患。

二、火灾隐患的分类和特征

(1)重大隐患。重大隐患是指严重违反消防法律法规,可能导致火灾发生或火灾危害增大,并由此可能造成特大火灾事故后果和严重社会影响的各类潜在不安全因素。

(2)一般隐患。一般隐患是指可能引起火灾,但在短时间内可以整改而且不会引起群死群伤或财产严重损失的各类潜在不安全因素。

(3)隐患的特征具有隐蔽性、危险性、突发性、随意性、重复性、季节性、因果性、实效性。

三、火灾隐患的形成因素

(1)物质的性质和数量。物质的性质是指检查场所储存、加工、生产和使用物质的火灾危险性。物质的数量是指检查场所存物质的数量。同种物质由于量的多少不同,其危险性或火灾危害后果也不同。有的物质量多可能构成火灾隐患,而少量就不构成火灾隐患。

(2)人的因素。人的因素包括人的行为和人的素质。人的行为和素质除了通过当场询问检验外,还可通过单位执行法律法规以及内部消防安全制度情况;消防安全知识教育和宣传;消防组织的建立和消防责任落实情况进行检验。

(3)生产工艺条件和设备因素。决定工业生产火灾危险性大小的有两大因素:一是物质(原料、产品)本身的性质;二是生产工艺条件。如果在生产过程中没有保护措施和相应的安全条件,或虽有但起不到应有作用,或不全,都是火灾隐患。

(4)火源、热源、电源因素。火源、热源、电源都有可能成为着火源。着火源是燃烧的要素之一。在消防监督检查中认定火灾隐患时,应认真细致地检查,分析这三源的情况,无论哪方面存在问题都可以认定为火灾隐患。

(5)建筑结构、平面布局方面的因素。建筑耐火等级、结构方式、平面布局如果不合理,能严重影响火灾的扑灭、人员和物资的疏散。

(6)消防设施、器材、水源因素。消防设施、器材、水源对扑灭火灾是必不可少的。消防检查时必须把消防设施、器材、水源作为一项重要内容进行全面细致的检查;一是看是否按照有关规定设置,二是看维护保养如何。不按规定设置和维护保养也属于火灾隐患。

通过以上六个方面的检查分析,就可以初步确定单位是否存在安全隐患。

四、火灾隐患的类型

一般具有以下特征之一的问题可以确认为火灾隐患:

(1)消防安全建筑不合理,易燃易爆危险物品的生产、储存、销售等场所选址不符合消防安全要求。

(2)建筑、市场、储罐区等未按规定设置环形通道或消防车通道被封堵占用。

(3)室内外未按规定设置消火栓给水系统,或设置的给水系统达不到规定要求。

(4)防火间距达不到规范要求或被占用。

(5)建筑的耐火等级达不到规范要求。

(6)安全出口数量、宽度和疏散长度及设置方式达不到规范要求或疏散通道被封堵占用。

(7)未设置相关的消防标志,安全疏散指示标志故障、损坏。

(8)未设防火分区或防火分区面积超过规范要求。

(9)未按规范要求设置自动报警系统、自动灭火系统、防排烟系统,或上述系统处于瘫痪状态,或上述系统设置未达到规范要求。

(10)消防供电负荷等级和消防配电达不到规定要求,乱拉电气线路,乱接电气设备,或电气线路严重老化等。

(11)易燃易爆危险场所未按规定设置防爆泄压、防静电设施和防爆电气设备等。

(12)大量使用易燃可燃装修材料,或装修改造后严重影响安全疏散和消防设施的正常使用。

(13)办公场所或生产场所与居住场所设置在同一建筑内。

(14)管理混乱,责任不清,制度不全,消防组织瘫痪,消防意识淡薄等。

五、火灾隐患的主要表现行为

火灾隐患一般有三种类型:一是增加了发生火灾的危险性;二是发生火灾时会增加对人身、财产的危害;三是火灾时会严重影响灭火救援行动。常见的表现行为有:

(1)总平面布局和平面布置中涉及消防安全的防火间距、消防通道、消防水源(室内、室外消火栓系统)等不符合国家工程建筑消防技术标准。

(2)建筑物的火灾危险性类别和耐火等级不符合消防技术标准。

(3)建筑防火、防烟分区不符合消防技术标准。

(4)安全疏散通道和安全出口严重不符合消防技术标准。

(5)未按照消防技术标准要求设置消防设施或设置不符合要求。

(6)防烟、排烟设施和通风、空调系统的防火设备应设未设或不符合要求。

(7)建筑内部装修材料不符合消防技术标准。

(8)在易燃易爆品生产、加工、储存场所及其防火间距内使用明火。

(9)有爆炸危险的厂房无泄压设施或泄压设施不符合规范要求的;化工生产装置无安全防爆装置或生产工艺不合理,超温超压不能排除。

(10)在有可燃物的场所乱拉乱接电气线路,电线绝缘破损、老化或超负荷用电;该使用防爆电器的场所没有使用或没有选用合适的防爆电器,或未达到整体防爆要求;在易燃易爆场所无防雷、防静电、防撞击火花设施,或虽有但不合格。

(11)生产、经营、存放、输送易燃可燃气体、液体的场所有跑、冒、滴、漏危险的,或散发可燃气体场所通风不良。

(12)有自燃危险的物品,运输存放环境或方法不当。

(13)可燃液(气)体贮罐应设未设消防系统及冷却系统或系统不能使用。

(14)具有火灾危险性的生产工艺、生产设备存在安全缺陷可能导致火灾、爆炸事故发生。

(15)其他违反消防技术标准的行为。

六、火灾隐患的处理程序

主要是依法监督其整改,防止养患成灾。根据公安部《消防监督检查规定》等有关法规,处理的方式为:消防监督检查人员进行监督检查时,填写《消防监督检查记录》,对发现的火灾隐患,在 3 个工作日内制定并送达《责令限期改正通知书》;对可能构成重大火灾隐患的,应按一定的程序进行评估,必要时组织论证,并在规定期限内制作送达《重大火灾隐患限期整改通知书》。对于整改的执行情况,应于整改期限届满后 3 个工作日内进行复查,并填发《复查意见书》。对未按要求整改的,根据《消防法》第 43 条和第 48 条的相关规定对单位、相关责任人进行处罚。

七、火灾隐患的整改

1. 火灾隐患的整改原则

火灾隐患整改过程中,要本着保证安全、有利生产的原则,对隐患整改的态度要坚决,方法要灵活。

(1)边检查边整改。对检查出来的火险隐患,能整改的立即整改,不得拖延。

(2)需要一定时间整改的火险隐患要按照"三定"方法进行整改,即定整改措施,定整改时间,定整改责任人。

(3)对遗留的"老、大、难"问题,如建筑布局混乱、消防通道阻塞、水源缺失等,因条件限制暂时整改不了的,应纳入到单位建设规划,逐步解决。

(4)对本单位无力整改的火险隐患,应及时督促单位向主管部门请求汇报,在未解决之前必须采取安全措施。

(5)对能整改而不认真整改的部门,可以发出《火险隐患整改通知书》,仍拒绝整改的或拖延整改的,或发生火灾事故的,依据相关制度进行处罚,情节严重的上报上级公安消防部门。

2. 火灾隐患的整改方法

(1)立即改正。对于整改比较简单的,不需要太多时间、人力、物力,对单位的生产经营影响不大的隐患应当场改正。具体的行为有:

1)违章进入生产、储存易燃易爆危险品场所。

2)违章使用明火作业。

3)未在规定吸烟地点吸烟。

4)安全出口上锁、遮挡,或者占用防火间距、堵塞疏散通道。

5)闭式防火门处于开启状态,或者防火卷帘下堆放物品。

6)违章关闭消防设施、切断消防电源。

7)违反消防安全规定,生产、储存、使用、运输、销毁易燃易爆危险品。

8)其他应当立即改正的违反消防禁令的行为。

(2)限期改正。对单位生产影响较大,整改过程比较复杂,花费较多时间、人力、物力才能整改的隐患,应当采取措施在一定期限内进行整改,具体的行为有:

1)新建、改建、扩建建筑内部装修和用途变更的工程项目未经设计审核擅自开工、消防验收或验收不合格。

2)现行国家消防技术实施以前的建筑,发现缺少消防设计或设计不符合现行标准。

3)违反规定在有生产车间、仓库、办公场所的建筑物内设有员工长期或临时集体宿舍。

4)违章搭建临时建筑,影响安全布局,占用防火间距,阻塞消防通道。

5)违章改变防火分区、防火门、防火卷帘等。

6)建筑内安全出口、楼梯、疏散通道被封堵占用。

7)疏散指示标志缺少、损坏,或标识有误。

8)水源、消火栓、灭火器材不足或损坏。

9)火灾自动报警系统、自动灭火系统或防排烟设施等自动消防系统发生故障、缺损,不能正常使用。

10)室外消防设施被埋压、圈占、损坏影响使用。

11)消防安全责任人不明确,消防安全制度不健全,防火检查不落实的;电器产品、燃气用具的线路、管路的铺设不符合安全技术规定,危及消防安全。

12)电工、焊工等具有危险性的作业人员和自动消防系统的操作人员未经考核不能持证上岗。

13)职工缺乏消防安全基本知识,本岗位安全职责不落实。

3. 火灾隐患的检查要点

(1)查消防合法性。检查单位建筑消防审核、验收前消防安全检查情况,查阅单位合法性文件,检查消防设计备案、消防竣工验收备案凭证。

(2)查单位的消防管理。

1)单位消防安全组织机构是否健全。

2)消防安全管理制度是否完善。

3)日常消防安全管理是否落实。

4)重点岗位人员是否经专门培训持证上岗,新员工上岗前是否进行消防培训。

5)对消防设施是否定期检查、检测、维护保养和详细完整的记录,自动消防设施是否每年全面检测一次,检测单位和人员资质是否符合国家相关要求。

6)单位是否制定灭火和应急疏散预案,灭火和应急疏散预案是否科学合理,是否有演练记录。

7)消防档案、台账是否完善。

8)在设有自动报警系统的点位,值班员是否懂得火灾应急处置程序。

9)单位职工是否会正确使用灭火器、室内消火栓等扑救初期火灾,是否会报警、会组织人员疏散。

(3)查单位建筑防火。

1)建筑物的使用性质是否符合相关规定。

2)防火间距是否符合要求。

3)消防车道是否符合要求。

4)同一建筑内是否同时存在生产、储存等场所与居住场所。

(4)查消防控制室。

1)值班员不少于 2 人,应经过培训持证上岗。

2)是否有每日值班记录,记录是否完整准确。

3)是否有设备检查记录,记录是否完整准确。

4)消防控制室是否张贴《消防控制室管理制度》和《应急处置程序》。

5)消防控制室值班人员是否掌握《应急处置程序》,是否能熟练操作消防控制设备,是否能熟练报警。

6)消防控制室防火分隔是否到位,是否有直通室外的出口,应急照明是否能连续正常使用。

7)建筑消防设施各系统是否处于良好工作状态,消防控制设备是否运行正常,能否正确显示火灾报警信号和消防设施的动作、状态信号。报警主机自检状态是否正常,有无故障点、屏蔽点。报警主机是否有记忆功能,能否打印有关信息。

8)消防电源工作状况。切换报警主机、主备电源,检查其供电功能。

(5)查消防泵房和屋顶水箱。

1)消火栓泵、喷淋泵、稳压泵的控制开关设置在自动(接通)位置,标识准确、清晰、简单易懂。

2)消火栓泵、喷淋泵工作正常。平常消火栓泵、喷淋泵电控柜开关置于自动状态。

3)消防水池出水量达到规定水位,补水管道阀门保持常开。

4)屋顶水箱水量充足,相应阀门、工作组件处于开启状态,标识清晰。

(6)查防静电和通风设施。

1)建筑物内易燃易爆场所(如小油库、清洗间)是否具备防静电措施,是否具备机械通风设备。

2)通风设备、开关、照明灯具是否采用防爆装置。

(7)查自动喷水灭火系统。

1)检查每个报警阀组。报警阀组件完整,前后阀门、通向延时器的阀门处于开启状态,压力表显示正常工作状态。

2)对湿式报警阀进行阀后放水实验。将消防控制室联动控制设备设置在自动位置,放水后水力警铃启动,喷淋泵启动,控制设备能正确显示压力开关动作及起泵信号。

3)对自动喷淋系统进行末端放水实验。

(8)查自动气体灭火系统。

1)检查灭火剂和驱动气体储存容器内压力,不得小于设计储存压力的90%;气瓶的充装压力为10MPa,如果压力小于6MPa需重新充气,并进行气密性检查。

2)灭火剂储存容器及容器阀、单向阀、连接管、集流管、安全泄放装置、减压装置等全部系统组件应无碰撞变形及其他机械性损伤,表面无锈蚀,保护涂层完好,手动操作装置的防护罩、铅封和安全标志应完整。

3)检查联动装置、延时装置和声光报警装置。

4)防护区是否设置防护标志和指示灯,提示人们不要误入防护区。

5)检查防护区内是否设置机械排风装置,是否设置照明和疏散指示标识。

6)单位应委托专业的检测机构进行一次全面的检测,并出具检测报告,检测报告单位存档备查。

(9)查消火栓系统。

1)室内消火栓箱内的水枪、水带、栓扣、阀门等配件齐全,水带与接口连接牢固,无霉变损坏。

2)检查室内消火栓功能。启动消防泵工作,净泵水和出水压力应符合要求。

3)室外消火栓不被埋压、圈占、遮挡、阀门开启灵活,出水正常。

4)水泵结合器不被埋压、圈占、遮挡,标识明显,便于消防车供水。

(10)查火灾自动报警系统。

1)检查故障报警功能。

2)检查火灾报警功能。

(11)查安全疏散设施。

1)安全出口、疏散通道设置符合要求并保持畅通,未锁闭,无堆放货物。

2)疏散楼梯维护完整,无可燃气体管道和甲、乙、丙类液体管道,首层有直通室外的出口。

3)常闭式防火门向疏散方向开启,具有自闭功能,并处于常闭状态。

4)疏散指示标识及应急照明灯的数量、类型、安装高度符合要求。

(12)查灭火器。

1)灭火器选型正确,配备数量充足。

2)储压式灭火器压力符合要求,压力表指针在绿区。

3)灭火器设置在明显和便于取用的地点,每点配置灭火器一般不少于 2 只,保护距离宜为 15～20 m,不影响安全疏散。

4)灭火器有定期维护检查、检测的记录。

第四节　消防设施及器材

一、消防设施

消防设施是指火灾自动报警系统、自动灭火系统、消火栓系统、防烟排烟系统以及应急广播和应急照明、安全疏散设施等。消防设施通常分为两大类:一类为安全疏散设施,包括疏散楼梯、疏散指示标志、火灾应急照明、建筑防烟排烟系统;另一类为灭火设施,包括火灾自动报警系统、固定灭火系统(自动喷水、气体、泡沫等灭火系统)及灭火器等。

1.火灾自动报警系统

火灾自动报警系统是指用于探测初起火灾并发出警报,以便采取相应措施的系统,是由触发器件、火灾报警装置、火灾警报装置、消防控制设备、电源等五部分组成。

(1)触发器件。在火灾自动报警系统中,自动或手动产生火灾报警信号的器件称为触发器件,主要包括火灾探测器和手动警报按钮。

(2)火灾报警装置。火灾报警装置用以接收、显示和传递火灾警报信号,并能发出控制信号和有其他辅助功能的控制指示设备的装置。

(3)火灾警报装置。火灾警报装置用以发出区别于环境声、光的火灾报警信号的装置。它以声、光音响方式向报警区域发出火灾报警信号。

(4)消防控制设备。消防控制设备是指在火灾自动报警系统中,当受到来自触发器件的火灾报警信号,能自动或手动启动相关消防设备并显示其状态的设备,主要包括火灾报警控制器、自动灭火系统的控制装置、室内消火栓的控制装置、防烟排烟系统及空调通风系统的控制装置、常开防火门防火卷帘的控制装置、电梯回降控制装置、火灾应急广播、火灾警报控制装置、消防通信设备、火灾应急照明与疏散指示标志的控制装置等十类控制装置的全部或部分。

(5)电源。火灾自动报警系统属于消防用电设备,其主电源应采用消防电源,备用电采用蓄电池。系统电源除为火灾报警控制器供电外,还为与系统相关的消防控制设备等供电。

(6)检查与维护。火灾自动报警系统须经当地消防监督机关验收合格后方可投入使用,投入使用后应保证系统连续正常运行,任何单位和个人不得擅自随意中断运行。具体要求如下:

1)系统要有专人负责,实行24小时值班制度,每班值班人员不少于两名。值班人员需经培训考试合格取得上岗资格证后方可上岗。

2)设定系统操作规程及应急处置程序,明确值班员职责,做好系统运行和维护记录。

3)使用单位在系统正式启用时,应有系统竣工图、设备的技术资料、使用说明书、调试开通报告、竣工报告、验收报告等资料,建立完整的技术档案,以方便系统的使用和维护。

4)日检。值机人员应每日检查报警控制器的功能是否正常、相关指示灯是否损坏,检查和处理问题情况应详细记录。

5)周检。每周进行一次主备电源自动转换试验。

6)年检。企事业单位应每年委托专业的检测机构对自动报警系统进行一次全面检测,并出具相应的检测报告,如有问题应及时维修或更换。

2.自动灭火系统

自动灭火系统分为自动喷水灭火系统、泡沫灭火系统、自动气体灭火系统等三大类。

(1)自动喷水灭火系统。

1)分类。通常根据系统中喷头开闭的形式分为闭式和开式两大类。在闭式自动灭火系统中又分为湿式、干式、干湿式、预作用、循环自动喷水灭火系统;在开式自动喷水灭火系统中又分为雨淋系统、水幕系统、水喷雾系统。

2)组成。自动喷水灭火系统基本是由喷头、管道系统、报警阀、报警装置和给水设备组成。

3)检查与维护:

①对组成系统的喷头、报警控制阀、闸阀报警控制器,附件、管网接头等作外观检查,看是否有损坏、锈蚀、渗漏、启闭位置不当等情况存在,一经发现立即采取适当的维修、校正措施,使其恢复完好状态;②每个季度应对水流指示器进行一次功能检测,利用管网末端试水装置排水,水流指示器应有动作,消防控制中心应有信号显示;③每个季度应对报警阀进行一次功能试验,打开系统侧放水闸放水,报警阀瓣开启,延时器底部有水排出,水力警铃应发出响亮的报警声,压力开关应接通电路报警,消防控制中心有显示,并应启动消防水泵。

4)优点:安全可靠,灭火成功率高,工作性能稳定,使用范围广,投资少,不污染环境。

5)适用范围:广泛应用于民用建筑、工业厂房及仓库。特别适用于在人员密集、不易疏散、外部增援灭火与救生困难的重要或火灾危险性较大的场所。

6)不宜设置场所:遇水发生爆炸或加速燃烧的物品,遇水发生剧烈化学反应或产生有毒有害物质的物品,或遇水将导致喷溅或沸溢的液体的场所。

(2)泡沫灭火系统。泡沫灭火系统是利用机械作用产生泡沫,并用泡沫将燃烧物覆盖或淹没,通过窒息、冷却作用完成灭火。主要用于扑救液体火灾和某些固体火灾,是甲、乙、丙类液体储罐区和化工生产装置区的主要消防设施。按发泡倍数分为三大类:发泡倍数在 20 倍以下的称为低倍数泡沫;发泡倍数在 21～200 倍之间的称为中倍数泡沫;发泡倍数在 201～1 000 之间的称为高倍数泡沫。

1)低倍数泡沫灭火系统。由于发泡倍数小,泡沫的密度较大,灭火时泡沫基本上不随燃烧产生的热气流上升,适用于扑救开采、储存运输和使用甲、乙、丙类液体火灾,不宜扑救气体火灾、低温液体火灾和带电设备火灾。

2)中高倍数泡沫灭火系统。对于扑救 A 类 B 类火灾、封闭的带电设备火灾、石油液化气的流淌火十分有效。喷射后产生大量的泡沫以密集状态封闭了火灾区域,阻止了连续燃烧所必需的新鲜空气接近火焰;火焰的热辐射使泡沫中的水分蒸发变成水蒸气,吸收大量的热产生冷却作用;能迅速地充满较大面积的火灾区域,不受空间大小的限制,对难以接近或难以找到火源的火灾非常有效。

(3)气体灭火系统。气体灭火系统是以某些气体作为灭火介质,通过这些气体在整个防护区内或保护对象的局部区域建立起灭火剂浓度实现灭火,其灭火机理是冷却、窒息、隔离和化学抑制。

1)气体灭火系统的分类。

按使用的灭火剂分为二氧化碳、七氟丙烷、混合气体 IG－541 灭火系统;按应用方式分为全淹没和局部应用灭火系统;按储存压力分为高压和低压灭火系统;按装配形式分为管网和无管网灭火系统。

2)气体灭火系统工作原理。气体灭火系统防护区发生火灾后,首先火灾探测器启动,并向火灾报警灭火控制器报警,确认后发出声、光报警信号,同时启动联动装置(关闭防护区开口、停止空调和通风机等),延时一定时间(一般为30s)后打开启动气瓶的瓶头阀,利用气瓶中的高压氮气将灭火剂储存容器上的容器阀打开,灭火剂经管道输送到喷头喷出实施灭火。延时一定时间主要有三个方面作用:一是考虑防护区人员疏散;二是及时关闭防护区开口;三是判断有没有必要启动气体灭火系统。

3)气体灭火系统检查维护方法。七氟丙烷柜灭火装置钢瓶药剂量的检查:用扳手将罐装阀阀杆反时针转动2～3圈打开灌装阀,观察瓶内压力是否处在1.8～3.5MPa之间(即是否在绿区),若不在这个范围内则需重新补充灭火剂,观察完毕后关闭灌装阀。具体内容参照本章第三节。

3.消火栓系统

(1)室外消火栓。室外消火栓又叫消防水龙,是指设置在市政给水管网和建筑物外消防给水管网上的一种给水设施,其作用是供消防车(或其他移动灭火设备)从市政给水管网或室外消防给水管网取水或直接接出水带、水枪实施灭火。按结构不同可分为地上式和地下式消火栓两种。室外消火栓的布置要求应符合《建筑设计防火规范》要求。

(2)室内消火栓。室内消火栓箱将室内消火栓、水带、水枪以及火灾报警按钮等集装其中。使用方法:发生火灾后打开消防箱,按动紧急报警按钮,迅速取下水带,一头接在消火栓接口上,顺手拉水带另一头接水枪,逆时针旋转消火栓手轮开启,即可出水。

(3)水泵接合器。水泵结合器是供消防车往建筑物内消防给水管网输送消防用水的预留接口。当建筑物发生火灾,在室内消防水泵因停电、检修或出现其他故障而停止运转期间,或建筑物发生较大火灾,室内消防用水量显现不足时,利用消防车从室外消防水源抽水,通过水泵接合器向消防给水管网提供或补充消防用水。

4.防烟排烟系统

防烟排烟系统为防烟系统和排烟系统的总称。防烟系统采用机械加压送风方式或自然通风方式,防止烟气进入疏散通道的系统;排烟系统采用机械排烟方式或自然通风方式,将烟气排至建筑物外的系统。

5.应急广播、应急照明和安全疏散设施

(1)应急广播。应急广播是指当发生重大自然灾害、突发事件、公共卫生与社会安全等突发公共危机时,应急广播可提供一种迅速快捷的消息传输通道,在第一时间把灾害消息或灾害可能造成的危害传递给民众,让人民群众在第一时间知道发生了什么事情,应该怎么撤离、避险,怎样将生命财产损失降到最低。

(2)应急照明。现代建筑的层数越来越高,占地面积越来越大,内部设施越来越完善,功能越来越齐全,所用设备和材料越来越新。一座建筑里面包括水平交通、垂直交通的内部流量也越来越大。这些建筑(包括地下部分)应不间断供电,而事实上各种灾害也是有可能发生的,如火灾、爆炸和地震等灾害。发生这些灾害时,正常电源往往发生故障或必须断开电源,这时正常照明全部熄灭。为了保障人员及财产的安全,并对进行着的生产、工作及时操作和处理,有效地制止灾害或事故的蔓延,这时应随即投入应急照明。

(3)安全疏散设施。安全疏散设施包括安全出口、疏散楼梯、疏散走道、消防电梯、事故广播、防排烟设施、屋顶直升机停机坪、事故照明和安全指示标志等。

二、消防器材

1.个人防护装备

个人防护装备是消防人员在灭火救援中,为了有效保护自身免受危害而佩戴的个人装备。通常包括消防头盔、灭火防护服、消防手套、灭火防护靴、安全腰带、正压式消防空气呼吸器、照明灯、呼救器、轻型安全绳、消防腰斧等十一类。

2.逃生救生装具

(1)滤烟罐和逃生头盔。滤烟罐和逃生头盔都是一种过滤式呼吸保护器具,由面罩或头盔与滤烟罐、导气管等组成,也可由呼吸面罩与滤毒罐组成防毒面具。

(2)辅助疏散、救生设施。供火场被困人员逃生的器材种类很多,主要有救生绳、救生袋、救生气垫、救生软梯、救生网、缓降器、避难桥和避难滑梯等。

3.常见灭火装备

(1)消防水枪(炮)。消防水枪(炮)是消防员在灭火与抢险救援中广泛使用的喷水灭火器材。消防水枪(炮)的功能是把高速射流喷射到燃烧物体上,达到灭火、冷却、控制、掩护的目的。消防水枪(炮)根据射流或射程的不同可分为直流水枪、喷雾水枪、直流喷雾水枪、开花水枪、多功能水枪、带架水枪等。

(2)空气泡沫枪(炮)。

1)空气泡沫枪。空气泡沫枪是产生、喷射泡沫的器材。按其是否自带吸液,可分为自吸液空气泡沫枪和非自吸液空气泡沫枪;按其使用场所不同,可分为陆用和船用两种形式。陆用空气泡沫枪由铝合金制造,为手提式;船用空气泡沫枪由铜合金制造,又分为手提式和背负式两种。

2)空气泡沫炮。空气泡沫炮是用于扑救大中型油类火灾的空气泡沫发生和喷射设备,其产生和喷射泡沫量至少在 200L/s 以上。国产空气泡沫炮一般使用3%、6%的低倍数蛋白泡沫液。空气泡沫炮既可当泡沫炮使用,也可当水炮使用,称为泡沫-水两用泡沫炮。

(3)消防车辆。

1)水罐消防车。水罐消防车除装备消防水泵外,还设有较大容量的贮水罐,主要以水作为灭火剂进行火灾扑救,适宜于扑救建筑及一般固体物质火灾。

2)泡沫消防车。泡沫消防车主要以水和泡沫作为灭火剂进行火灾扑救,它除适用于扑救建筑等一般固体物质火灾和水罐消防车的所有适用范围外,特别适用于扑救石油及其产品等易燃、可燃液体火灾;既可独立扑救火灾,也可向火场供水和泡沫混合液。

3)干粉消防车。干粉消防车主要是利用干粉灭火剂进行火灾扑救,适用于扑救易燃和可燃液体、易燃气体和带电设备的火灾。

4)泡沫-干粉联用消防车。泡沫-干粉联用消防车同时装载水、泡沫、干粉三种灭火剂,适用于扑救大面积油类等可燃、易燃液体,易燃气体,带电装置和一般固体物质火灾。

5)举高消防车。举高消防车指配备有举高臂架,可进行高空救援和灭火作业的消防车,包括举高喷射消防车、登高平台消防车、云梯消防车等。举高消防车常用于高层建筑、高大的石油化工装置区、大型仓库等火灾的扑救,它可为火场喷射灭火剂,为消防队员提供灭火救援通道,供应消防器材和工具,也可用于营救火场受困人员、抢救贵重物资等。

6)抢险救援消防车。抢险救援消防车是指装备了各种救助器材、特种防护装备、破拆工具、堵漏器材、侦检仪器、洗消器材、牵引装置、起吊装置等,具有(或具有部分)救生、切割、堵漏、检测分析、输转、洗消、照明、排烟、牵引、起吊等功能的专勤消防车。

4.灭火器

灭火器是由筒体、器头、喷嘴等部件组成,借助驱动压力可将所充装的灭火剂喷出灭火的器具。

(1)干粉灭火器。干粉灭火器是充装干粉灭火剂的灭火器。按分装方式分内装式、贮气式。适用范围:用于扑救石油制品、有机溶剂、易燃液体、可燃气体和电器设备的初起火灾。

(2)二氧化碳灭火器。二氧化碳灭火器是充装液态二氧化碳灭火剂的灭火器。有手提式、推车式两种。适用范围:用于扑救精密仪器、贵重设备、档案资料、仪器仪表或电压小于 600 V 的电气设备。

(3)泡沫灭火器。泡沫灭火器是充装泡沫灭火剂和水,能产生并喷射泡沫的灭火器。按泡沫成分分为化学泡沫灭火器和空气泡沫灭火器两种。适用范围:用于扑救石油制品、有机溶剂等的初起火灾或木材、棉、毛、麻、纸张等初起火灾。

(4)灭火器的配置原则如下:

1)配置场所选配灭火器所具有的灭火级别应大于或等于配置场所需要的级别。

2)灭火器设置位置的确定应符合灭火器最大保护距离要求。

3)一个配置场所至少应有 2 具灭火器。

4)设置场所配置的灭火器数量不应超过 5 具,灭火器型号不能太小。

5.常见的灭火剂

凡是能够有效破坏燃烧条件,使燃烧终止的物质,统称为灭火剂。简言之,灭火剂就是可以用来灭火的物质。常用的灭火剂主要有水、泡沫、干粉和二氧化碳等。

(1)水。主要用于扑救一般固体物质火灾。

(2)泡沫。

1)蛋白泡沫、氟蛋白泡沫和"轻水"泡沫灭火剂,适用于扑救非水溶性可燃液体火灾,也可用于一般固体物质火灾,不适用于电气设备火灾、金属火灾以及遇水能发生燃烧爆炸的物质的火灾。

2)蛋白泡沫和氟蛋白泡沫被广泛应用于扑救可燃液体的大型贮罐、散装仓库、输送中转装置、生产加工装置、油码头的火灾以及飞机火灾。特别是氟蛋白泡沫,可以采用液下喷射的方式扑救大型石油贮罐的火灾,并在扑救大面积油类火灾中与干粉联用。

3)抗溶性泡沫主要用于扑救乙醇、甲醇、丙酮、醋酸乙酯等一般水溶性可燃液体的火灾,不宜用于扑救低沸点的醛、醚以及有机酸、胺类等液体的火灾。它虽然也可以扑救一般油类火灾和固体火灾,但因价格较贵,一般不予采用。

4)高倍数泡沫主要适用于非水溶性可燃液体火灾和一般固体火灾,特别适用于汽车库、可燃液体机房、洞室油库、飞机库、船舶舱室、地下建筑、煤矿坑道等有限空间的火灾,也适用于扑救油池火灾和可燃液体泄漏造成流散液体火灾。

5)中倍泡沫发泡倍数较高,发泡量大,喷射距离较远,主要用于扑救大面积流散的非水溶性液体火灾。

(3)干粉。

1)适用于扑救可燃、易燃液体火灾、气体火灾、可熔化的固体火灾、一般固体表面火灾和带电设备火灾。对于精密仪器和设备火灾,一般不用干粉扑救,因为干粉粉粒细,可进入精密仪器内部造成一定的破坏。

2)干粉在灭火过程中基本没有冷却作用,扑救火灾时易在停止喷射后形成复燃。因此,大型火场应用干粉时必须和泡沫或喷雾水联用。

(4)二氧化碳。二氧化碳是一种惰性气体,无腐蚀性,对绝大多数物质无破坏作用,灭火后能很快逸散,不留痕迹。特别适用于扑救以下类型火灾:电气设备火灾;精密仪器、贵重设备火灾;图书档案火灾。

思　考　题

1.依照《消防法》第 39 条规定,哪些单位应该建立专职消防队?

2.消防控制室值班管理及应急处置程序是什么?

3.火灾隐患整改的原则及内容是什么?

4.企事业单位专职消防队伍的组建原则是什么?

第十三章

安全检查与隐患整改

———————— ★ ————————

安全检查与隐患整改是发现和消除单位内部治安隐患、落实安全防范措施、预防各类案件和治安灾害事故发生的重要手段,也是发动单位员工共同做好保卫工作的一种有效形式。在单位保卫工作管理中,安全检查与隐患整改工作占有很重要的地位,只有做好这两项工作,及时发现隐患,落实隐患整改措施,将隐患消除在萌芽状态,做到防患于未然,才能最大限度地避免损失,保障单位安全。

第一节　安 全 检 查

一、安全检查的目的

1.及时发现安全薄弱环节和隐患

安全对于每一个人来说,并不是一个陌生的词,大到国家,小到个人,安全都是极其重要的,国家需要安全才能繁荣稳定,企业需要安全才能顺利发展,个人需要安全才能健康幸福。加强单位安全检查工作,必须树立安全就是效益的思想,必须紧密围绕保障单位生产正常进行,紧密围绕维护国家安全和利益,紧密围绕保护国家财产和公民人身财产安全,树立保卫工作大安全的观念;既关注单位内部安全,也关注单位外部安全;既关注生产安全,又关注生活安全;既关注设备、财产安全,也关注人的安全。这是保卫工作的职责,也是保卫工作的价值所在。

安全检查是保卫管理工作的一种常规方法,也是安全管理的基本手段,是推动大安全观的一项有效措施。安全检查的目的在于发现问题、分析问题、解决问题。通过安全检查对潜在的危险环节或者案件和事故苗头,可能存在的隐患、有害及危险因素、缺陷等进行查找,及时发现安全薄弱环节和隐患,寻求治理和消除隐患的方法、措施。作为保卫人员必须将安全检查工作落实到保卫业务每个环节,针对发现的问题或隐患要进行深入、细致、客观、全面研判,落实安全防范措施,使安全隐患得到有效治理和控制。

2.促进单位对安全隐患的重视程度

在安全管理中,被广泛认可的安全管理法则和定律是墨菲定律和海因法则。

(1)墨菲定律。该定律认为:"凡事只要可能出错,就会出错。"①其含义是:如果我们担心某种情况发生,那么它就有可能发生。这个定律告诉人们,在安全管理过程中,一定要警钟长鸣,从细节入手,从小事做起,切实做好安全检查与隐患整改,即使对那些发生在现实中的"小概率"事件,也要高度重视,查明原因,予以整改,切忌侥幸心理和麻痹大意,确保安全管理不出现大的问题。

(2)海因法则。海因法则是指如果一个企业存在 300 个隐患或违章,则极有可能发生 29 起轻伤或故障,除此之外,还会有一起重伤或死亡事故。

墨菲定律和海因法则告诉我们必须要重视安全检查,重视隐患整改,及时发现安全隐患,采取有效预防措施,避免事故的发生。保卫管理工作必须树立"隐患就是事故"的安全新理念,建立隐患检查治理的长效机制,把安全检查和隐患整改工作融入单位日常生产管理活动中,发现单位有违反法律法规的行为或者存在治安隐患,及时下达隐患整改通知书,限期整改。对瞒报安全隐患或未按期整改隐患的单位,加大处罚力度,依法实施责任追究,强力促进单位对隐患检查治理工作的重视程度,促使单位对待隐患就如同对待事故那样,能够受到单位的重视,时刻关注隐患,增强安全意识,重视隐患查找,重视隐患整改,时刻提高警惕,那么就能最大限度地减少和避免事故的发生。

3.提升管理能力和责任意识

《企业事业单位内部治安保卫条例》第 5 条规定:单位的主要负责人对本单位的内部治安保卫工作负责。《公安机关监督检查企业事业单位内部治安保卫工作规定》第 4 条规定:公安机关对单位内部治安保卫工作进行监督检查的事项包括:单位主要负责人落实内部治安保卫工作责任制情况;单位内部治安保卫机构、治安保卫人员依法履行职责情况。《安全生产事故隐患排查治理暂行规定》(国家安全生产监督管理总局 16 号令)第 8 条规定:生产经营单位是事故隐患排查、治理和防控的责任主体。生产经营单位应当建立健全事故隐患排查治理和建档监控等制度,逐级建立并落实从主要负责人到每个从业人员的隐患排查治理和监控责任制。

上述国家法律法规要求单位应逐级落实安全责任制,明确单位主要负责人对

---

① 阿瑟·布洛赫.墨菲定律[M].曾小涛,译.太原:山西人民出版社 2014 年版。

本单位安全工作全面负责,确定各级、各岗位的责任人,把安全的责任落实到每个部门、每个岗位、每个人。单位保卫管理部门作为单位的职能部门,一方面应按照国家法律法规要求,建立"谁主管,谁负责"的隐患排查治理机制,落实单位在隐患检查治理工作中的主体责任,落实从单位主要负责人到每个从业人员的隐患排查治理和监控职责,加大对单位隐患整改情况的监督检查力度,督促单位全面开展隐患排查治理,依靠广大员工,齐抓共管形成合力。另一方面,安全防范是保卫工作的重中之重,能否防患于未然是检验保卫工作是否有效发挥作用的重要标准。保卫管理部门就是发现问题和监督查处隐患的部门,这个部门如果发现不了问题,不敢监督查处隐患,就是这个部门有问题。保卫工作人员应不断提高业务能力,树立"发现隐患是能力,消除隐患是成绩"的理念,工作中检查不出问题,就是工作有问题,发现问题是敬业,回避问题是失职。切实发挥保卫管理部门指导监督查处安全隐患的作用,也是提升单位保卫管理工作人员安全防范管理能力的具体体现。

4.贯彻落实《企业事业单位内部治安保卫条例》的工作方针和要求

《企业事业单位内部治安保卫条例》第1条就明确了单位内部治安保卫工作的方针是"预防为主,单位负责,突出重点,保障安全"。第7条对单位内部治安保卫工作的要求是:单位范围内的治安保卫情况有人检查,重要部位得到重点保护,治安隐患及时得到排查;单位范围内的治安隐患和问题及时得到处理。

安全检查是贯彻落实《企业事业单位内部治安保卫条例》工作方针和要求的具体体现。保卫工作业务范围广泛、隐患性质各异,有许多薄弱环节和隐患,极易发生犯罪案件或治安灾害事故,一旦出现问题则危害大,后果严重。在预防灾害事故、保障安全的管理活动中,事前的预防胜于和优于事后被动的救灾。因此,为了有效遏制事故发生,必须立足于防范,把安全工作的着眼点由事后的查处转到事前的防范,安全保卫工作最大的外延就是发现和查处问题,做好事前防范,积极查找隐患,变被动管理为主动管理,牢牢掌握保卫管理的主动权,这是安全检查的主要职能。

总而言之,安全检查有利于及时发现安全薄弱环节和隐患,有利于树立保卫工作大安全的观念;有利于单位履行法定职责,落实安全主体责任;有利于提升保卫管理部门管理能为;有利于贯彻落实预防为主的内保工作方针;有利于确保单位安全稳定,促进单位和谐发展。

二、安全检查的方法

1.建立健全检查制度

建立健全保卫安全检查管理制度,形成隐患检查治理的长效机制,是开展保卫安全检查管理工作的重要基础。单位应依据自身的实际情况,制定相应的安全保卫检查制度,坚持用制度管事,规范检查程序,提升隐患检查质量,对于落实安全防范措施,调动单位员工和保卫人员做好安全保卫工作,推动安全检查工作的全面开展具有重要意义。安全保卫检查制度应具备以下要素:

(1)确立安全检查机构。单位保卫安全检查工作应成立在单位的主要负责人领导下,由分管保卫工作领导具体负责,保卫部门归口管理,相关单位分工负责、协同工作的安全检查组织领导机构,成员一般由单位技安、环保、人事、宣传、保密及涉及保卫要素较多或在单位科研生产过程中较关键的部门行政负责人担任。其主要职责是:贯彻落实国家相关保卫安全检查工作的法律法规;研究部署本单位保卫安全检查工作,为开展保卫安全检查提供保障;监督、检查单位各部门事故隐患排查治理情况,协调各部门及时整改重大安全隐患;对隐患排查治理的相关责任人实行奖惩考核。

(2)明确各部门管理职责。单位保卫管理部门是单位安全保卫检查工作归口管理部门,负责制定适合单位实际情况的保卫安全检查工作计划,做到年度计划与季度计划,专项检查计划与重点抽查、联合检查计划相结合,避免重叠或脱节。其职责是:指导、监督单位各部门按照国家相关法律、法规和标准要求,建立健全事故隐患排查治理制度;按照安全保卫检查组织领导机构的要求和保卫安全检查工作计划,组织开展安全保卫工作检查,及时查处并整改各类安全隐患;依据"业务谁主管,保卫工作谁负责"原则,落实保卫安全检查工作责任制,对单位各部门事故隐患排查治理情况实施检查考核。单位各部门负责人是本部门安全保卫检查工作责任主体的第一责任人,应当采取具体措施组织实施日常安全保卫工作检查工作,其职责是:组织本单位员工认真履行单位安全保卫检查的各项规定,落实保卫安全检查工作计划;开展保卫工作自查,对存在的安全隐患及时进行整改,对相关责任人提出处理意见;对安全保卫检查中存在的安全隐患整改问题或发现的重要情况,及时向保卫部门或主管领导汇报。

(3)制定符合单位实际情况的检查内容。保卫检查的内容概括起来主要是:"查思想,查意识""查制度,查管理""查现场,查隐患"。"查思想,查意识"就是要检查单位和部门领导是否知悉当前保卫工作形式及自己承担的保卫工作职责,清楚国家和上级机关有关保卫工作的要求。通过这些内容的安排,检查单位的领导是否对安全工作重要性有充分的认识,是否对相关制度的制定、措施的安排有明确的计划;同时看单位的管理层是否对相关的制度措施落实,有没有充分的认识、有没有相应的计划安排;再就是看单位员工对安全保卫工作是不是有足够的认识,是否树立了安全保卫工作不可缺少的意识等。"查制度,查管理"就是从制度入手,检查单位和各部门安全保卫工作是否组织制定本单位安全规章制度;是否坚持"三同时"(安全保卫工作与生产任务同部署、同检查、同考核);是否坚持领导负责制,是否建立健全本部门的安全责任制;是否对本单位的安全保卫工作起到了真正的作用;是否定期开展严格的督促和检查,将安全隐患消灭在萌芽状态;是否制定单位的安全事故应急方案,并开展有针对性的演练;是否如实报告安全事故等,查找安全管理制度、管理方法的缺陷,不断完善安全管理措施。"查现场,查隐患"就是要深入现场,检查现场的安全设施是否达到了有关安全标准,人防、物防、技防措施是否有效等,特别是保卫重要部位和危险源点。

(4)提出安全检查的管理要求。单位安全保卫检查工作要创新思路,制定行之有效的措施,保障安全检查工作的开展与落实。对检查中发现的安全隐患,要下发隐患通知书,建立隐患检查登记台账,及时登记。内容包括检查人员、时间、隐患部位及隐患描述,确定的整改责任人、整改标准、整改措施方案和整改期限等。对隐患要进行原因分析,按照隐患整改"四定原则"(定措施、定负责人、定期限、定资金来源)落实整改措施,督促存在安全隐患的单位及时整改;对一时不能整改的隐患,要采取临时防范措施,确保安全,限期整改;对危险性及危害性较大的隐患,必须立即停产整改。

(5)实行安全检查绩效考核。单位安全保卫检查工作应严格落实各项规章制度,全面、准确、客观、公正地进行,为强化各级领导、广大员工的责任感和安全意识,单位应把安全责任与各类经济指标挂钩,明确安全检查考核办法,实行绩效考核。将隐患检查和整改情况纳入单位绩效考核的内容,确定考核程序,公示处理结果,固化考核模式,依照"谁主管,谁负责"的原则,对未按期限整改、隐患重复出现以及现场违章的责任主体单位进行处罚。

2.安全检查的形式

安全检查是单位安全保卫工作的一种常规方法,也是安全管理的主要手段之一。安全检查要做到领导与群众相结合、综合检查与专业检查相结合、定期检查与不定期抽查相结合、检查与整改相结合的原则,坚持开展经常性安全检查,并建章立制,细化检查内容和检查流程,发动全员积极投入到安全隐患的检查与整改中,促进安全管理工作的稳步提升。在单位安全保卫检查中,针对不同的检查目的,有不同的检查形式:如从时间分,有月检查、季检查、节假日检查、临时性检查;从范围上分,有全面检查、重点检查、专项检查;从方法上分,有自查、互查、联合检查、突击检查等。一般来说保卫检查主要包括以下五种形式:

(1)日常性安全检查。安全检查由各级主管安全生产的领导主持,全员参与,其优点是,参与者熟悉环境的优势,易于掌握真实情况;缺点是当对某些方面缺乏安全知识时,即使危险因素明显也无法看见,虽知危险,但习以为常,不再注意,很难有危机感、紧迫感。检查内容应当包括:保卫工作制度执行、落实情况;安全防范措施的管理、维护、使用情况;违章、违纪案、事件查处情况。单位保卫检查工作必须有检查记录,真实记录安全保卫检查等保卫管理活动。检查记录应当包括日检查、周检查、月检查记录,检查记录必须内容翔实准确。对查出的隐患应制定针对性强、易操作的整改措施,及时整改隐患。

(2)综合性安全检查。综合性大检查是由单位安全检查组织领导机构负责,保卫管理部门组织开展,单位领导带队在全单位范围内开展的保卫工作综合检查,检查内容应当涵盖保卫工作全部业务工作范畴,对单位的保卫安全管理、防范措施、交通运输、消防安全、建筑安全等都要进行检查。单位综合性大检查每年应不少于一次,并有翔实的检查记录。检查记录应当包括检查计划、检查内容、检查标准。综合性安全检查结束,应进行总结,并通报检查情况。

(3)专业性安全检查。专业性安全检查是根据单位特点及专业安全要求,按照不同的保卫专项业务进行的安全检查,这种检查在内容、时间、方式、方法都有着特殊的要求,目的是保证整改工作的质量,如安全防范设施的检查,危险物品、剧毒品的检查,油库、加油站安全检查等。专业性安全检查还包括单位特殊时期的专项检查,重点时期是指国家召开重要会议期间或敏感时期,单位保卫部门应当组织有针对性专项检查,检查内容应当以维护单位安全稳定为重点,如对单位周边安全环境、重点人员、反恐预案保障措施、易燃易爆部位的检查等。检查频次应以当年国家、省市发生的重大活动时间为确定依据。

(4)季节性安全检查。季节性安全检查是单位必不可少的检查方式之一,季节性检查是为了避免因季节变换造成危害所进行的有针对性的安全检查,是一种预防性的检查。一般由单位的主管部门牵头进行,保卫管理部门综合管理,每季度至少进行一次。根据季节特点确定安全检查重点,如夏季安全检查以防雷防暑降温、防台风、防洪防汛为重点,秋季安全检查以防火、防风、防易燃落叶为重点;冬季安全检查以防火、防爆、防中毒、防冻、防凝、防滑为重点。

(5)节假日安全检查。节假日检查是针对节假日前后、期间,结合单位治安形势,对单位可能出现安全防范思想松懈,容易发生事故而进行的有针对性的检查。节假日一般是指春节、国庆小长假以及单位因特殊情况放假超过五天以上的假期,节假日检查在单位中是单位治安保卫工作中的重点。节假日安全检查的内容是多方面的,一般由单位领导带队,各专业管理部门的负责人和专业工程技术人员参加,检查重点应包含放假期间单位保卫责任制落实情况,节前保卫安全宣传教育情况,单位值班安排落实情况,单位安全防范措施以及应急保障措施的落实情况等。

3.安全检查的主要内容

保卫工作涉及单位各个领域,贯穿于生产和管理的全过程,为贯彻预防为主的工作方针,确保卫全检查工作横向到边,纵向到边,不留死角,全方位覆盖保卫工作业务范围,确定安全检查内容非常关键。准确地确定安全检查内容,是安全检查的重要环节,也是确保卫全检查能够深入、细致、全方位、深层次开展的前提。每个单位因行业特点不同,检查的内容也有所不同,在确定安全检查内容时,首先要熟悉单位的基本情况,掌握单位保卫安全管理的重要部位和主要危险点,再结合本单位行业的特点,广泛收集相关法律法规和安全标准,广泛收集单位所属行业发生的各类案件、事件等,做到心中有数。在此基础上,对保卫业务管理内容分类分项进行梳理,确定安全检查内容,并在检查中不断总结、完善,不断提高检查内容的针对性、客观性、准确性。参照《企业事业单位内部治安保卫条例》和《公安机关监督检查企业事业单位内部治安保卫工作规定》的相关要求,将一般单位在安全检查中的主要内容以表格形式列举,见表 13 - 1。

表 13 - 1　隐患检查内容一览表

隐患类型	序号	检查内容
1.安全管理类	1.1	是否建立年度安全保卫工作计划和目标
	1.2	是否建立相应保卫管理制度和应急预案
	1.3	制度、预案是否满足实际安全需求
	1.4	制度、预案是否根据实际情况的变化及时完善
	1.5	制度是否组织学习、宣传贯彻
	1.6	应急预案是否定期组织演练
	1.7	是否建立基层治保组织,是否确定兼职保卫管理人员
	1.8	基层治保组织或兼职保卫人员是否在保卫主管部门进行备案
	1.9	是否定期对员工进行法制宣传和安全保卫教育培训
	1.10	员工是否熟知基本的安全知识,熟练使用消防器材
	1.11	是否逐级签订安全保卫责任书
	1.12	各级人员是否知悉其担负的安全保卫职责
	1.13	是否做到保卫工作与业务工作同计划、同部署、同检查、同总结、同奖惩

续 表

隐患类型	序号	检查内容
2.治安防范类	2.1	是否进行单位内部日常治安巡逻巡查
	2.2	重要部位是否实行 24 小时专人值班
	2.3	重要部位人员是否经过资格审查
	2.4	人员、车辆出入单位大门或重要部位是否进行登记
	2.5	出入物资是否进行严格检查、审核登记
	2.6	是否开展日常、节假日、特殊时期安全检查,并建立隐患档案
	2.7	存在的安全隐患是否能及时整改
	2.8	对外来人员是否进行有关安全规定及安全注意事项的安全教育培训
	2.9	各类安全设施是否明确管理责任人,是否定期进行检查和维护保养
	2.10	关键岗位人员(危险化学品驾驶员、装卸管理人员、运输人员等)是否经过专业培训,取得相应的上岗资格证
	2.11	重要部位的门、窗是否具备防盗、防火功能
	2.12	办公、生产场所门、窗是否牢固、完整,下班或长时间离开是否关窗、锁门
	2.13	周界是否设置实体防护设施(铁栅栏,砖、石或混凝土围墙等)
	2.14	现金、票据、印鉴、有价证券是否设置专柜存放
	2.15	案件、事件是否及时上报
	2.16	单位内部道路是否有明显的人、车分隔线
	2.17	单位内部道路是否平整、畅通
	2.18	单位内部车辆符合交通安全要求
	2.19	单位内部是否规划有车辆停放区域
3.技术防范类	3.1	新建、改建、扩建工程安全防范系统、消防自动报警、灭火系统建设项目是否按照"三同时"(同时设计、同时施工、同时投入生产和使用)组织实施、验收
	3.2	防护区域重点通道或部位是否安装有摄像机进行监控

续　表

隐患类型	序号	检查内容
3.技术防范类	3.3	视频安防监控系统是否独立运行,是否与入侵报警系统和出入口控制系统联动
	3.4	技防监控系统、门禁系统、消防自动报警、灭火系统等是否处于正常运行状态
	3.5	技防监控、消防自动报警、灭火设备是否定期进行维保、检测
	3.6	易燃易爆物质储罐是否设置降温喷淋装置
	3.7	有易燃易爆物质的生产场所是否设置可燃气体浓度检测报警装置
	3.8	技防监控中心值机人员、消防中控室值班人员是否经过专业培训
4.防火安全类	4.1	建筑物是否按要求设置消防器材、防火门、防火卷帘、排烟送风、应急照明、安全指示标志等设备、设施,消防设备、设施是否完好、有效
	4.2	现场灭火器是否过期失效,数目、类型、质量是否达到消防要求
	4.3	消防通道是否畅通
	4.4	气焊(割)作业时,气瓶与气瓶、气瓶与明火之间是否留出安全距离
	4.5	工作现场是否未经审批使用火源
	4.6	盛装汽油的容器是否落实防静电措施
	4.7	动火作业是否经过单位消防主管部门审批,落实临时性防范措施
	4.8	易燃物品是否与电源、明火源保持足够的安全距离
	4.9	易燃易爆场所是否符合防爆要求
	4.10	易燃易爆物质储罐是否按物质种类设置隔堤
	4.11	消防水池容量或其他水源是否满足灭火要求
	4.12	各类气瓶是否有超压现象
	4.13	各类气瓶储存是否符合安全要求
	4.14	各类气瓶是否有明显的漆色标志和标记
	4.15	各类气瓶是否严重腐蚀和损伤
	4.16	各类气瓶是否定期进行检验
	4.17	各类气瓶安全装置是否齐全有效
	4.18	喷涂室是否为密闭或半密闭空间

续　表

4. 防火安全类	4.19	喷涂作业场所的防火间距是否符合安全要求
	4.20	喷涂作业场所的门窗是否向外开启
	4.21	喷涂作业场所安全疏散口是否足够
	4.22	爆炸、火灾危险场所是否架设临时线路,是否经过审批
	4.23	油库及加油站是否保存油罐设计资料、导除静电接地布置图及验收和定期测试记录、防雷设计及定期检测报告、消防审批及验收资料
5. 公共安全类	5.1	危险化学品是否进行分类、分区、分库存放,并有专人管理
	5.2	是否建立危险化学品台账
	5.3	危险化学品从业人员是否熟悉本岗位安全操作流程
	5.4	存储、使用危险化学品场所是否有相应安全技术说明书
	5.6	存储、使用、销毁危险化学品是否落实防范措施
	5.7	是否使用符合规定的专用车辆运输危险化学品
	5.8	危险作业场所的门窗是够向外开启
	5.9	库房是否采取高低窗的自然通风
	5.10	危险化学品包装物、容器是否由具有相关资质的单位生产
	5.11	剧毒品是否执行"五双"制,即双本账、双人管、双把锁、双人领、双人用
	5.12	表面处理的液体槽、电解槽槽体是否坚固、防腐、无裂纹、不渗漏
	5.13	易燃易爆、有毒有害等危险场所是否悬挂、张贴安全警示标识
	5.14	变、配电场所与其他建筑物之间是否有足够的消防安全通道
	5.15	是否确定单位重大危险源,并定期进行检测、评估、监控
	5.16	应急救援物资是否配备足够,并良好可用
6. 其他类	6.1	保密单位是否落实安全保密措施
	6.2	单位是否有专门的工作人员负责国家安全工作
	6.3	单位根据现场实际情况确定的其他隐患

4. 安全检查的方法

单位开展安全检查是经常性的,也是保卫工作的主要手段和方法之一,对保持单位安全稳定,维护生产秩序,具有不可替代的作用。检查的内容不同,检查的方法也有所不同。在《公安机关监督检查企业事业单位内部治安保卫工作规定》中,公安机关检查单位内部治安保卫工作时,采取方法包括:查阅、调取、复制与治安保卫工作有关的文件和资料;实地查看单位治安保卫制度、措施的制定和落实情况,查看单位物防、技防等治安防范设施的设置和运行情况;利用监控设备检查单位内部治安保卫工作的落实情况以及根据需要采取的其他监督检查方法。单位上级主管部门也会组织一些有针对性或综合性的检查,一般采用的方法包括:制订检查计划,组建检查队伍;听取被查单位情况汇报;检查有关文字资料;深入现场检查保卫工作情况;依据检查评分表进行打分;对检查发现的问题,提出整改意见;汇总评分结果,通报检查情况等。参照公安机关和上级部门检查的方法,单位内部开展的检查方法主要是谈话交流、查看档案和现场检查等。

(1)谈话交流。谈话交流的对象包括单位、部门领导、保卫管理人员和从业人员。通过谈话交流,了解该单位对保卫工作内容的知悉情况、对保卫工作的重视程度;了解保卫工作开展情况,安全投入情况;了解单位安全防范措施落实情况以及日常检查的开展情况等,谈话中注意谈话的态度,思路清晰,提出的问题应具有针对性,要注意倾听不同意见,善于引导谈话内容,注意辨别真伪,从谈话中获取所需要的信息和内容。初步掌握该单位或部门安全工作状况,为做好检查工作打下一个好的基础。

(2)查看档案。查看的内容包括管理文件、制度、记录等档案。首先查看内容的完整性,如查看本单位印发的规章制度,了解制度是否健全;查看责任书签订、会议纪要、管理台账、应急演练等各项工作记录是否齐全,是否有缺项等。其次,查看内容的时效性,如查看会议纪要是否定期召开包含保卫内容的安全例会;查看单位防范设施是否及时更换;单位安全管理人员和特殊岗位工作人员是否按规定持经过培训取得上岗资格的有效证件上岗。最后,查看内容的真实性,如查看安全费用的使用情况、日常检查和隐患整改情况、安全教育培训记录、签到、考核等原始记录是否存在弄虚作假、应付差事的现象。通过查看,一方面发现档案记录不完整、执行制度不力、无时效性、记录不真实等问题;另一方面,熟悉单位或部门管理情况,清楚保卫重要的防范情况,掌握在历次检查中发现的隐患,做到心中有数,提高检查质量和效率。

(3)现场检查。检查单位或部门工作现场,重在发现问题、解决问题,贵在深入一线。在检查现场时,一般采用的方法有人工检查法、表格检查法和技术检查法等。

1)人工检查法。这是保卫检查中一种传统的检查方法,通常由主管领导带队或主管保卫人员作为检查工作的主体,到单位或部门场所的现场,通过感观对现场工作人员的工作情况、安全防范措施、安全设备等进行检查。通过人工检查的方式,及时发现存在的安全隐患并有针对性的制定改进的措施。人工检查要求比较高,检查中要充分利用感官、视觉、听觉、嗅觉以及经验完成传统检查。

2)表格检查法。为了充分体现安全工作的价值,保证安全检查工作信息准确、程序合理、效果良好,在检查工作中对可能存在的各类不安全因素按照检查的内容和要求,分别列出不同的表格,并进行系统性的比较,从而查验出影响安全的较大风险因素,这就是表格检查法。表格检查法的特点:①用数据说话,尽量地减少人为的因素,以使检查的结果真实可靠;②具有系统性,对检查的内容在表格上分门别类的予以列出,这样能够保证检查内容的完整性,不至于出现盲点和漏点;③便于检查人员通过数据的对比,能够发现影响安全的一些重要风险因素,能够有针对性地提供相应的解决方案。检查表可针对现场的实际情况,根据不同的检查内容,结合检查的重点等进行设计、制作。每个检查表均需注明检查时间、检查者、直接负责人等,以便分清责任。编制检查表的主要依据是有关标准、规程、规范、规定、行业颁布的安全检查标准,同行业事故案例,本单位安全管理的成功经验等;

3)技术检测法。技术检测法是科学技术在安全检查中的具体运用。检查中借助仪器、仪表、探测设备等检测工具,准确地了解安全系统与现场环境中危险、有害因素的类型、危害程度、危害范围及动态变化,将快速提升检查人员隐患的判断能力,为排查治理隐患提供科学依据。随着科学技术的发展,先进检测设备的应用领域也越来越广泛,如在大型活动场所入口处、重点单位和重要部位、机场、车站安装的安全检测设备,用于检测可疑物品安全检测设备;用来检测化学品作业场所或设备内部空气中的可燃或有毒气体含量的专用检测仪;用于易燃易爆场所的静电消除器、气体检测仪等。重视科学仪器与设备对安全检查的作用,充分使用技术检查工具,是安全检查不断发展、不断创新的要求,也是安全检查走向专业化、科学化、规范化管理的必由之路。

第二节　隐患整改

安全检查的首要步骤就是发现隐患,要使安全检查发挥其真正的作用,确保隐患整改到位,实现隐患整改的闭环管理,达到消除隐患的目的,加强隐患整改的管理非常关键。

一、隐患的概念

隐患是一种潜在不安全因素，就是在某个条件、事物以及事件中所存在的不稳定并且影响到安全的因素。隐患的特点就是容易被现象所遮盖，不易被人们所发现，但是又很容易造成严重的后果。

内部治安隐患，是指违反相关法律法规，可能造成职工人身伤害、公私财产损失，或者严重威胁员工人身安全、公私财产安全和公共安全，并由此可能产生严重社会影响的各类潜在不安全因素。内部治安隐患，可分为一般治安隐患和重大治安隐患。

二、隐患整改的原则

(1)"谁主管，谁负责"原则。"谁主管，谁负责"是落实隐患整改工作应遵循的一项基本原则，通过实行这一原则，逐级建立健全隐患整改责任制，能较好地增强各级干部职工的责任意识和安全意识，促使各单位、部门领导在思想上重视隐患整改工作，主动地关心和支持安全工作，把隐患整改工作放在心上，落实在行动上，调动单位干部职工共同做好隐患整改工作的积极性和主动性，将隐患整改的各项措施落实到位，确保单位在安全的环境下的顺利发展。

(2)"早发现，早汇报，早整改"原则。隐患发现的越早，就会越早引起人们的重视，使隐患越早采取措施得到排除，这也是坚持经常性开展安全检查的必要性所在。只发现不整改，等于没发现。对检查中发现的一般安全隐患要立即整改；对一时不能整改的隐患，应立即向单位主管领导和保卫部门进行通报，以便在单位和保卫部门共同配合下，尽快确定整改措施，使隐患早日得到处理。

(3)"四不放过"原则。隐患久拖不改，或整改不到位、不彻底是导致各类安全事故发生的重要原因。因此，隐患整改也要坚持"四不放过"原则，即未查清隐患原因不放过、未制定整改措施不放过、整改措施未落实不放过、隐患责任人未受到教育不放过。查清安全隐患原因是消除安全隐患的前提，制定整改措施是消除安全隐患的基础，落实整改措施是消除安全隐患的手段，隐患责任人受到教训是消除安全隐患的根本。只有这样，把安全隐患解决在事故发生之前，安全隐患才能从根本上得到治理和消除，单位和员工的安全才能从根本上得到保障。

三、隐患整改的方法

(1)下发隐患整改通知书。以书面形式下发隐患整改通知书，既是通知又是依据,整改部门接到通知后,如果不加以整改一旦发生事故,生成法律效力,避免口头交代发生推诿现象,还便于根据隐患整改项目跟踪监督,使整改部门按照规定内容和要求进行整改。采用"隐患整改通知书"的形式,通知被整改部门时,必须注明隐患编号、由送达人、收件人,责任人复验后签字。填写内容与要求必须详细说明,内容填写要描述隐患的现状及其产生原因,要具体到某个部位(点)的隐患问题,分别作出立即整改、限期整改等要求,并负责跟踪检查;文字表达清楚,数据准确可靠,使整改人一目了然,防止在整改中出现差错,影响整改效果。

(2)确定整改时间。根据隐患大小、危险性、整改难易程度来确定整改时间。在确定整改时间应掌握下列原则:小的隐患、危险性较大且容易整改的,要求整改时间短,尽快得到整改;较大的隐患或危险性较大且不易整改的隐患,涉及相关部门共同整改的隐患,可适当延长时间;对一时不能整改的隐患,必须制定相应整改计划,定人、定时、定措施分期整改。对于上级部门下达的隐患整改通知书中的整改项目,必须在规定的期限内予以整改,并将整改的情况做详细的记录。隐患整改时间应科学合理安排,这关系到整改的进度和效果,关系到整改部门对隐患整改的落实。

(3)明确整改部门责任人。单位负责人对本单位隐患整改工作全面负责,各部门负责人及隐患相关人员在各自职责范围内对隐患整改工作负责,明确各单位和部门在隐患整改中的主体责任,确定隐患整改责任人,是落实隐患整改的关键环节之一。明确了责任人,使责任人参与整改工作的全过程,把隐患整改作为重点工作任务纳入安全管理目标,把隐患整改的评估认定、督促检查、挂牌督办、整改复查等环节形成一整套完整的工作机制,做到整改责任、内容、措施、资金、期限的落实,这样,不仅做到隐患有人去问,有人去抓,而且便于对负责人的责任落实。

(4)督促隐患整改。对单位隐患的整改落实工作进行督导检查,是保卫工作管理的职责之一。在隐患整改中,有的单位对安全隐患治理工作重视不够,或有畏难情绪;有的单位常以生产经营困难、资金不足为借口,不及时整改隐患;有的单位对难以治理的隐患一报了之,甚至错误地认为没有检查出事故隐患而导致发生事故就有责任,难治理的隐患上报了,发生事故就与自己无关。针对这些情况,为了确保隐患排查措施落到实处,必须按照隐患整改内容、整改要求,整改期限,对隐患整改实施跟踪复查,对重大治安隐患实施挂牌督办,强化各单位责任意识,提高隐患整改率。

(5)落实临时防范措施。由于有的隐患整改工程投资较大、整改工程复杂,有的隐患整改涉及几个部门需要协调解决,有的隐患整改可能需要购买材料等情况,这些隐患需要经过一定时间整改治理方能排除,如何确保隐患整改期间的安全,这也是隐患整改工作必须关注的重点。在隐患没有消除前,存在隐患的主体责任单位,必须采取有效的临时防范手段,对存在隐患的部门部位落实特别护理措施,确保安全,对重大隐患还应制定应急预案。

(6)建立隐患档案。隐患档案是留存单位隐患整改工作的记录,是对单位隐患整改工作评价的依据,也为以后的安全检查提供参考。建立完善的隐患档案,要把握隐患排查整改的动态性、长期性、反复性的特点,充分运用现代化、信息化手段,实现对隐患的信息存储,动态监控,分类管理。对检查中发现的隐患必须逐项登记归档,建立电子信息(数据库)档案,登记时可以按保卫业务、隐患危险程度、整改的难易程度分类进行,登记内容必须有完整的隐患整改过程记录,记录必须翔实准确。其中,重大隐患档案的内容包括隐患编号、隐患的描述(检查记录)、隐患治理方案、隐患整改时间表和责任人、整改验收结论等。

四、隐患整改的奖惩规定

(1)《公安机关监督检查企业事业单位内部治安保卫工作规定》中提出,在企事业单位内部治安保卫工作中,对认真落实治安防范措施,严格执行治安保卫工作制度,在单位内部治安保卫工作中取得显著成绩的单位和个人,要求有关人民政府、公安机关和有关部门给予表彰、奖励。对单位违反《企业事业单位内部治安保卫条例》的规定,存在治安隐患的,公安机关应当责令限期整改,并处警告;单位逾期不整改的,造成公民人身伤害、公私财产损失,或者严重威胁公民人身安全、公私财产安全或者公共安全的,对单位处1万元以上10万元以下的罚款,对单位主要负责人和其他直接责任人员处500元以上5 000元以下的罚款,并可以建议有关组织对单位主要负责人和其他直接责任人员依法给予处分;情节严重,构成犯罪的,依法追究刑事责任。

(2)《公安机关监督检查企业事业单位内部治安保卫工作规定》中的奖惩规定。单位违反《企业事业单位内部治安保卫条例》规定,未建立和落实主要负责人治安保卫工作责任制;未制定和落实内部治安保卫制度;未设置必要的治安防范设施;未根据单位内部治安保卫工作需要配备专职或者兼职治安保卫人员;内部治安保卫人员未接受有关法律知识和治安保卫业务、技能以及相关专业知识培训、考核;内部治安保卫机构、治安保卫人员未履行《企业事业单位内部治安保卫条例》规定职责的治安隐患。经公安机关责令限期整改后逾期不整改,严重威胁公民人身安全、公私财产安全或者公共安全的,公安机关将对单位处1万元以上2万元以下罚款,对单位主要负责人和其他直接责任人员分别处500元以上1千元以下罚款;造成公民人身伤害、公私财产损失的,对单位处2万元以上5万元以下罚款,对单位主要负责人和其他直接责任人员分别处1千元以上3千元以下罚款。单位违反《企业事业单位内部治安保卫条例》规定,未制定和落实内部治安保卫措施的;治安保卫重点单位未设置与治安保卫任务相适应的治安保卫机构,未配备专职治安保卫人员的;治安保卫重点单位未确定本单位治安保卫重要部位,未按照国家有关标准对治安保卫重要部位设置必要的技术防范设施并实施重点保护的;治安保卫重点单位未制定单位内部治安突发事件处置预案或者未定期组织演练的;管理措施不落实,致使在单位管理范围内的人员违反内部治安保卫制度情况严重,治安问题突出的治安隐患,经公安机关责令限期整改后逾期不整改,严重威胁公民人身安全、公私财产安全或者公共安全的,公安机关将对单位处2万元以上5万元以下罚款,对单位主要负责人和其他直接责任人员分别处1千元以上3千元以下罚款;造成公民人身伤害、公私财产损失的,对单位处5万元以上10万元以下罚款,对单位主要负责人和其他直接责任人员分别处3千元以上5千元以下罚款。单位违反条例规定,存在上述所列治安隐患情形之一,经公安机关责令限期整改后逾期不整改,造成公民人身伤害、公私财产损失,或者严重威胁公民人身安全、公私财产安全或者公共安全的,除依据各该条规定给予处罚外,还可建议有关组织对单位主要负责人和其他直接责任人员依法给予行政处分;情节严重,构成犯罪的,依法追究刑事责任。

(3)《消防法》中的奖惩规定。机关、团体、企业、事业等单位应当组织防火检查,及时消除火灾隐患,对在消防工作中有突出贡献的单位和个人,应当按照国家有关规定给予表彰和奖励。对违反本法规定,出现隐患、逾期不改正的法律责任,也作出了具体规定。其中,对单位违反本法规定,消防设施、器材或者消防安全标志的配置和设置不符合国家标准、行业标准,或者未保持完好有效;损坏、挪用或者擅自拆除、停用消防设施、器材;占用、堵塞、封闭疏散通道、安全出口或者有其他妨碍安全疏散行为的;埋压、圈占、遮挡消火栓或者占用防火间距;占用、堵塞、封闭消防车通道,妨碍消防车通行;人员密集场所在门窗上设置影响逃生和灭火救援的障碍物的行为;对火灾隐患经公安机关消防机构通知后不及时采取措施消除的行为,责令改正,并处5千元以上5万元以下罚款。对违反消防安全规定进入生产、储存易燃易爆危险品场所;违反规定使用明火作业或者在具有火灾、爆炸危险的场所吸烟、使用明火的行为,处警告或者500元以下罚款;情节严重的,处5日以下拘留。对违反本法规定,逾期不改正的,对其直接负责的主管人员和其他直接责任人员依法给予处分或者给予警告处罚;构成犯罪的,依法追究刑事责任。

(4)《安全生产事故隐患排查治理暂行规定》中的奖惩规定。按照《安全生产事故隐患排查治理暂行规定》的要求,安全监管监察部门应当配合有关部门做好对单位事故隐患排查治理情况开展的监督检查,依法查处事故隐患排查治理的非法和违法行为及其责任者。对单位及其主要负责人未履行事故隐患排查治理职责,导致发生生产安全事故的,依法给予行政处罚。对单位违反本规定,未建立安全生产事故隐患排查治理等各项制度;未按规定上报事故隐患排查治理统计分析表;未制定事故隐患治理方案;重大事故隐患不报或者未及时报告;未对事故隐患进行排查治理擅自生产经营;整改不合格或者未经安全监管监察部门审查同意擅自恢复生产经营的行为,给予警告,并处3万元以下的罚款。

(5)单位应参照上述国家法律法规,结合实际情况,制定本单位的安全隐患奖惩办法,将隐患整改与安全奖惩、绩效考核等联系起来。从奖励的方面来讲,对那些认真负责、忠于职守、在安全检查工作中做出突出成绩的员工要予以物质和精神上的奖励;对于那些消极怠工、不负责任、在安全检查工作中屡屡出错的员工要予以批评和惩戒,特别是对其中一些造成严重后果的员工,要追究其相应的法律责任。通过制定激励和惩罚机制等措施保证规章制度的落实,加大对隐患的查处力度,督促隐患整改,保障单位职工的生命财产安全。

思　考　题

1. 安全检查的目的是什么?
2. 安全检查的方法是什么?
3. 安全隐患整改的基本原则是什么?
4. 安全隐患整改的基本方法是什么?

第十四章

宣传教育培训与档案管理

★

宣传教育和培训是提高员工的业务技能和法律素质、切实做好单位内部治安保卫工作的有机组成部分。档案管理就是对涉及保卫工作的档案要按照法律法规的要求予以认真地整理和保存，以为保卫工作留下真实而可靠的资料。

第一节　保卫宣传教育

《企业事业单位内部治安保卫条例》第 11 条规定：单位内部治安保卫机构、治安保卫人员应当履行开展治安防范宣传教育，并落实本单位的内部治安保卫制度和治安防范措施的职责。保卫机构、治安保卫人员履行职责，组织开展安全防范教育和法制宣传教育，提高职工法治意识和安全防范意识，是单位贯彻落实保卫工作要求，满足安全防范需求的重要举措之一。

一、宣传教育的目的

（1）增强法律意识和法治观念。通过开展普法教育活动，组织员工学习法律知识，增强员工法律意识，树立员工法治观念，引导广大群众"学法律，讲权利，讲义务，讲责任"，在法律的范围内合法行使权利、合法表达利益诉求，提高员工运用法律手段处理问题、解决矛盾的能力，提高员工通过法定程序表达利益诉求、维护自身合法权益的能力，提高单位保卫工作法治化管理水平，预防和减少违法犯罪行为，实现依法治企，保障社会稳定。这是做好单位安全保卫管理工作的基础，是做好安全防范工作确保安全的根本保障。

(2)提高了解和认识保卫工作的水平。随着经济快速发展,一些单位将工作的重点仅仅放在各项经济指标和生产任务的完成上,忽视了对单位有关安全保卫工作的宣传和教育,造成员工不知悉各项保卫规定,遵纪守法意识淡薄。开展保卫制度宣传教育必须与单位的发展、生产经营、职工自身利益密切结合,从员工熟悉、掌握各项保卫管理规定入手,大力宣传保卫工作职能,提高员工对保卫工作各项规定的了解、遵守和运用,提升员工及时发现各类治安隐患和各种治安灾害事故隐患的能力,达到预防、控制和减少违法犯罪和各种治安灾害事故,保障单位内部的安全稳定的目的。实现员工"要我安全,我要安全,我会安全"的目的。

(3)提高安全防范技能。通过宣传安全防范工作的重要性和迫切性,宣传各种不安全因素的可控性,开展保卫知识宣传教育,使员工掌握与己相关岗位的安全防范基本知识和基本技能,满足岗位的安全需求,从而提高个人安全防范意识和安全防范能力。避免麻痹松懈和侥幸心理,落实各项安全防范措施,减少由于安全知识缺乏而造成的各种治安灾害和人身伤害事故。真正做到"四不伤害":不伤害自己,不伤害别人,不被别人伤害,保护他人不受伤害。

二、宣传教育的内容

1.宣传教育的内容

(1)普及法律知识。法制宣传教育的内容主要包括:宣传宪法、刑法、民法、刑事诉讼法、民事诉讼法等国家基本法律;宣传有关经济发展、维护社会稳定、民生保障等的法律法规;针对员工关注的热点难点问题,开展有针对性的专项法制宣传教育;接受员工法律咨询等。法制宣传教育是国家法律制度实施和贯彻的基础,是推动国家法制化建设和发展的动力源泉。这是保卫部门组织开展的经常性普法教育活动。没有深入有效地开展法制宣传工作,各项法律制度就会失去实施和贯彻的基础,法制建设就会失去发展和完善的原动力。

(2)宣传保卫制度。按照国家相关的法律法规,结合单位的具体实际,各单位制定有一系列安全规章制度,如单位安全保卫管理规定、物资进出安全检查规定、易燃易爆危险品安全保卫规定、突发事件应急管理规定、安全防火管理规定、安全技术防范管理规定、内部治安管理规定等。实践证明,这些安全规定在维护员工的合法权益,保障员工的安全方面发挥了积极的作用。在宣传教育中,应注重对员工进行安全规章制度的教育,加深员工对安全规章制度的认识,使员工充分了解安全规章制度的内容和要求,提高员工遵章守纪自觉性,养成遵守规章制度的习惯。

(3)宣传安全防范知识。宣传内容主要包括：以做好防火、防盗、防破坏、防治安灾害为主要内容的"四防"宣传教育；以提升自我保护意识、掌握防范基本常识为主要内容的防范技能宣传教育；以提高员工隐患识别及风险规避能力为主要内容的岗位安全宣传教育；以强调各自职责范围内安全主体责任意识为主要内容的安全责任制宣传教育；以了解国家治安形势，行业、本单位和个人所处的治安现状为主要内容的安全形势宣传教育；以组织员工对本单位或行业的典型事故案例进行讨论和剖析为主要内容的案例宣传教育等。大力宣传安全防范工作的重要性和必要性，不断提高员工的安全防范意识，在思想上筑起牢固的安全防线，是增强员工的安全防范意识，提高安全防范能力，落实单位安全责任制的需要。

2.几种特殊人员的宣传教育内容

(1)新员工的教育。为了使新进的员工能尽快熟悉单位的情况、尽快适应单位的工作环境，需要对他们进行培训教育。对新员工教育的主要内容包括单位保卫工作的各项管理规定、结合岗位特点应掌握的安全防范知识和技能、内部保卫工作形势以及必要的安全保障措施等。单位新员工应接受保卫教育培训并考核合格后方可上岗工作。

(2)转岗员工教育。转岗员工教育是指对要进行岗位转换的员工进行适应新岗位要求的安全教育。在转岗前，应该有针对性地进行岗前培训和教育，使转岗的人员对未来工作岗位的性质、特点、要求等有一个全面的了解。对转岗员工的教育应对照岗位说明书，参照内部员工宣传教育的内容，确定教育内容和方式。

(3)外来人员教育。单位应针对外来人员的性质，分级分类进行安全保卫教育，内容包括单位内部相关保卫、消防管理规定、严禁的事项、陪同的要求、工作区域的限定以及其他安全注意事项等。对短期外来人员进入本单位前，应依照保卫管理规定进行安全保卫告知及教育提醒。

(4)重点岗位人员教育。重点岗位人员是指从事危险物品操作、管理、使用的人员。单位需要结合岗位特点，对业务知识和安全防范技能及管理要求进行专项教育，如对焊工、危化品库房保管员和使用操作员、喷漆工等重点岗位人员进行消防知识培训；对剧毒化学品操作、管理人员进行的毒品知识培训和安全保卫应急疏散演练等。

三、宣传教育的原则与方法

1.宣传教育的原则

(1)学习与实践相结合的原则。宣传教育必须做到学以致用。宣传教育特别强调针对性、实践性。宣传教育的内容要联系单位实际问题,在立足于理论教育和现实教育的基础上,要紧贴单位安全形势需要、安全发展需要、员工安全需要,克服脱离实际、形式主义的培训,而要讲求实效,有针对性地宣传法律知识,宣传发生在员工身边的事例,使单位员工看得见、摸得着,便于理解和掌握,在学法的同时用法,做到依法办事,依法管理。

(2)保卫工作与群防群治相结合的原则。按照宣传教育工作计划,采取各种有效的措施、形式和方法,将保卫工作的内容、安全防范知识向员工进行宣传,提高员工了解和认识保卫工作水平,提升员工安全防范能力。这是教育员工、发动员工、组织员工、依靠员工,获得员工的理解、支持和帮助,实现保卫工作与群防群治相结合的主要途径。

(3)经常教育与重点教育相结合的原则。宣传教育经常性源于保卫工作的永恒性。坚持开展经常性的宣传教育工作,将宣传教育工作贯穿于单位管理活动的全过程,加强全员参与的积极性和安全教育的长期性。开发多种形式、多种渠道的保卫宣传教育方法,做到"全员、全面、全过程"的安全教育,满足员工安全需求。与此同时,要对单位的各级领导,担负保卫任务的兼职人员和值班人员,危险物品操作、管理、使用等重点岗位人员进行重点教育,提高各级领导的安全管理水平,提高兼职人员、值班人员业务能力,提高重点岗位人员安全技术知识,满足不同岗位人员的安全需要。

2.宣传教育的方法

安全教育形式要因地制宜、因人而异,要在员工们感兴趣、容易接受的基础上来进行,充分利用广播、闭路电视、网络、报刊、会议、宣传栏等宣传媒介,采取多层次、多渠道和多种方法开展安全教育。宣传教育的形式和采用的主要方法包括以下几种:

(1)召开会议。通过各种形式的会议,进行有层次、有重点的安全工作教育。比如,安全保卫工作法律法规的知识讲座、相关典型案件的介绍和展览等,使参加会议的人员安全意识有所提高,安全知识有所增加,并能积极主动地投入到安全保卫工作中。

(2)张贴宣传标语、标志。比如,设置安全宣传栏、安全保卫工作展板、典型案例的图片等。

(3)简报形式。主要有编发治安通报、隐患通报、治安简报等。

(4)发放资料。主要有发放法律宣传资料,安全手册、安全教育光碟、安全讲座录像等。

（5）考试形式。主要有组织安全考试、安全知识竞赛等。

（6）现场演示。主要有举办保卫警示案例巡展，开展安全防范方法演示、消防演练，设点宣传解答群众咨询等。

第二节 保卫人员的教育培训

良好的内部治安秩序是通过良好的保卫队伍去实现的，良好的保卫队伍必须通过经常性的培训和考核来保证。《企业事业单位内部治安保卫条例》第9条规定：单位内部治安保卫人员应当接受有关法律知识和治安保卫业务、技能以及相关专业知识的培训、考核。加强保卫人员的教育培训，不断提升保卫人员专业知识和工作素养，对强化单位安全保卫工作，营造安全环境，维护单位稳定，保一方平安具有十分重要的意义。

一、教育培训的目的

（1）增强保卫人员的政治觉悟。不断提高政治觉悟，时刻保持清醒的政治头脑，在保卫工作中能够严格执行党和国家的方针政策、法律法规，严格执行行业和单位保卫工作的各项规定，遵守法纪，忠于职守，这是一名合格的保卫人员应当具备的首要条件。通过政治理论的培训和学习，就要培养保卫人员在思想上、政治上有正确的价值观、世界观和人生观，在保卫工作中，要有坚定的理想、信念和追求，要头脑清醒、明辨是非、乐于奉献，在平凡的保卫工作中做出突出的贡献。

（2）提升保卫人员的管理水平。保卫人员如果没有掌握一套做好本职工作的本领，是无法完成各项任务的。保卫人员在重视政治理论学习的同时，还必须要通过学习法律法规、业务理论和实践不断精通业务技能，具备丰富的法律知识，掌握人防、物防、技防等相关专业知识，学会使用安全防范装备和技术设备，学会做员工工作和处理员工纠纷，并在需要的时候能够运用专业技能和技术协助公安机关处置相关案件。

（3）培养保卫人员的纪律作风。单位内部治安保卫活动的重点就是纪律严明，严明的纪律就是保卫人员履行职责和完成任务的重要保证。保卫人员是单位内部治安保卫活动的核心，负责着单位内部公共财产和单位员工人身财产安全。在新形势下，保卫人员应将公安人员和人民解放军的纪律准则作为行动的指南，通过军事训练和作风训练，做自觉到遵纪守法、遵守单位规制，并在单位内部保卫活动中听从指挥；养成遵纪守法、忠于职守的良好作风，做到爱岗敬业、廉洁奉公，不徇私情,礼貌待人,文明办事。

二、教育培训的主要内容

(1)国家相关法律法规。法律方面,主要是国家颁布的宪法、刑法、民法、民事诉讼法、刑事诉讼法、经济法、劳动法、消防法、治安管理处罚法、突发事件应对法等;法规方面,主要是国家和地方各部门颁布的有关单位内部治安保卫工作的文件、命令和规定。保卫人员在单位范围内担负着执行、维护和落实国家相关法律及政策的职责,担负着对单位员工进行法律宣传教育的职责,保卫人员必须接受经常性的法律法规培训,及时掌握最新的法律和政策,这是做好保卫工作的前提。

(2)保卫业务知识。保卫人员应当具备保卫管理所需要的专业知识和技能,这是衡量一名保卫人员是否能够正常履行职责的标准。其中,具备较高专业素质的保卫人员,应掌握的专业知识和技能包括保卫工作常识,重点(重要)部位保卫方法,各种安全防范设施的性能和使用方法,技防主要系统的操作,危险化学品、剧毒品、爆炸品、易燃品等公共安全管理和应急处置知识,突发治安事件处置,单位反恐工作安全检查方法,犯罪现场管制及应急处置等。

(3)军事技能和体能训练。内容主要包括队列训练、体能训练、应急救援等科目训练,实行军事化管理,培养服从命令、听从指挥的良好作风,树立仪表端庄、风纪严整、文明礼貌的良好形象。这些不仅是保卫人员树立良好形象的需要,也是完成各项保卫任务的保证。对保卫值守人员和巡逻人员还应进行擒拿格斗、制敌技能等专业技能科目训练,增强体质,适应连续作战的需要,提高对不法侵害的自卫能力,具备制止违法犯罪行为,配合公安机关侦查、处置各类案件的本领。

(4)职业道德和职业纪律教育。内容主要包括政治纪律、组织纪律、工作纪律、法制纪律和保密纪律教育。对保卫人员进行职业道德和职业纪律教育,有助于保卫人员树立正确的人生观、价值观、世界观和爱岗敬业观,树立大局意识、服务意识,形成一种奋发向上的风气;有助于规范保卫人员的言行举止,激发立足本职、勇于奉献的工作热情,提高保卫人员的责任心和事业心;有助于保卫人员提升思想素质,增强保卫人员的整体形象,在维护单位内部稳定的发挥中流砥柱作用。

三、教育培训的方式、方法与要求

1.教育培训的方式

(1)按培训对象划分,教育培训可以分为上岗培训和继续教育培训。

1)上岗培训的对象包括新从事保卫工作人员和按规定应持证上岗的保卫人

员。新从事保卫工作人员应当接受基本保卫知识和技能,为上岗执行保卫任务打下基础;按规定应持证上岗的保卫人员必须参加专业部门举办的培训,并通过考核,取得岗位资格证书或操作证书后,方能上岗。

2)继续教育培训的对象包括提高性培训的保卫人员和继续教育培训的持证人员。提高性培训即在经过一段时间,再进行的培训,以提高保卫人员的素质和专业技能,使之适应保卫工作不断发展的需求;继续教育培训是指凡取得岗位资格证书或操作证书的保卫人员,都必须按规定参加有关继续教育的培训。

(2)按培训类型划分,教育培训可以分为外部培训和内部培训。

1)外部培训:根据业务要求和岗位工作需要,为了接受先进的理念和工作方法,参加专业部门或专业教育培训机构组织的培训。

2)内部培训:根据保卫工作和任务需求,单位内部组织进行的基础性培训、适用性培训、日常培训和专项培训。

(3)按时间期限划分,教育培训可以分为长期培训和短期培训。长期培训一般计划性较强,有较强的目的性。

(4)按教育机构划分,教育培训可以分为全日制的大、中专院校和成人高等院校。成人高等院校包括广播电视、网络大学和自考院校等。

(5)其他培训方式还包括在职培训、脱产培训、个别培训、目标培训和地方行政部门举办的教育培训等。

2.教育培训的方法

经常采用的培训方法有理论授课法、专题研讨法、经验介绍法等。

(1)理论授课法,主要是聘请专业教师通过课堂授课形式,系统地讲授理论知识,使受训人员对专业理论知识有一个系统、完整和全面的学习和理解。

(2)专题研讨法,这是一种专业理论培训方式,这种方法主要针对保卫部门的管理人员和专业技术人员进行的。在经过一段保卫工作的实践后,针对工作中存在的某些专门性问题,组织同行进行专题性研究和讨论,提出解决问题的具体方案和对策。

(3)经验介绍法,这是一种较高级的保卫专业培训方式。这种方式主要是以会议的形式,集中所有保卫部门的领导或业务专家,召开专门经验交流会或举办经验交流班,交流本单位的保卫管理经验,提高保卫部门领导或业务人员的管理与业务水平。

此外,还有案例分析的方法、模拟的方法、现场观察的方法等。

3.教育培训的要求

(1)制定计划。单位应当结合保卫工作实际,从单位保卫任务的客观需求、能力需求、工作需求方面进行分析,有针对性地制定保卫教育培训工作计划,并纳入单位年度综合培训计划,确保教育培训工作有规划、有重点、有目的。培训时间及内容应符合国家、公安机关和上级部门的相关要求。

(2)精心组织。各单位要从维护社会稳定和经济建设健康发展的高度,切实加强做好宣传教育工作的责任感和使命感,各级领导要充分认识宣传教育工作的重要性,高度重视宣传教育工作,确保单位从组织上、制度上和经费上形成有力的保障,通过精心组织,认真部署,深入扎实地组织开展单位的宣传教育活动。

(3)有序实施。教育培训工作应当按计划有步骤地实施,有专人负责,有规定的时间,有具体制度,还要有监督检查。每年年终应对本年度教育培训工作进行总结,提出本年度教育培训工作欠缺的方面和以后应注意的环节,并制定下一年的教育培训工作计划。只有这样,才能把教育培训工作持之以恒地开展下去,形成良性循环。

(4)严格考核。单位要充分认识到教育培训工作的社会性、持续性、长期性和易被忽视的特点,要加大对教育培训工作的指导、督促、检查、奖罚力度,建立符合单位实际的教育培训工作检查、考核、奖励办法。要对培训的效果进行全面的总结,对培训内容和结果进行评价和考核并形成相关文字记录,确保各项职责真正落实到位,使教育培训工作切实达到预期效果。

第三节　保卫档案管理

保卫档案是单位在保卫工作中形成的有关信息的总汇,对做好保卫工作有着重要的参考和借鉴价值。因此,做好保卫工作档案的管理是保卫工作一项重要的内容。

一、档案的作用

(1)档案是保卫工作查考的依据。档案是在保卫管理过程和活动中直接形成的真凭实证,是过去工作和历史情况的记录,是保卫工作第一手参考材料。档案准确地记录了保卫工作的重要信息,如有些是当事人的谈话记录,有的是各项检查中的隐患记录、整改要求、相关责任人的签字,有的留有单位领导人的批示或指示,以及相关人和事的影像、图像、音像资料等。

（2）档案是提升管理水平的参考凭据。在保卫工作中，只有做好档案管理工作，并不断地在工作当中予以查阅、研究，才能在一些疑难事件处理的时候，能够及时地予以借鉴和参考，并从以往的保卫工作中吸取经验和教训，以有针对性地制定新的措施和对策，提高保卫工作的档次和水平。但是在保卫工作的实践中，有些单位疏于管理，导致档案散失，"无案可查"，只靠记忆处理工作则有时无以为凭，或往往有失准确，对间隔日久的事务难免被人遗忘，给工作造成许多困难。事实证明，通过大量地查考档案，充分发挥档案的作用，有助于提高工作效率，有助于推动保卫工作的顺利开展。

（3）档案是保卫宣传教育工作的生动教材。档案记载了保卫工作各个方面管理内容、发展状况以及处理复杂问题的解决方案，在反映保卫工作各种具体活动的同时，也反映了当事者应有的合法权益，可以为宣传教育提供丰富的历史资料和大量的典型案例。充分利用档案资源，可以编印出反映单位在保卫管理方面的历史经验教材，为宣传教育活动提供具有指导、帮助作用的理论基础材料和典型案例。还可以利用档案资源举办专题展览，用最直观的方式展示保卫工作的重要性。通过生动的效果、直观的感觉，对单位员工产生广泛深刻的影响。

二、档案的内容

（1）档案的来源。档案来源于管理规定落实的措施记录，来源于执行工作任务的过程，来源于工作的总结评价。档案是已经办理完毕工作具有保存价值的过程记录；档案是把分散状态的管理内容按一定逻辑规律整理而成的信息单元。完整的归档内容应包括：工作依据或缘由（起因）；过程记录（过程）；事后总结或处理结果（结果）。如在某次保卫检查中，检查的方案、检查记录、整改通知单、隐患整改复查情况记录、检查情况通报等，都是保卫检查工作开展的重要内容，应作为检查档案的一部分妥善归档管理。

（2）档案的形式。档案包括载体、制作手段、表现方式等形式，从载体来看，有纸质资料和磁盘、光盘等存储介质；从制作手段来看，有笔写、印刷、复制、摄影、录音、摄像等；从表现方式来看，有文字、图表、声像等。随着现代化的发展，办公自动化、无纸化等管理软件和计算机管理技术的出现，使档案的形式发生很大变化，这种变化预示着保卫档案也将形成更多以网络、磁盘为载体的电子档案，电子档案的归档形式包括逻辑归档和物理归档。物理归档是指经过归档处理的电子文件保存到磁盘或光盘等载体上实行脱机保管的过程。逻辑归档是将电子文件的物理地址存放于单位信息管理部门控制的网络服务器中，使该电子文件能供相关部门有效利用和处理的过程。档案信息电子化是档案工作发展的必然趋势。

(3)档案的主要内容。

1)基础管理档案主要包括单位保卫领导组织机构卷、保卫管理机构卷、保卫责任体系卷、保卫管理制度卷、保卫条件保障卷、保卫管理台账等;

2)保卫管理档案主要包括保卫重要管理卷、保卫应急管理卷、易燃易爆管理卷、保卫审查审批卷等;

3)安全防范档案主要包括人防、物防、技防建设管理卷,值班管理卷,巡逻巡查管理卷,重要目标守护卷等;

4)内部治安档案主要包括重点人口管理卷、废旧物资管理卷、重大活动管理卷、外来人员管理卷等;

5)现场管理档案主要包括总体布局图、基层治安组织卷,内部保卫制度卷,内部重点人员、重要设备(物资)卷,部位管理措施(人防、物防、技防)卷,安全检查及隐患整改卷等;

6)保卫宣传教育培训档案主要包括保卫人员内、外部培训卷,员工教育培训卷,新员工教育培训卷,外来人员教育培训卷,宣传活动卷等;

7)消防安全管理档案主要包括消防制度卷,防火管理卷、消防演练卷、火灾事故及隐患处置卷等;

8)监督检查档案主要包括保卫日常检查卷,节假日检查卷,专项检查卷,隐患整改卷等。

9)考核奖惩档案主要包括保卫工作考核奖惩卷,案件处置管理卷等内容。

三、档案的管理要求

档案的管理是指将单位保卫管理活动过程形成的载体进行收集、归纳、存放和保管的管理工作。档案的管理内容包括档案收集、档案整理、档案保管、档案编目、档案检索和档案利用等。档案的管理具有客观性、保密性、完整性、规范性、时效性等要求。具体包括以下几方面:

(1)单位应当贯彻执行有关法律、法规和国家有关方针政策,建立健全保卫工作档案规章制度,用于指导本单位保卫文件、资料的形成、积累和归档工作。

(2)收集安全保卫工作档案材料时,应当维护好档案的真实面貌。档案最主要的价值就在于它提供的信息的真实可靠性,在保卫工作中,保卫档案亦是如此,它提供的档案必须要保证材料的基本要素要全面,信息要真实,这样才有保存和使用的价值。

（3）档案管理必须严格遵守保密规定。保卫工作有其特殊要求，保卫工作的档案与之相适应，也有不同层次的要求。因此，保卫工作档案在管理和利用的过程中一定要有层次性和分类性，比如对涉密级保卫档案应该有专门的人管理，就涉及解密时也要有专门的管理制度，要遵守国家相关的法律法规。对保密档案管理的人员也要进行专门的培训，要使他们懂得严格遵守档案保密的规章制度，不能将档案交给不宜查阅的人，不能将档案随便带到不宜带到的地方等。

（4）保卫工作档案的保存时间可根据单位实际情况确定。具有一定参考价值的档案材料，应长期保存。反映和记录本单位在保卫管理活动中的重大事项，或对保卫工作有重要参考借鉴价值的档案材料，应永久保存。

（5）归档文件要求按类别分项立卷，按卷归档存放。统一制定归档卷签、明细签，规范填写标准卷内目录。已建卷码的档案卷，材料必须全面，不能空白或有缺失项。

（6）保卫档案的查阅使用要做到内外有别。一般情况下供本单位使用，使用的人和单位在使用后应及时归还档案室。在特殊情况下，对于单位以外的工作人员要查阅保卫档案时，应该按照单位的管理规定，履行相应的手续方能查阅。标密级的保卫档案，外单位需要查阅时，须报请单位主管领导批准。

（7）电子文档的建立。电子文档属于数字化的档案，它的建立和保存不同于一般档案的保存，为此要做到：其一，保证电子文档的真实准确性，尤其是对各种不同类型的载体档案进行处理和转化时，应保障档案内容的原始性、安全性、可靠性；其二，要注意电子文档的规范性，对通过电子文档的形式转换过的档案，在阅读使用时要有严格的制度管理要求。

思 考 题

1.保卫工作之中宣传教育的目的和内容是什么？

2.保卫工作之中宣传教育的原则与方法？

2.保卫工作之中保卫人员培训的目的和内容是什么？

3.保卫档案管理的主要内容什么？

参 考 文 献

[1]　胡安福.经济文化保卫[M].北京:中国人民公安大学出版社,2001.

[2]　张先福,黄久萍.最新内保工作实用手册[M].北京:中国检察出版社,2004.

[3]　艾茜.企业事业单位内部治安保卫条例释义[M].北京:中国法制出版社,2005.

[4]　寇础石,郭太生,张弘.经济文化保卫工作手册[M].北京:中国人民公安大学出版社,2005.

[5]　郭太生.保卫学[M].北京:中国人民公安大学出版社,2006.

[6]　李自云.保卫学教程[M].北京:中国民主法制出版社,2007.

[7]　楼一帆.保卫实务——押运[M].北京:高等教育出版社,2008.

[8]　徐志林.治安防范论[M].上海:上海人民出版社,2011.

[9]　戴民.高级保卫师[M].上海:中国劳动社会保障出版社,2012.

后　　记

──────────◆──────────

　　本书得到了陕西省保卫协会的支持,在本书完稿之际,谨此向陕西省保卫协会及各位领导表示衷心的感谢。本书是集体合作的结果,在写作过程中,参加编写的各位编者都付出了艰辛的劳作。

　　本书共十四章;第一章,保卫工作概述;第二章,保卫工作的基本原则和方针;第三章,保卫工作组织机构和人员的职责;第四章,保卫工作的主要内容;第五章,保卫工作的基本方法;第六章,保卫工作人员的管理和职业能力;第七章,单位的国家安全工作;第八章,重点单位、重要部门的保卫工作;第九章,高校、银行与文物单位的保卫工作;第十章,门卫执勤与巡逻检查;第十一章,押运安全保卫工作;第十二章,消防安全工作;第十三章,安全检查与隐患整改;第十四章,宣传教育培训与档案管理。

　　本书各章的分工如下:

　　第一章,肖周录;

　　第二章,杨云霞、朱喆琳;

　　第三章,张　敏、韩文蕾;

　　第四章,李亚娟、何旺旺;

　　第五章,许光县、陆　宇;

　　第六章,李　娜、韩文蕾;

　　第七章,雷卫龙、倪　敏;

　　第八章,李红良、张军旗;

　　第九章,李　懿、陆　宇;

第十章,张军旗、杜海峰;

第十一章,倪　敏、韦志军;

第十二章,韦志军、雷卫龙;

第十三章,杜海峰、李红良;

第十四章,张军旗、李红良。